뉴욕, 삶과 사랑의 풍경

```
국립중앙도서관 출판시도서목록(CIP)

뉴욕, 삶과 사랑의 풍경 : 김명순 수필집 / 김명순. ―
서울 : 청동거울, 2007
    p. ;    cm
ISBN 978-89-5749-091-4 03810 : \12000
814.6-KDC4    895.745-DDC21    CIP2007002137
```

뉴욕, 삶과 사랑의 풍경

2007년 7월 25일 1판 1쇄 인쇄 / 2007년 8월 10일 1판 1쇄 발행

지은이 김명순 / 펴낸이 임은주 / 펴낸곳 도서출판 청동거울 / 출판등록 1998년 5월 14일 제13-532호
주소 (137-070) 서울 서초구 서초동 1359-4 동영빌딩 / 전화 02)584-9886~7
팩스 02)584-9882 / 전자우편 cheong21@freechal.com

주간 조태림 / 편집 이선미 / 디자인 박우경 / 마케팅 김상석

값 12,000원

잘못된 책은 바꾸어 드립니다.
지은이와의 협의에 의해 인지를 붙이지 않습니다.
이 책의 내용을 재사용하려면 반드시 저작권자와
도서출판 청동거울의 허락을 받아야 합니다.
ⓒ 2007 김명순

Copyright ⓒ 2007 Kim, Myoung Soon.
All right reserved.
First published in Korea in 2007 by CHEONGDONGKEOWOOL Publishing Co.
Printed in Korea.

ISBN : 978-89-5749-091-4

뉴욕, 삶과 사랑의 풍경

New York, Life & Love

김명순 에세이

청동거울

| 추천사 |

達筆의 경지를 연 思惟와 文章

이계향(李桂香)

저자 김명순(金明順) 여사는 나의 문단생활 50년을 통해 단 하나밖에 없는 제자가 된다.

우리의 만남은 1989년에 창립한 미동부한국문인협회 시절부터였고 내가 전해준 첫마디는 '넘치지 않는 작가'가 되라는 것이었다. 그리고 초발심의 마음을 잊지 말고 항상 겸손하고 경건(敬虔)한 자세로 붓을 들라고 했다.

또한 고금(古今)에 전하는 많은 책을 읽으면서 나 자신에 대한 인격(人格) 수련(修練)을 닦아나가라고 권했다. 역사에 전하는 대가(大家)들도 그 시작은 독서였으니까.

그 당시 뉴욕 한국일보가 해마다 실시한 '신춘문예' 공모에서 김명순 여사는 「학벌시비」라는 제목의 작품으로 최우수상을 수상하고 많은 독자를 확보해 나갔다. 또한 우리 문협에서 해마다 간행했던 연간집인 『뉴욕문학』에도 가끔씩 서구(西歐)의 고전문학에 관한 글을 발표하여 고전문학을 전공한 나를 반갑게 해주었다.

내가 뉴욕문인협회를 창립했을 때, 김명순 여사 또래의 젊은 회원들이 꽤 많았다. 그때부터 20년의 세월이 흐르는 사이에 시·수필·소설 등 많은 책이 출간되어 나왔지만 김명순 여사만이 조용히 침묵을 유지해 나갔다.

나는 그녀의 그런 침착한 몸가짐을 꾸준히 지켜보면서, 아무나 할 수 없는 만학(晩學)의 길을 가고 있는 그녀의 굳은 의지(意志)를 감탄하면서, 학업(學業)을 마칠 때까지 부디 비바람도 불지 말고 소나기도 내리지 말라고 빌었다.

마침내 김명순 여사는 몇 년 전 브리지 포트 대학을 졸업하고 이 대학원에서 아무나 따기 어려운 MBA를 취득하고 있다. 참으로 대견스럽고 자랑스러운 경사가 아닐 수 없다.

뉴욕에서 살고 있는 김 여사가 커네티컷 주(州)에 있는 브리지 포트까지 가자면, 반드시 뉴 잉글랜드 쑤르웨이를 타고 한참 달리다가 브리지 포트로 빠져 나가게 되는데, 뉴 잉글랜드 쑤르웨이 옆에서 살고 있는 나는 늦은 시간에 지나가는 차 소리가 들릴 때면 그 소리 속에 '명순이가 지나가지 않을까' 하고 안쓰러워할 때가 많았다. 이런 기분은 조상(祖上)을 같이한 끈끈한 핏줄 때문이 아닐까 했다.

56년 전 금녕 김씨(金寧 金氏) 가문의 종부(宗婦)로 시집간 나는 뉴욕으로 이주해 와서 살면서 뉴욕문협을 창립한 후 김명순 여사의 친정도 흔치 않게 있는 금녕 김씨라는 걸 알게 되어 각별한 사이가 돼왔다. 그 시조는 조선 시대 초기의 문신(文臣)으로 단종 충신(端宗 忠臣)의 한분이신 김문기(金文起 : 1399~1456) 어르신이다. 함길도(咸吉道) 관찰사와 이조판서를 지내시다가 세조 2년(1456) 단종 복위(復位) 모의에 가담했다가 사육신(死六臣)과 함께 처형되셨던 분이다.

2개월 전이었다. 김명순 여사가 전화를 걸고 잠깐 뵙겠다며 나를 찾아왔다. 큼직한 누런 봉투를 내 앞에 내놓으며 그동안 써서 모은 원고라면서 올 해에 책으로 꾸미고 싶다며 보아 달라고 했다. 그러면서 하는 말이 "더 묻어 두고 싶었지만 선생님의 건강이 걱정되어서……"하며 말끝을 흐렸다.

말하자면 반드시 나의 서문(序文)을 받아야 하는데 내 건강이 좋지 않아 돌아가시면 큰일이라고 서둘렀다는 것이다.

지난 3년간 내가 허리(척추)를 다쳐서 보행이 불편하여 지팡이를 들고 다니는 것을 염려하여 이르는 말이었다.

두툼한 원고 뭉치를 보고 나는 너무도 반가워서 부랴부랴 봉투 속의 원고를 꺼내 봤다. 워드로 깨끗하게 찍은 원고를 보고 그 분량에 적이 놀랐다. 그리고 역시 서구의 고전문학 작품에 관한 글도 여러 편 들어 있어서 고전문학을 전공한 나를 기쁘게 했다.

이를테면 헤르만 헤세의 「데미안」, 발자크의 「골짜기의 백합」, 「신화의 나라 그리스」, 「잉카를 찾아서」 그리고 현대 실존주의 문학의 선구자로 손꼽는 프라하 출신의 오스트리아 작가 카프카에 대해서 등등.

그러니까 스승은 동양 고전문학을 전공하고, 제자는 서구 고전문학에 눈을 뜬 것이 나를 한없이 기쁘게 했기 때문이었다.

그리고 더욱 나를 놀라게 한 것은 김명순 여사의 탁월한 문장력(文章力)이었다. 글로 수(繡) 놓고 글로 조각(彫刻)한 빼어난 작품. 신필(神筆)의 경지로 도달한 유려(流麗)한 필치(筆致). 서사문(敍事文)의 가장 높은 경지를 이룩한 이승(理勝)한 글. 그리고 훈훈한 문기(文氣)와 문풍(文風)이 감도는 고아(高雅)한 문체(文體). 그야말로 문장의 조화(調和) 속에 윤기가 흐르는 성공(成功)한 작품들이었다. 참으로 깔끔한 여성문학의 온용을 상상하게 하는 작품들로서 마침내 아카데믹한 성(城)을 구축해 놓았다.

끝으로 바라는 것이 있다면 앞으로 서구의 고전문학을 전공하여 역사에 전하는 많은 작품들을 보여주기 바란다.

왜냐하면 내가 중국과 한국 고전문학을 30년 동안 무사독학(無師獨學)하면서 『춘추전국시대』(1983)와 『한국고전문학에 핀 한문수필』(1995)을 출간했는데, 일반적인 작품은 한번 읽고 나면 그만이지만 문학의 모태(母胎)인 고전문학은 대(代)를 이어가며 읽게 되므로 영원한 문학의 보고가 돼 주기 때문이다.

|축시|

빛과 어둠의 명상
―김명순 님의 첫 수필집에

최정자

바람소리에 귀를 기울이며
슬픈 전설보다
역사가 남기는 이야기에 의미를 부여하며

―마음 한 번 고쳐먹으면 지옥도 극락이 된다는
종교의 이치를 믿으며
고분고분 세상 번뇌에 대처하다가 더러
냉혈하다가 그새 봄눈처럼 녹아내리며
이슬인 듯 눈시울을 붉히며

물길 속을 더듬어 돌아가는 '연어'들처럼 고향에 가면
마음 깊은 옛 친구들을 만나면
―의식의 저편에서 갑자기 부싯돌 부딪는

소리를 들으며
비극도 희극도 삶의 한 골짜기에서 흐르는 한줄기
강물 소리로 들으며

꿈과 현실 사이에서 어기차게 살아온 오늘
살아있으므로
어김없이 만나게 된다는 사실을 알아내야 직성이
풀리므로
찾아가는 바닷가 출렁이는 파도 앞에 서면
높은 하늘 그 위로 푸르게 자리잡은 고국의
하늘을 향해 서면
수평선 끝에서 끝까지 보이는 모습들
울며 웃으며 다가오는 잊혀지지 않는 사람들
뜨다가 잠기다가, 잠기다가 뜬다.

| 머리말 |

아침 산책을 마치고 뜰 앞의 목련 나무에 기대어 섰다. 간밤에 내린 비로, 여름을 맞이하는 연초록 잎새들이 맑고 싱싱하였다. 그 사이로 희부연한 하늘빛을 보면서,
"왜 나무는 항상 허공을 향해 서 있는 걸까. 왜 나는 그 허공을 바라보며 섰는가"라는 질문을 했다.

잠시 사색에 잠겨 있는데 저 멀리서 새 한 마리가 날아올랐다. 그 한가로움과 여유로움.

"그래. 날고자 하는 꿈이 있었지. 그런데 어디로 날아가고 싶어 했던 걸까."

나는 거기에서 길을 잃었다. 사랑하는 고국을 떠나 미국까지, 희로애락(喜怒哀樂)의 무거움으로부터 일상의 평온함까지, '작은 나'를 버리고 '큰 나'를 찾고자 하는 몸부림까지, 무한히 날아왔다고 생각했는데 나는 아직도 땅에 서 있고, 하늘을 향한 그리움을 버리지 못하고 있다.

글을 쓰면서 세상에 대한 연민, 우주를 향해 비상(飛翔)하고자 하는 열망까지도 비워가는 연습을 계속해야 될 것만 같다.

그 길은 끝이 없는 길일 것이다. 쉽지 않은 길임을 안다. 일상을 뛰어넘는 자유와 존재에 대한 끊임없는 사랑, 모순을 유발할 수 있는 속성들을 초월하여 나를 바라보는 거울로 채찍하며 살게 한다는 것. 그것

이면 충분한 것이라 싶었다.

  구태여 한 권의 책으로 묶는다는 것이 진실하게 살고, 아름답게 살고, 보람있게 살고, 바르게 살고자 하는 것을 가리는 그림자가 되지 않을까.

  그러다 글쓰기가 전생의 업보라는 것으로, 운명이란 멍에를 씌웠다. 이 생(生)에서도 다음 생(生)에서도 벗어날 수 없는 영원한 내 인생의 동반자. 하나, 이 책을 상재하는 것은, 단지 살아 있음에 대한 감사다. 그 한 페이지를 위해 다가오는 것들을 안아 드리려 한다.

  오늘의 내가 있기까지 손잡아 주었던 삼세의 부모님들, 스승님들, 친구들, 가족들에게 깊은 찬사를 드리고, 경애의 심정으로 겸손한 인사를 올립니다. 이 책이 나오기까지 애써 주신 이계향 선생님, 김종회 교수님, 청동거울 관계자 분들께 특별한 감사를 드립니다.

2007년 뉴욕의 고요한 아침에
김명순

차례

추천사 / 達筆의 경지를 연 思惟와 文章　이계향　4
축시 / 빛과 어둠의 명상　최정자　8
머리말　10

1 뉴욕 풍경

맨해튼의 매력 • 18
리틀넥 베이의 해바라기 • 21
더글라스 매너의 바다가 보이는 언덕 • 24
싸요셋의 이웃들 • 26
새장 • 31
베이사이드의 이웃들 • 36
라즐린의 그 집 • 40
앨버슨 집의 큰 나무 한 그루 • 44
그레잇 넥의 길들 • 48
위대한 개츠비가 사는 곳 • 52
플러싱의 추억 • 57
크로췌런 팍의 아침 산책 • 60

2 꿈, 이상의 불꽃

학벌 시비 • 64
학사모 • 69
스승의 발자취 • 73
신데렐라 맨 • 77
아미쉬 타운 • 80
리얼리티 쇼를 보면서 • 84
어머니의 역할 • 87
위대한 어머니 • 90
전쟁 없는 미래를 꿈꾸며 • 93

3 사랑, 그리움

님 • 98
사랑한다는 것은 • 103
발렌타인 데이 • 107
사랑의 신비를 빗기면 • 110
달빛 그리움 • 113
어머니의 기도 • 115
고향집의 그리움 • 118
행복의 단상(斷想) • 123

4 뉴욕의 혼불

『참』지를 창간하면서 • 128
최명희 선생 문학관을 찾아서 • 132
뉴욕, 빅 애플 • 136
전통문화 지킴이 • 139
한국인의 뿌리 교육 • 142
사랑하는 나의 조국 • 146
한국인의 웃음 • 148
종군 위안부 121 결의안(H. RES. 121) • 151

5 계절의 사색

철쭉의 봄 • 160
장미 • 166
자연을 벗 삼으며 • 170
빗속에서 • 173
가을날의 소묘 • 176
바람에 흔들리고 • 178
겨울 바다 • 181
겨울날의 기도 • 183

6 책 속의 빛

좋아하는 책 • 188
노자와 21세기 • 192
문장왕국 • 194
골짜기의 백합 • 198
데미안 • 202
카프카 • 208
유토피아 • 216

7 빛과 어둠의 명상

닫힌 문 • 226
저녁 풍경 • 229
시아버님의 병환 • 231
2004년 9월 14일의 어둠 • 235
빨강색 • 239
죽음의 창 • 244

8 삶의 지혜, 마음 공부

족외 결혼 1 • 262
족외 결혼 2 • 264
문화의 힘 • 266
정성과 사랑이 부족하여 • 269
인생의 크리스털 컵 • 272
J 법사님께 • 274

9 문학 기행문

꿈꾸는 백마강 • 278
마크 트웨인의 집 • 283
잉카를 찾아서 • 295
신화의 나라, 그리스 • 323

|독자를 위하여| 태평양을 가로지른 비상(飛翔)의 날개 | 김종회 • 339

1 뉴욕 풍경

맨해튼의 매력 | 리틀넥 베이의 해바라기 | 더글라스 매너의 바다가 보이는 언덕 | 싸요셋의 이웃들 | 새장 | 베이사이드의 이웃들 | 라즐린의 그 집 | 앨버슨 집의 큰 나무 한 그루 | 그레잇 넥의 길들 | 위대한 개츠비가 사는 곳 | 플러싱의 추억 | 크로췌런 팍의 아침 산책

맨해튼의 매력

맨해튼은 매력 있는 도시다.

엠파이어스테이트 빌딩, 록펠러 센터, 그리니치빌리지, 할렘, 국제연합(UN) 본부, 메트로폴리탄 뮤지엄, 브로드웨이 쇼, 컬럼비아와 뉴욕대학교 등을 볼 수 있는 '세계의 수도', '세계의 심장부'라 불리는 흥미로운 곳이다.

맨해튼에 나가는 날이면 시골 사람이 서울에 가는 것 같은 즐거움이 되살아난다. 서북으로 길게 뻗은 브로드웨이(Broadway)는 유명한 거리인데 한국인들이 운영하는 가게나 식당들이 많이 어우러져 있어 친밀감을 준다. 최근에는 근처에 한국인 거리까지 생겨 동포들의 영향력이 실감된다.

뉴욕 시의 자치구인 맨해튼 거리를 걷다 보면 미국과 세계의 현재와 미래를 바라볼 수 있고, 세계인으로 살아가야 할 우리의 길이 보인다 한다.

주변에 여러 작은 섬을 포함하여 서쪽으로 허드슨 강, 북동쪽으로 할렘 강과 스파이튼다이빌 강, 동쪽으로 이스트강, 남쪽으로 어퍼뉴욕만이 접하여 남북으로 길게 뻗어 있고, 세계의 문화, 패션, 관광, 언론들을 거머쥐고 활발하게 약동하는 멋진 항구 도시여서 그런가 보다.

역사를 보면 1626년 네델란드의 초대 주 장관 페테르 미노이트가 이 지방의 인디언들(와펑거 연맹의 한 종튼 족)에게 60굴덴(당시 은 0.7kg의 값에 해당)어치의 방물과 옷감을 주고 산 섬이라 전해져와 동화 속의 얘기를 듣는 것 같기도 하다. 1653년 '뉴 암스텔담' 시로 되었으나 1664년 영국인들 손에 넘어가 뉴욕 시로 개칭되었고, 1789년에는 죠지 워싱턴이 초대 대통령에 취임했던 곳이다. 19세기, 특히 1825년 이리 운하의 개통과 함께 번창하고, 확장되어 대도시의 심장부로 발전했고, 1898년 새로 만들어진 브르클린, 퀸즈, 리치먼드, 브롱스 자치구들과 맨해튼이 합쳐지면서 그레이터 뉴욕을 이루며 발전해 왔다.

700여 개의 박물관, 미술관 화랑들이 모여 있고, 매년 4백 50만 명의 방문객을 맞이하는 메트로폴리탄 뮤지엄은 며칠을 구경해도 다 못할 정도로 광대하다. 42번가의 환락가, 타임즈 스퀘어(Times Square) 근처의 많은 극장에서 해마다 개봉되는 3백 50여 편의 영화는 뉴요커들의 문화를 선도한다. 5천 개 이상의 의류업체가 '패션의 도시'를 이루고 있으며, '러브 스토리', '홈 언론'의 영화 배경이 된 '센트럴 파크'의 아름다운 무대가 펼쳐 있어 세계에서 가장 활기차고, 매력 넘쳐나는 도시가 되고 있는 것이다.

맨해튼 밤거리를 운전하고 되돌아올 때면 시내에 빽빽이 들어찬 마천루의 숲속에서 불빛들이 휘황찬란하게 새어 나오는 것을 보게 된다. 그 불야성 속에서 세계무역센터(WTC) 타워가 무너져 내렸던 9·11 사태 같은 절망은 찾을 수가 없다. 때로는 어두운 심장에 불꽃들이 한꺼번에 와! 하고 피어 오른 듯 희망과 열정, 보랏빛 환상과 신비에 잠기게 되는 것이다.

 브르클린, 퀸즈, 브롱스, 스테이튼 아일랜드와 같이 뉴욕 시 다섯 개의 독립구 중의 하나일 뿐인 맨해튼이, 그냥 '뉴욕 시'나 '뉴욕'으로 불릴 수밖에 없는 붉은 야경의 광채가 정열의 혼을 배합하여 마시게 하니 취하지 않을 수 없나 보다.

 많은 사람들이 말하길 맨해튼은 떠나고 보면 다시 오고 싶어지는 '마력의 도시'라 한다.

 뉴요커들의 개성이 살아 숨쉬면서 인류의 문명이 끊임없이 흘러 탄생을 서두르게 하기 때문일 것이다.

 맨해튼이 미국의 미래를 환호하듯 장엄한 모습으로 내 앞에 설 때면, 나는 한 마리 불사조가 되어 비상(飛翔)의 날개를 쫙 펴고, 그 바위섬에 올라 앉아 세상을 관조해 보는 흥(興)과 여유를 갖게 된다.

리틀넥 베이의 해바라기

한가롭고 싶을 때 내가 찾아가 보는 곳이 있다. 리틀넥 베이의 '해바라기가 웃고 있는 곳'이다. 이곳을 알게 된 것은 9년 전 겨울이었다.

사람들이 자신들의 영혼을 닦기 위해 법당으로, 교회로 가는 일요일 아침이었다. 그날밖에 시간이 없다는 고객과의 전화 약속을 위해 춥고 텅 빈 사무실에 앉아 삶의 차가운 살갗에 얼굴을 맞대고 있었다.

갑자기 눈이 내린 날이었는데 10시에 오겠다던 고객은 11시까지 나타나지 않았고, 연락도 되지 않았다. 그때까지 약속은 꼭 지켜져야 하는 거라고 믿고 살아 왔던 나로서는 약속이란 지켜지지 않을 수도 있다는 새로운 인식이 참담했었다.

처처불상(處處佛像), 사사불공(事事佛供)은 이런 때 하는 게 아니었는데……. 주일날, 얼굴도 모르는 사람에게 무의미하게 빼앗겨 버린 시간이 허탈하였다.

차제에 나의 안일하게 살아 왔던 날들에 대한 반성을 하며 늘 생각해

오던바 "눈물어린 빵을 먹어 보지 않은 이는 인생을 논할 자격이 없다"는 말과 현실을 견주어 보았다. 지금까지 '무엇을 해서 먹고 살아야 하나'라는 직업적인 걱정을 해본 적이 없던 나는 '세상 사람들은 다 이렇게 힘들고 아프게 살고 있는 것이야, 꿈만 먹고 사는 만년 소녀라는 별명을 부끄러워해야지'라는 자각을 아프게 했다.

어떤 종단에서는 길거리에서 꽃을 팔게 하거나, 집집마다 걸식을 하게 하는 현실적 몸소 체험을 수행의 방편으로 삼고 있다지 않는가. 나도 도(道)의 사람이 되기 위한 고행중이다 하면서도 위로가 되지 못했다.

차를 몰고 거리로 나와 어디로 갈까 망설이다가 그 유명한 스코비 다이너를 끼고 있는 리틀넥 파크웨이를 따라 북쪽으로 올라갔다. 이곳은 퀸즈의 북동쪽 끝에 위치한 곳이고, 포트 와싱톤으로 연결되는 롱아일랜드 레일 로드(LIRR)가 근접해 있어 한국인들에게 인기 있는 곳이다.

삶의 고귀함과 그 주체는 바로 '나'라는 것을 상실해 버린 듯한 정신적 어둠이 철도 옆길로 접어들게 했다. 세상과는 차단된 듯한 그 길은 차 한 대가 겨우 왔다 갔다 할 수 있는 자연보호구역 샛길이었다. 오피스에서 나와 이 길을 지날 때마다 몇 번이나 그 길을 따라 가보고 싶었던 미지의 세계였다. 다행히 오가는 차량이 없었으므로 그 좁은 길을 운전해 가는 데 불편함이 덜했다. 조금 가니 음울한 겨울 나무들이 제멋대로 들어서 있는 곳에 다다랐다. 어둑한 늪지대를 지나 강물이 보이는 리틀넥 베이 어귀에 섰을 때 나는 놀라운 풍경에 접하게 됐다.

차가운 물결 속에 노란 해바라기 세 송이가 웃고 있지 않은가. 고흐의 해바라기가 갖는 역동성과는 다른, 온유하고 얌전한 '태양 아가씨'

였다. 나는 순간적이나마 호흡이 멎었다. 전혀 예기치 않은 곳에서 예기치 않은 감동이 북받쳐 왔다.

　주변의 모든 것이 회색으로 일그러진 것에 비하여 물 속의 코발트 빛 바위 위에 그려진 자연화는 눈에 띄게 빛을 발하고 있었다.

　누가 저런 그림을 저기에 그려 놓았을까. 훌륭한 그림이라는 예찬은 차라리 세속적이 될 것 같았다. 가까이 다가가 바라볼 수는 없었지만 비싼 값으로 팔리는 액자 속의 그림들보다 그 그림의 독창성은 대단하였다. 값을 정할 수 없는 그림이라면 저런 그림이 아닐까.

　나는 그 그림이 보이는 강가 어귀에 차를 세워 놓고 시간 가는 줄 모르고 앉아 있었다. 그 그림의 임자를 상상해 보았다. 남자일까, 여자일까. 동심으로 사는 천진난만한 사람이 아니면, 어둠 속에 반딧불 같은 이상을 가진 예술가는 아닐까.

　눈으로 볼 수도 만날 수도 없는 대상이었지만 이 땅 위에 그런 아름다운 공간을 창조해낸 사람이 살고 있다는 것만으로도 기분이 좋아졌다. "당신은 무명의 화가일지라도 예술의 경지를 다 이루었습니다"라는 말을 그 사람에게 해주고 싶었다.

　이 한 폭의 해바라기 그림으로 우중충해질 유달스 공원이 환하게 살아나고 있는가 하면, 안개가 자욱했던 내 마음은 사라지고 그 공간에 아름다움이라는 말 밖에는 표현할 수 없는 충만함이 스며들고 있었다.

더글라스 매너의 바다가 보이는 언덕

　지금까지 써온 글들, 진리라 믿었던 신념들이 삶의 가장자리로 밀려나 슬픈 얼굴을 할 때, 나를 위로해 줄 진정한 친구를 찾아가듯 나는 더글라스 매너에 있는 '바다가 보이는 언덕'에 선다. 그곳에 서면 세상이 보이고, 세상이 훤히 보이고, 세상이 아름답게 보인다.
　퀸즈 리틀넥 베이의 해바라기 얼굴을 지나 더글라스 매너에 진입하게 되면 쇼어로드와 웨스트 드라이브가 마주치는 곳에 서게 되고, 리틀넥 베이와 이스트 리버, 크로스 아일랜드 파크웨이를 한눈에 바라다볼 수가 있다. 산처럼 솟아 있는 구릉은 아니지만 지형이 높아 시원한 공간이 열려 있고, 아름다운 시계(視界)가 연출되어 마음을 빼앗기곤 한다.
　나는 이곳을 '바다가 보이는 언덕'이라 이름하였고, 내 '영혼의 쉼터'로 정해 놓았다. 방금 지나온 해바라기 얼굴만으로도 구겨진 마음이 펴지는 듯하지만, 이곳에서 더할 수 없이 좋은 절경을 만나게 되면 마음의 공간에 우주가 담기다가, 충만하다가, 구름 한 점 남지 않게 되는 절정의 순간을 맞이하게 되는 것이다.

주변으로는 엄청난 가격을 요구하는 여러 스타일의 호화 맨션들이 건축미를 자랑하고 있지만 그것들의 위용보다 더 값진 것은 이 조화로운 자연 풍경이다.

만오천 명 정도의 인구 속에 25% 정도의 한국인들이 어울려 살고 있는 더글라스톤은 여섯 구역으로 나누어져 있고, 요트 클럽과 골프장이 있는 부촌이다. 가장 귀하게 느껴지는 것은 더글라스 매너의 '바다가 보이는 언덕'을 최상의 장소로 삼는다는 사실이다.

봄의 파릇한 숨죽임과 한여름의 침묵이 상상보다 깊은 곳, 엄숙한 육체를 수면 위에 띄우고 미동도 하지 않는 배들, 바람 한 점 없는 날, 새소리조차 숨죽이게 하는 고요, 빼앗을 것도 빼앗길 것도 없는 광활한 강물과 연결되는 바다. 그 수평선과 맞닿은 듯 소리 없이 반짝이며 달려가고 있는 차량들을 보고 있노라면 내 영혼을 어지럽혔던 잡다한 일상들이 사라져 간다. 가슴이 펑 소리를 내며 뚫린다.

하루하루 살아가는 일이 고난(苦難)의 연속이라 할지라도 마음속의 잡동사니들을 비우고 나면, 그 내면에 아름다운 공간이 마련된다는 것은 참으로 감격스러운 것이다.

싸요셋의 이웃들

 십여 년 동안 살아온 플러싱을 떠나 전국에서 가장 살기 좋다는 롱아일랜드의 내소 카운티, 싸요셋으로 이사를 하게 된 것은 시골 냄새가 그리웠고, 학군이 좋다는 이유 때문이었다.
 콘크리트 벽에 갇힌 콘도에서 살다가 콜로니얼 스타일의 단독 주택에서 땅을 밟게 되니 고향집에 온 것처럼 푸근하고, 어머니의 젖가슴에 안긴 것 같은 평온이 찾아왔다.
 느림과 평화를 내 삶의 한 페이지에 끼워 넣을 수 있게 된 것은 행운이었다. 동양화 한 폭의 여백조차 비집고 들어갈 수 없는 이민 생활의 고달픔이 문득 가슴속에서 아지랑이 일렁이는 삶의 빛깔로 바뀔 듯했다.
 벅찬 가슴으로 차를 몰고 주변을 돌아보니 미국 인구의 2%를 차지하고 있으면서도 미국, 전세계를 움직이고 있는 유태인들이 일구어 놓은 삶의 터전이 한눈에 보였다.
 백인(WASP), 흑인, 동양인들은 피부색이 다를 뿐, 마음으로 표출되는 희·노·애·락의 감정은 같다는 게 타민족에게 대한 내 이해였다. 그 다름을 받아들이는 여유는 곧 좋은 이웃과 만나게 될 것이라는 기대를 예비하게 하는 것이니 이질적인 만남과 친해질 준비를 해두었다.

미국 대학에서 영어 공부를 했지만 본토인들의 영어 발음과는 비교될 것이니 이웃과의 의사소통이 방해되지 않기를 바랐다. 한국인이 많이 살고 있는 플러싱에서는 영어를 잘 못 해도 적당히 넘어갈 수 있는 세계였지만 새로 이사 온 동네에서는 더 나은 영어 구사력이 필요할 것이었다.

앞집에 사는 프랭크와 옆집에 사는 윌리암은 이웃에 새로 이사 온 동양인 가족에게 관심이 많았다. 은퇴한 두 노신사는 무료한 일상에 좋은 말상대가 생겼다 싶은지 친절하려고 애를 많이 썼다. 둘 다 얼굴이 하얗고 은발이어서 백인인 줄만 알았는데, 프랭크는 쿠바 사람이고 윌리암은 유태인이라고 했다.

프랭크는 과묵하고 푸근한 인상을 가지고 있고, 윌리암은 젊었을 적에 경찰직에 종사했다는데 목소리가 크고 걸음걸이가 씩씩했다. 윌리엄은 현재 부인과 삼십 년 넘게 살아 왔노라며 '퍼스트 메리쥐'란 말에 유독 힘을 주었다.

자기는 이 근처에 있는 공립학교를 별로 좋아하지 않아서 딸을 카톨릭 계통의 사립학교에 보냈다는 말도 덧붙였다. 이 근처에 있는 학교가 좋은 학교라는 평판을 듣고 중학교에 다니는 해린이를 위해 이사까지 온 나에게 그 말은 유쾌하지 않았다.

윌리암은 아침마다 정원에서 일을 하는 프랭크에게 소처럼 일하는 사람이라고 큰 소리로 놀려대며 웃었다. 둘은 오랫동안 이웃으로 살아서인지 소꿉동무처럼, 다정한 유머를 던지며 세월을 유유자적하고 있어서 보는 이까지 즐겁게 했다.

내가 알고 있는 대부분의 쿠바인들은 얼굴이 약간 거무스레했는데 프랭크는 동양인과 비슷한 피부색을 지녀 친밀감을 주었다. 프랭크를 보고 있노라면 부지런한 농촌 사람들을 연상하게 되어 밀레의 만종이나 이삭 줍는 그림들이 떠오른다.

화가인 그가 보여주겠다는 그의 그림들은 아직 볼 기회가 없었지만 그런 류의 소박한 그림들이 분명할 것이라고 짐작해 보았다. 자연에 묻혀서 자연과 함께 살고 있는 노화가의 삶. 그가 손수 만든 새장과 그가 심은 꽃들이 나를 기쁘게 해주었다.

며칠 전 그는 상록수를 사다가 길가 쪽 앞뜰에 심었는데 그 곁을 지날 때마다 나는 숫자를 세어 보는 버릇이 생겼다. 모두 열두 그루였다. "미국인들에게 넘버 나인은 행운을 뜻한다는데 왜 열두 그루를 심었느냐?"고 물었더니 그는 그저 웃기만 했다. 동심을 느끼게 하는 표정이었다.

한 달에 한 번 정도로 여자 친구를 만나러 가는 것 외에 프랭크는 집안에서 무엇을 하는지 밖에 자주 나오지 않는다.

가끔 클래식 음악이 잎이 무성한 나무들과 낮은 판자 울타리 사이로 교묘히 빠져 나와 우리 집까지 은은히 들려온다. 모차르트, 베토벤, 차이코프스키의 영혼에서 간절하게 스며 나오는 천상의 음률들을 듣고 있노라면 자기 예술에 혼을 빼앗겼던 그들의 열정이 사무쳐 온다.

그런 이웃들과 생활을 하게 된 걸 다행이라고 여겼는데 개나리가 지고, 잔디가 파랗게 자라자 예기치 못한 괴로움이 돌출되었다.

전 주인이 쓰다 남기고 간 잔디 깎는 기계가 고장이었다. 혹시 고쳐 쓸 수 있을까 궁리하다가 시간을 놓쳤고, 민들레꽃이 정원에 흐드러지게 피어나 버렸다. 그러나 나는 그저 그 노란 꽃밭을 즐기고 있었다.

아무도 보아 주지 않는 뒤 정원에 낮은 키로 앉아서 나를 기다리고 있는 꽃들. 가끔 물도 주면서 더 이상 미루지 말고 새 기계를 사야지 할 즈음, 윌리암이 찾아와 말을 건넸다.

빨리 잔디를 깎지 않으면 다음해에는 더 많은 잡초들이 자라서 귀찮아질 거라며 차디찬 어조로 말했다. 예전의 부드러움은 없었고, 주변의 환경 미화를 해치고 있는 이웃에 대한 힐책이 어려 있었다. 윌리암은 무안해 하는 나를 보며 자기 집 잔디 깎는 사람을 $150만 주고 시키라는 것이었다.

내 친구는 자신이 잔디를 깎다가 "당신은 남편이 없느냐?"는 질문을 받은 적도 있었다면서 여성이 그런 일을 하면 동네 사람들이 이상하게 본다는 주의를 주었지만 나는 당장 기계를 사다가 직접 깎았다.

기계 속에서 잔인하게 망가져 가던 노란 꽃들의 육신이 초록 풀 냄새와 섞여 코끝을 스치는 것이 가혹한 처사 같았다.

윌리엄은 사춘기 딸한테도 엄격하여, 어느 날은 딸이 정해진 귀가 시간을 어겼다는 이유로 한밤중에 딸을 밖으로 내쫓고 문을 열어 주지 않는 소동을 벌였다.

그 일말고는 별다른 잡음 없이 주변은 다시 평온해졌다. 정원의 나뭇

잎들이 우거진 숲속에서는 아침 저녁으로 새들의 합창 소리가 여전히 안식을 가져다 주었다.

높은 세금을 내고 살게 된 새 살림은 저축보다는 소비가 많은 것이었지만 새로운 배움을 갖게 해주었다.

또다시 내가 내린 결론은 어디나 사람 사는 곳은 같다는 것이었다. 언어와 피부색, 문화의 차이가 다를 뿐이었다. 다민족이 어우러져 산다는 것은 다름을 인정하는 것이다. 너가 나와 다르고, 나가 너와 다르다는 것.

프랭크와 윌리암은 음과 양의 차이처럼 부드러움과 강직함으로 다가와 이웃에 대한 사랑을 보여주었고, 나 자신의 안일함을 깨우쳐 주었다.

여행지에서 돌아올 때마다 해린이와 영우를 잊지 않고 선물을 사다 주곤 하던 프랭크의 인간미는, 오월의 훈풍처럼 따스한 것이었고, 친애의 정이었다.

평소 다정하게 지냈던 사이라도 공익의 피해를 견디지 못하는 윌리암 같은 이웃이 있다는 건 나를 긴장시키는 것이었고, 미국의 보이지 않는 힘을 자각하게 만들었다.

케네디가 외친 성실, 용기, 총명, 헌신의 네 가지 정신을 지켜가고 있는 미국 사람들이 있기에 범죄, 약물, 섹스 등등의 퇴폐적인 사회 문제에도 불구하고 미국은 일등국의 자리를 지켜가고 있는 것이리라.

새장

 앞집에 사는 프랭크가 예쁜 새장을 만들었다. 아침 한나절 내내 망치로 두드리고, 색칠을 하더니 멋진 예술품이 되었다. 쿠바의 망명 화가인 그의 솜씨가 멋지게 드러나 보이는 작품이었다.
 내 이층 침실에서 커튼을 젖히고 보면 그 새장이 바로 눈앞에 보기 좋게 서 있다. 지붕은 빨갛고, 벽은 갈색인데 창과 출입문은 검은 줄이 쳐 있는 연노랑색이다. 앞면과 뒷면엔 창이 각각 두 개씩 있는데 창 옆엔 앙증맞은 동그란 구멍이 위아래 하나씩 뚫려 있다. 거기에 손가락마디만한, 산타할아버지가 들어가도 좋을 굴뚝까지 세워져 있다. 보면 볼수록 아기자기 사랑스런 집이다.
 나는 롱아일랜드 싸요셋으로 이사 온 뒤부터 봄, 여름, 가을, 겨울의 짧은 시간 짬짬이 그 새장을 바라다보며 도회적인 분위기에서는 느낄 수 없는 생활의 평온을 찾았다. 시간의 우산 속에 웅크릴 수 있을 때에는 깊은 상념 속으로 스며들기도 했다. 프랭크가 그 새장을 만들 때의 느낌이라든가 그의 정감 같은 것이 그의 새장을 통해 내게 전달되어 오는 것 같았다.

그 중 가장 관심 깊게 나의 주의를 끌었던 것은 과연 어떤 종류의 새가 저 새장 속에 들어가 살 수 있을 것인가 하는 의문이었다. 아무리 생각해도 그 구멍은 너무 작아 새가 들어가려면 안간힘을 써야만 할 것 같았다. 그래선지 나는 아직까지 그 구멍 속으로 새가 들어가는 걸 본 적이 없다.

프랭크는 온갖 정성을 다해 만들었는데 새장은 단지 그의 솜씨 자랑을 돋보이게 하는 정원의 장식품으로 서 있을 뿐이었다.

나는 오·헨리가 쓴 「마지막 잎새」에 나오는 존시처럼 새장을 지켜보며 부디 가냘픈 새가 한 마리 날아와 그 속에 잠들기를 고대하였다. 어느 날은 큰 새가 날아와 구멍을 들여다보고 부리로 몇 번 쪼다가 날아가 버리고, 어떤 날은 새장 주변에서 머뭇머뭇 맴돌다 바쁘게 떠나 버리곤 했다. 마치 곱게 단장한 신부가 첫날밤 소박맞고 오지 않는 신랑을 기다리듯 자기 안에 품을 새 한 마리의 출현을 묵묵히 기다리고 있는 새장이 처량해 보였다.

나는 가끔 나의 작은 영혼을 그곳에 얹어 보며 대화를 나누었다. 별을 헤는 밤에는 별의 반짝임을, 달빛 고운 밤에는 은빛 꿈에 젖어드는 나의 정서를 그 새장과 함께 하였다. 내일이면 새가 날아오겠지. 날아와 알을 낳고, 생명을 부화시키며 미래의 꿈을 꾸게 하겠지.

새장에 얹힌 나의 기다림은 차라리 소멸되지 않을 나의 희망 같은 것이었다. 아무 이유도 없는 그런 소망을 붙잡고 삶을 채우려 하는 것은 새처럼 작은 나의 날개짓이 아니었을까.

  어느새 겨울이 왔고, 텅 빈 새장 위에는 하얀 눈이 쌓여 마음을 쓸쓸하고 고적하게 만들었다. 오랫동안 새를 기다리던 나의 마음은 섭섭함이 지나쳐 무심해졌다. 나는 기다림에 지쳐 더 이상 기대하지 않으려고 노력했으므로 그리 된 것 같았다.
  너무 자주 새장을 바라보아서 새롭지는 않았으나 바라볼수록 아름다운 새장을 향해 '무용지물(無用之物)'이란 글귀를 떠올렸다. 나는 프랭크가 예술성만을 따져 아무래도 새 구멍을 작게 한 것이라고 그의 상식 부족을 탓하였다.
  그러다 그럭저럭 내 생활에 빠져 들었는데 소설가 최명희 선생께서 일박을 묵고 간 뒤부터 내 마음이 달라졌다.
  "어머, 참 예쁘다. 어쩜 새장이 저렇게 예쁘지. 저 새장은 꼭 명순 씨를 위해 저곳에 서 있는 것 같아. 조그만 동양 여자가 왔다 갔다 하니 예뻤나 보지. 그래서 만들어 준 걸 거야."
  최 선생은 내 침실 창가에 서서 새장을 바라다보며 감탄 섞인 환호를 지르고, 소설가다운 상상력을 발휘하였다. 그때까지 나는 프랭크가 나를 위해 무엇을 베풀었는지 정확히 알지 못했다. 그저 새장을 거기에 세워 두니 좋다는 정도였을까.
  "아, 정말 그러네요. 저 새장은 나를 위해 저기 서 있는 거예요."
  나는 진심으로 프랭크의 본심을 이해라도 한 것처럼 그런 답변을 했다. 프랭크가 연로한 탓에 새장도 잘못 만들었다고 투덜거리며 나왔던 언어들이 기쁨의 언어로 바뀌는 경이를 맛보았다.

"프랭크! 프랭크!"

봄이 돌아와 새장에 푸른 페인트 칠을 하는 프랭크를 크게 부르며 나는 그에게 다가가 찬사를 늘어놓았다.

"프랭크, 저 새장은 나에게 얼마나 큰 기쁨을 주는지 몰라요. 내가 저 새장을 얼마만큼 사랑하는지 알아주었으면 좋겠어요. 하지만 정말 유감이에요. 구멍이 너무 작아 한 마리의 새도 들어가지 못해요. 저 구멍을 좀더 크게 해주면 좋겠어요."

"오, 라빈. 안 돼요. 저 구멍은 딱 일 인치 반 정도여야 해요. 더 크면 큰 새가 날아와서 저 안에 있는 스페로우를 잡아먹게 돼요. 지금 저 안엔 알이 있어요."

아, 그렇구나! 약육강식. 왜 그걸 몰랐을까. 강한 것만이 살아남는 생존의 법칙이 거기 있었는데……. 그래도 작고 힘없는 것을 보호하고 사랑할 줄 아는 프랭크가 그것들의 보금자리를 마련해 주었다니 얼마나 다행인가. 그 간단한 이치를 미처 깨닫지 못했다는 것은 내 마음속에서 자비의 감정이 부족했던 탓일까.

나는 참새가 언제 새장 안으로 들어갔는지 보지 못했고, 새장으로 들어간 참새는 그 사이 알을 품었던 것이다. 나는 무사히 새끼가 부화할 수 있기를 바랐다.

새장은 자기 둥지 안에서 더 큰 가치를 실현하고 있었는데 나는 겉모양만 보면서 새장을 폄훼하였다. 안과 밖을 빈틈없이 보지 않고는 다 보았다고 할 수가 없는데 나는 너무 쉽게 전부를 아는 것처럼 속단하고 있었다.

　인생을 살아 오면서도 그런 일이 몇 번이던가. 겉만 보고 사물을 판단한 적이 있었고, 외모만 보고 상대를 평가했던 적도 있지 않았던가.

　시간이 흐를수록 약한 것을 사랑할 줄 아는 프랭크의 마음이 새장만큼이나 친근하고 예쁜 모습으로 다가왔다. 자연과 인간, 인간과 인간 사이에 존재해야 하는 생존의 거룩한 계율을 프랭크는 실천하고 있었던 것이다.

　그렇게 지혜롭고 선량한 프랭크에게 내 심경을 전하고 싶어 어느 날, 정원을 가꾸고 있는 그에게 다가갔다.

　"프랭크, 정말 고마워요. 내 인생에 저 새장은 정말 근사한 선물이에요. 저 새장이 없었다면 이곳에 이사 온 나의 삶은 지루하고 외로웠을 거예요. 참새가 빨리 새끼를 부화하게 되길 빌어요. 보고 싶어요."

　"라빈, 알아줘서 고마워요."

　프랭크와 나는 새장을 보며 웃었다. 프랭크의 주름진 얼굴 사이로 봄볕의 따사로운 햇살이 번져 가고 있었다.

베이사이드의 이웃들

베이사이드 203번가 28에비뉴는 단독 투 패밀리 하우스와 가로수가 평화의 어깨를 나란히 하고 늘어서 있는 곳이다. 평소에는 사람들의 왕래가 적어 조용한 전원 풍경을 연출해내며, 마치 냇물이 속삭이듯 작은 소음마저 정겨운 마을이다.

해린이와 영우가 대학을 다닐 만큼 성장했으므로 직장 가까운 곳으로 이사를 온 건 지난해 2월, 추운 겨울이었다. 눈이 오는 날씨여서 집들의 창문은 닫혀 있었지만 백인들이 많이 살고 있는 지역이라는 것은 알고 있었다. 동양인도 있을 것이라는 추측을 했다.

시간의 흐름과 함께 그 집들에는 연로한 사람들이 살고 있다는 것과 그런 이유로 동네가 한가롭게 느껴진다는 것을 알게 되었다. 젊은 기백이 없는 그들과 마주칠 때면 자연스레 '하이!' 하는 인사를 나누는 사이가 되긴 했지만, 그 이상의 친밀감을 보이진 않았다. 아마 미국식 삶에 익숙해 버린 탓이리라. 그들의 무리한 친절을 바라지도 않았고

주려고도 하지 않았다.

  십여 년 전, 롱아일랜드에 집을 사서 이사 갔을 때에는 행운을 나르는 듯 같은 블록 안에 있는 집집마다 오렌지 한 박스씩을 선물로 돌리며 '이곳에 이사 왔노라' 인사를 했었다. 신기한 것은 일주일 안에 감사 카드와 선물들이 보내져와 집안에 쌓여 가는 것이었다. 그들은 주고받는 분명함이 너무 확실했던 것이다. 이웃에게 친밀함을 전하고자 했을 뿐 그 이상의 의도는 없었던 것인데, 과잉 친절로 그들을 부담스럽게 만들었던 것은 아니었을까 후회도 됐다.

  내가 국민학교 시절, 시골에 살 때는 제사를 지내거나 생일잔치 끝에 온 마을 사람들에게 떡 쟁반을 돌리곤 했다. 그 일은 아주 신나는 일이어서 부끄러운 줄도 모르고 자청(自請)하여 뛰어다녔다. 한동네에 살고 있는 사람들 거의 모두가 금녕 김씨 가문의 일족이었는데, 그들의 환한 얼굴에 퍼지는 웃음꽃이 온 동네에 피어나는 것 같았다. 가끔 다른 집에서도 맛있는 음식을 우리 집에 보내왔으므로 주는 기쁨 받는 기쁨이 크기만 했다.

  사랑의 몸짓이 큰 것은 아니었지만 작은 사랑이나마 그렇게 배우고 실천하던 일들이 내게는 두고두고 즐겁고, 끈끈한 정으로 연결되어 아름다운 추억이 되었으므로 이웃 사람들에게 작은 선물을 보낸 것은 내게 배인 자연스런 행위였다.

  그 사람들이 빚을 갚듯 곧바로 선물을 보내 왔던 기억이 없었다면 나는 이번에도 그런 실수를 반복했을 것이다.

  이곳이 아무 목적이나 계산 없이 풋풋한 인정으로만 얽혀 살았던 내 고향집이 아니라는 자각은 나를 한동안 외롭게 했다. 더욱이 예전의 씁쓰름한 경험 때문에 나는 문화적 차이를 생각하고 다시는 선물을 보내는 일 따위를 하지 않았다. 세월이 흐르면서 '주는 것이 받는 것보다 행복하다'는 것을 알게 됐지만 상대에 맞는 배려의 깊이가 중요한 것이었다.

적당히 자란 낙엽송 한 그루가 이쪽 편 시선을 가려 주는 앞집의 베란다에서는 가끔 이탤리언 중년 부부가 비치 파라솔에 앉아 일광욕을 즐기곤 한다. 남편은 장대한 체구에 잘생긴 외모이고, 그의 젊은 아내는 청바지를 즐겨 입는 부지런한 걸음걸이의 소유자이다. 우리 집 왼쪽 옆집에 사는 노부부는 그리스인인 듯했으나 그 집 정원을 둘러보는 은발의 아름다운 머릿결을 한 노부인만 몇 번 보았을 뿐 무심하게 지내는 사이다.

그러던 지난 늦여름, 어스름한 저녁이었다. 차를 주차하는데 '헬프 미! 헬프 미!' 소리가 들려 가보니 그리스인 할머니가 문을 조금 열고 간신히 구원을 청하고 있었다. 이층에 살던 테넌트가 다른 데로 이사를 하여 둘러보러 올라갔다가 계단에서 굴러 떨어진 것이었다. 같이 사는 할아버지는 몸을 움직이지도 못하는 데다가 귀가 잘 들리지 않는 탓인지 여러 번 불러도 대답이 없었다. 911을 부르고 야단법석을 떤 뒤에야 겨우 나타나 아들 번호를 넘겨 주어 연락해 주었다.

브롱스에 살고 있다던 그 집 아들을 본 것은 며칠 뒤 그 집 차고에서였다. 내가 다가가 할머니 안부를 물어도 그저 괜찮다는 정도의 대답뿐이었다. 얼굴이 하얗고 턱수염이 수북하여 그리스의 철학자라면 저런 모습이겠거니 상상하게 했다. 내심으로는 감사하다는 말 한마디 없는 그 집 아들이 예의 없는 사람이구나 싶어 다시는 할머니 안부를 묻지 않기로 했다. 할머니가 네 달 정도 병원 치료를 마치고 돌아왔을 때는 겨울이었고 나는 내 일에만 전념하였다.

눈이 많이 내려 천지가 하얗게 덮인 날 아침, 밖에서 눈 치우는 소리가 계속하여 들렸다. 누가 이 새벽에 눈을 치우나 싶어 밖을 보니 그 할머니 아들이었다. 시계를 보니 다섯 시가 조금 지나고 있었다. 아마 눈을 빨리 치우고 출근하려고 그러나 싶었다. 그날 아침 우리가 치워야 할 앞길까지 깨끗이 눈을 치운 사람은 그리스 할머니의 아들이었다.

조그마한 일에 인사받기를 원했던 내 자신이 민망스러웠지만, 사람 사는 동네에 사람 사는 메아리가 들린 듯 유쾌하였다. 이웃과 이웃 사이에 잔잔히 흐르는 냇물 같은 평화가 작은 소리를 내며 흐르기 시작한 것이다.

다음 번 눈 오는 날에는 새벽부터 일어나 영우를 깨우고, 나는 스키복을 꺼내 입고 그 집 앞까지 눈을 부지런히 치웠다. 더불어 중국인이 사는 오른편 옆집 앞길까지 치워 줬더니 다음 번에는 그 집 모자가 우리 집 앞길을 다 치워 놓는 것이었다.

그 다음 눈 오는 날에는 서로 질세라 다같이 일어나 자기 집 앞길을 치우며 눈 잔치를 했다. 멀고 먼 타인들이 아주 가깝게 다가와 웃음 띤 인사들을 하며 하얀 세상의 축복을 만끽하는 모습이 한 폭의 아름다운 풍경이었다.

라즐린의 그 집

그 집은 라즐린의 주택가에 있었다. 사람들의 왕래가 적었고, 차들이 번잡하지 않은 곳이었다. 너무 조용해서 사람들이 살지 않는 동네 같았다.

몇 년 전, 처음으로 그 집에 갔을 때 센터 홀 콜로니얼의 넓은 거실과 키친, 다이닝룸이 어우러져 있는 모습이 조화롭다고 느꼈다. 이층으로 오르는 계단은 부드러운 곡선을 이루며 집안의 분위기와 품격을 높여 주고 있었고, 잘 정리된 살림살이는 안주인의 알뜰함을 엿보게 해주었다. 그 남편과 부인은 다정해 보였었고, 자녀들이 일류 대학을 나왔다는 것 또한 찬탄 받을 만했다.

그 이후로 그 집에 가볼 기회가 없었고, 그 집에 대해 관심을 가질 일도 없어 잊어 버렸다. 최근에야 친구로부터 그 집에 대해서 듣게 된 것은 내 직업과 관련이 되었기 때문이었다.

그 집 부인이 이혼의 위기에 처해 있으며, 헤어질 경우 그 집은 팔아서 분배를 할 것인가, 아니면 삼십오 년이 넘게 살아 온 그 부인에게 주어질 것인가가 의문이라고 했다. 그 집 문제가 해결이 나지 않으면 이혼은 어렵지 않을까 했다.

어느 날 그 집 근처를 둘러보다가 나와 같은 직업에 종사하는 그 부인을 우연히 만나게 되어 그 집 안으로 초청되었다. 들은 얘기도 있고 하여 차를 마시며 실내를 둘러보니 예전과 달라진 것이 없어 보였다. 말도 없이 그 집을 나가 버린 그 부인의 남편이 비스듬히 옆얼굴을 한 자화상으로 벽에 걸려 있었고, 사진 속의 자녀들이 여기저기서 웃고 있었다. 그 부인이 아내로서, 엄마로서 행복했던 시절이 있었음을 말해 주고 있었다. 집도 가구도 그대로인데 변한 것이 있다면 사람의 마음뿐인 것 같았다. 왜 사람은 물처럼 어제와 오늘이 똑같을 수가 없을까. 인생무상(人生無常)을 느끼긴 했지만 남의 부부일을 내가 자세히 알 까닭이 없었다.

단지 그 집 거실과 침실에는 부부가 살아 왔던 세월만큼 나누었을 대화들이 쌓여 있는 것 같았고, 가족들이 세웠던 계획들, 희망과 꿈들이 서로의 웃음 소리, 재롱 소리와 함께 묻혀 숨어 있는 것 같기도 했다. 지금은 서로에 대한 미움에 가려 고왔던 과거의 빛깔들과 속삭임들이 사라지고 보이지 않는 듯했다.

주인의 사랑을 잃어버린 그 집의 겉모습 또한 스스로의 아름다움을 잃어버리고 있었다. 싸이딩은 낡아 허름해졌고, 페인트 부분은 벗겨져 살갗이 드러나고 있었다. 잘 다듬고, 정리된 주변의 집들과는 달리 즐거웠던 시간들이 빠져 나간 흔적이 보였고, 불행의 여신이 옷자락을 드리워 그 집을 우울하게 만들고 있었다.

  그 집을 드나들면서 육십이 넘은 부인의 친구가 된 것은 텅 빈 그 집이 부인을 외롭게 할 것이라 여겨졌기 때문이다. 며칠 전, 갑자기 눈앞에 거미줄이 친 것처럼 앞이 보이지 않아 구급차를 불러 병원에 실려 갔었다는 그 부인이 안됐다 싶었고, 자살이라도 하면 어쩌나 하며 극한 상황까지 염려한 것은 내 성격 탓인지도 몰랐다.

  그러나 그 집의 식탁에 앉아 커피를 마시며, 그 부인의 인생담을 듣다 보면 따뜻한 햇살이 창가로 머리를 디밀고 슬며시 웃어 주는 것 같았다. 그 순간 그 집에는 근심 걱정이 다 사라져 버리고 없는 듯했다. 그 곁에 같이 늙어 가는 그 부인의 남편이 오순도순 앉아 있었으면 더 좋았을 것을……. 그러다 손자 손녀가 오면 저 넓은 동산에서 공놀이도 하고, 같이 놀아 줄 수 있는 할아버지, 할머니가 되어 늙어 갈 수 있었다면 멋진 노후가 되었을 것을……. 미래에 태어날 생명들이 보이지 않는 곳에서 안타까운 표정을 하고 있는 듯했다.

  어느 봄비가 내리는 날, 우정의 노란 장미꽃 다발을 사들고 그 집에 갔다. 그 부인은 유리병에 그 꽃을 꽂으며 애써 웃어 보였다. 그 부인은 집을 잠시 떠나 여행을 하면 기분이 한결 좋아질 것 같다고 했다. 아마 집 때문에 얽힌 문제가 부인을 짓누르나 보았다. 아니면 그 집이 주는 무게에서 잠시나마 벗어나 있고 싶은 거라고 짐작해 봤다. 가장을 잃어버린 그 집은 이제 추억의 집이 아니라 망각의 집이 되었으므로.

  그 집을 나올 때 부인은 따라 나와 손을 흔들어 주었다. 달도 없는 을씨년스러운 어스름 속에 그 부인은 오랫동안 서 있었다. 근처에는 인적이 없었으므로 그 부인은 이 지구상에 남아 있는 마지막 생존자 같은 모습이었다. 그 집이 컸으므로 부인은 작아 보였다. 날씨는 약간 쌀쌀했는데 망부석(望夫石)이라도 되고픈 심정이었을까.

플라타너스 나무들이 병정처럼 늘어서 있는 곳에 이르러 뒤돌아보니 이미 집은 보이지 않았다. 그 부인과 그 집의 운명에 괜스레 슬퍼졌다. 사랑을 모았던 울타리, 행복한 가정을 만들어낸 동반자로서 그 집은 부인과 함께 고통의 길을 걷고 있었다. 자신의 의지를 빼 버린 집주인의 무자비함을 원망하고 있는지도 몰랐다. "이 집은 내 존재 자체여서 만약 이 집이 나를 떠나게 되면 이혼은 성립되지 않을 거예요"라던 그 부인과 그 집의 앞날이 바람에 흔들리는 작은 등불 같다고 느껴졌다.

그 집은 알고 있으리라. 그 집의 흥망성쇠가 어디로부터 왔는지, 그리고 어디로 갈 것인지, 안락함과 평화가 사라져 버린 것은 무엇 때문인지, 그 부인은 그 집을 지키며 또 다른 행복을 만들 수 있을 것인지……. 그 집은 내 기억에 오래 남을 것 같다.

앨버슨 집의 큰 나무 한 그루

전에 살던 엘버슨 집에는 부엌 유리창 너머로 큰 나무 한 그루가 서 있었다. 어디서나 쉽게 볼 수 있는 플라타너스 나무였다. 나는 때때로 그 나무를 보면서 설거지를 하곤 했는데 그 나무가 나에게 주는 교훈은 여러 가지였다.

어쩌면 저렇게 곧고 반듯하게 자랐을까. 어쩌면 저렇게 굳건하고 크게 자랐을까. 그 나무는 보면 볼수록 예사 나무 같지가 않았다.

처음 그 집을 보러 갔을 때 그 나무가 마음을 끌었다. 정원 뒤에 혼자 서서 하늘을 받치고, 많은 가지들을 거느리고 넉넉하게 서 있는 모습이 당당하였다. 집을 여러 채 보지 않고 그 집을 사게 된 것은 그런 연유가 있었다.

전 주인이 건축가였는데, 그 집을 직접 지어 이사 와서는 기념수로 그 나무를 심었다 하니 족히 삼십오 년은 더 되었으리라. 주인은 그 나무를 똑바로 키우기 위해 양쪽에 나무를 세워 잡아 묶어 주었고, 정성스럽게 가꾸었다고 했다. 미세스 오클라가 두 딸과 아들이 잘 성장해서 좋은 직장과 가정들을 이루고 있다며 해맑게 웃었을 때, 그 나무의 기운이 자녀들을 올바르게 키우는 데 선생 같은 도움을 주지 않았을까 싶기도 했다. 그 나무와 함께 살아 왔던 한 여성의 행복했던 삶이 하얀 얼굴에 남아 있는 듯했다.

이사했던 그해 여름, 밤새도록 비바람이 몰아친 적이 있었다. 그 거센 힘에 영우가 다니던 헤릭스 미들 스쿨 연못에 멋진 자태로 늘어져 있던 능수 버드나무가 몸체를 가누지 못하고 쓰러졌다. 그래도 우리 집 나무는 끄떡없었던 것을 보면 뿌리 깊은 나무임을 알 수 있었다. 그런 나무를 보며 '뿌리 깊고 큰 나무가 큰 그늘도 만든다'는 속담을 떠올렸다.

그러면 큰 나무 같은 큰 사람은 어떤 사람일까 생각해 보았다. 권력이 많은 사람, 돈이 많은 사람일까. 아니면 마음이 넓은 사람, 희생심이 강한 사람일까. 세상에는 큰 나무처럼 커 보이는 사람들이 많다. 과거에도 현재에도 많은 것 같다.

그 중에도 충무공 이순신 장군은 어린 시절 읽었던 위인전 속에 살아 계시는 한 그루 큰 나무다. 억울한 모함에도 불구하고 모든 것을 참아 이겨낸 성웅이다. 기꺼이 목숨을 던져 나라와 민족을 지켜낸 그 기상이 오늘의 우리를 있게 했으니 그 큰 은덕을 잊을 수가 없다.

일본인들에게 결코 굽히거나 고개를 숙이지 않고 꼿꼿했던 신채호 선생이나 새 임금을 섬기라는 이방원의 회유를 거절하며,

> 이 몸이 죽어죽어 일 백 번(一白番) 고쳐 죽어
>
> 백골(白骨)이 진토(塵土) 되어 넋이라도 있고 없고
>
> 임 향(向)한 일편단심(一片丹心)이야 가실 줄이 있으랴

라는 시조를 남기고 죽음을 택했던 정몽주 선생의 정신이 한 그루 큰 나무가 되어 뒤뜰에 서 있는 것 같기도 하다.

그런 경우를 당했다면 나는 어떠했을까. 어디로 숨어 버리거나 도망치지 않았을까. 나의 안위를 위해서 의지를 배반하고, 소신을 굽혀 비굴하게 타협해 버리지는 않았을까.

사람이 너무 뻣뻣하면 부러지기 쉽다 하고, 부드러운 것이 강한 것을 녹인다고 하지만 자기의 신념을 끝까지 놓지 않으셨던 그분들이야말로 한 나라를 지켜온 큰 나무 같은 지조와 의리를 지닌 뿌리 깊은 분들이 아니었던가.

나무 같은 사람들은 고독(孤獨)하다고 한다. 새처럼 이리 앉고 저리 앉으며, 재잘거리거나 알랑거리지도 않고, 바람처럼 살살거리며 남의 비위를 맞추지도 못하고, 언제나 그 자리에 서 있으니 하는 말일 것이다. 그러나 그들의 고독(孤獨)은 그냥 고독이 아니라, 고독(高獨)한 것이 아닐까.

큰 나무는 그냥 큰 나무가 아닐 것이다.

어느 책자를 보니 나무는 나—무(無)라 했다. 내가 없다는 뜻일 것이다. '나'가 없이 언제나 그 자리에 서서 잘난 척하지 않고, 큰 그늘을 만들어 주고, 새들이 놀러와 재잘거리면 들어주고, 바람이 살랑거리면

이파리를 흔들어 주고, 인간들의 슬픈 얘기, 기쁜 얘기를 함께 나누기도 한다. 사시사철의 변화 속에서 살갗을 뚫고 잎을 피워야 하는 아픔과 겨울의 눈보라 속에서도 묵묵히 그 자리에 서 있는 것이 큰 나무라는 것이다.

큰 사람은 그런 사람이 아닐까.

얼마 전 경제계의 중요한 분이 돌아가셨을 때, "재계의 거목(巨木)이 쓰러지다"는 신문기사를 보고 옛 집에 두고 온 큰 나무 한 그루를 다시금 떠올렸다. 언제나 본인 스스로도 열심히 일했고, 많은 사람들에게 일터를 주어 나라와 민중들의 가난을 타개해 주었던 그분이 큰 나무에 비유됨은 당연한 것이었다.

사람이 한평생을 살다 가면서 '큰 나무'라는 이름을 얻게 된다면 그 사람은 이 세상을 잘 살다간 사람일 것이다.

그레잇 넥의 길들

학군이 좋고, 롱아일랜드에서 가장 땅값이 비싼 그레잇 넥의 미들넥 로드를 북쪽으로 달리다 보니 갈라지는 길이 두 갈래가 나왔다. 나는 그 길모퉁이에 서서 어디로 갈까 망설이다가 한 길을 택하여 차를 몰았다. 어느 쪽 길을 가든 길은 길로 연결되어 있고, 그 길을 따라가기만 하면 목적지에 당도하려니 하는 믿음과 틀린 길을 가더라도 되돌아와 제대로 길을 찾아가면 되겠지 하는 새로운 길에 대한 기대가 있었다.

언제였던가. 밤에 뉴저지에서 문인들과의 모임을 끝내고 집으로 돌아올 때 길을 잃은 적이 있었다. 싸요셋으로 이사 가서 생소한 길을 택했다가 밤늦도록 헤맨 적도 있었다. 그 외에도 하이웨이를 잘못 들어가 길 찾기에 어려움을 겪은 적도 있었다. 하지만 이번처럼 돈벌이를 위해, 살아가기 위한 일로 길 찾기는 처음이었다.

다음 월요일에 집을 보겠다는 바이어가 있다고 하여 멀티풀 리스팅에 나와 있는 아홉 채의 집들을 골라 미리 보아 두려고 나왔다가 길을 잘못 든 것이었다.

첫날이니 마리아랑 같이 가보라고 굳이 자기 부인을 불러 주던 오너 브로커인 스티브 선생께 "괜찮아요. 그 근처는 훤하게 잘 아는 걸요"라며 당당히 부동산 사무실을 나왔는데 정작 길을 잃고 말았으니 딱하였다. 어떻게 해야 되나 막막한 기분으로 길 옆에 차를 세우고 앉아 있으려니 슬그머니 찾아온 어스름 저녁이 암울한 얼굴로 나를 들여다보는 것 같았다.

출발할 때 한 방울씩 떨어지던 비도 점점 사납게 쏟아지기 시작하였다. 차가 잘 다니지 않는 산골짜기에 엊그제 접촉 사고로 찌부러진 차를 세워 두고 앉아 있으려니 갑자기 무서워졌다. 아침에 나오면서 나도 직장이란 곳을 간다는 기쁨으로 출렁이던 가슴이 뭉개지기 시작했다.

많은 부인들이 일을 하는 미국에 와 살면서도 뉴욕《한국일보》신문사에 잠깐 다닌 것 외에는 아이 둘을 키우고, 원광 토요한국학교에서 세 시간씩 어린이들을 가르치고, 공부하고 글 쓰는 일 외에는 가정 경제에 보탬이 되는 일을 못 해봤던 나는 내 삶 자체가 실체가 없는 허공 속에 떠 있는 게 아닌가 하는 허무감에 빠지곤 했었다. 하지만 이제 나의 시간이 허락하여 이제라도 무슨 일인가를 해볼 수 있으니 얼마나 기쁘냐 했던 마음이었건만 길을 잃고 난 그 순간 마음은 황토빛이 되어 가고 있었다.

잠시 길을 잃어버린 자의 고독과 혼란이 엄습하였다. 세상과 동떨어진 어딘가에 감금된 것 같았다. 검은 유리벽 속에 혼자 갇혀 버린 게 아닐까. 보이면서도 보이지 않는 저 멀리 숲 밖의 사람들. 아주 오랫동안 격리되어 있었던 것처럼 그들이 그리워졌다. 어제까지 원수로 지냈던 사람일지라도 그 사람의 목소리가 듣고 싶어졌다.

나는 운전석 의자를 뒤로 밀고, 안전 벨트를 풀고, 가슴을 펴고 심호흡을 했다. 내 머릿속은 방향 감각을 잃고 뒤죽박죽이었다. 잠시 정신을 가다듬고 실타래를 제대로 감아 주어야 했다.

내가 엉엉 소리내어 한바탕 울어 본다 해도 탓할 사람이 없는 이곳에서 나는 어제까지 나를 포근히 감싸고 있던 안일의 포대를 벗어 버려야 한다. 지금까지 살아 왔던 한 여자로서가 아니라 한 인간으로서의 길로 탈바꿈해야 하는 것이 아닌가.

"사람들이 이 일을 시작은 많이 하는데 구십 프로 이상이 일 년 안에 그만두지요"라던 스티브 선생의 말이 순간 떠올랐다. 나는 이 일을 시작하기도 전에 포기하는 자에 속하고 마는 것은 아닐까.

나는 지도를 펴고 내가 어디에 있는지 확인해 봤다. 초록색 자동차 번호판만한 크기에 하얀 글씨를 새겨 넣은 것 같은 거리 표지판을 거듭 바라보며 암호 같은 숫자를 찾아 나갔다. 깨알 같은 크기로 가로 세로 쓰여진 글씨를 확인해 보았지만 찾을 수 없는 곳. 간신히 내가 발견한 것은 라즐린의 미들넥이란 거리에 있어야 할 내가 그레잇 넥의 미들넥 길을 가다가 숲길로 잘못 빠져들었다는 사실이었다. 나는 아마 킹스 포인트 어디쯤 있으리라. 핑계 없는 무덤이 없다더니 이것은 순전히 비의 여신이 내린 장난 같기만 했다. 그렇지 않고서야 '우드랜드'라는 골목길을 찾기 위해 무작정 차를 몰고 이 숲 속 길을 달려오진 않았을 것이었다.

아니면 이 길을 가고 또 가면 어디가 나올까 하는 새로운 길에 대한 평소의 호기심의 발동이 원인이 됐거나 출발 전에 사가지고 온 내소 카운티의 지도가 눈에 익지 않아 일으킨 착각일 수도 있었다.

중요한 것은 부동산 세일즈를 시작한 첫날부터 산다는 것이 쉬운 길을 걸어서 가는 평탄한 길이 아니라는 것을 피부로 느끼게 해준 것이다. 앞으로 나타날 험한 길을 걷는 아픔에 미리 대비시킨 섭리라 싶었다.

문득 수잔의 얼굴이 떠올랐다. 육 년 전 싸요셋에 집을 보러 갔을 때 소개해 주던 에이젼이었다. 직업 여성으로서 자연스런 매너와 활기찬 모습이 보기 좋았다. 그런 수잔을 보면서 부동산 세일즈란 퍽 쉽고 매력적인 직업이구나 하는 호감을 갖게 되었고, 그래서 이 길을 택해 본 것이었다. 누구나 남이 하는 일은 쉬워 보인다고 했던가.

나는 무작정 차를 몰고 앞으로 나갔다. 가다 보면 길은 나오게끔 되어 있다. 길은 또 다른 길로 가는 길을 안내해 줄 것이다.

인생길 또한 그렇지 않던가. 죽는 날까지 내일이라는 알 수 없는 길을 가고 또 가는 것이다. 그 길목에서 그 만큼의 아픔과 시련을 건너 어느 길에 당도하는 것이 아닌가. 알고 지혜롭게 갈 수 있다면 모르거니와 그렇지 않다면 어느 길을 선택해 가야 한다. 평소에 갈고 닦은 예지만이 그 길을 가르쳐 줄 것이다. 길은 길로서 길의 역할을 다하게끔 만들어져 있었건만 나의 어리석음이 나를 엉뚱한 곳으로 이끌고 가듯이 말이다.

위대한 개츠비가 사는 곳

　부동산 중개업을 시작한 첫날, 롱아일랜드 라즐린의 우드랜드에 있는 집을 찾아 나섰다가 길을 잃고 헤맸던 곳을 지도책을 펴놓고 살펴보았다. 그곳이 그레잇 넥의 미들넥에서 연결되는 킹스 포인트임을 알게 됐고, 북쪽으로 끝나는 곳에 '개츠비 래인'이 넓은 바다와 면해 있음을 알게 됐다.
　나는 소설 『위대한 개츠비』를 기억했고, 영화에서 주인공 개츠비로 열연한 로버트 레드포드의 멋진 모습과 "그녀의 목소리에는 돈이 가득 차 있었다. 짤랑거리는 돈 소리, 심벌즈의 노래 같은 돈 소리……"라고 묘사된 데이지 역할의 미아 페로우의 단순하고 신비한 아름다움을 떠올리며 첫 페이지부터 다시 읽어 보았다.
　작품 속 배경인 웨스트 에그인 그레잇 넥은 내소 카운티에서도 학군이 좋다고 소문난 부촌이고, 이스트 에그인 포트 워싱톤 또한 북쪽 해안가에 자리잡은 아름다운 타운이다. 두 땅덩이가 만을 사이에 두고 마주 보고 있는 형상이 '콜럼버스의 이야기에 나오는 달걀처럼 접촉하는 끝 부분이 납작하게 부서져 있다'는 대목은 작가가 하늘에서 내려다 보고 쓴 듯한 묘사여서 감탄스러웠다. 마치 한 마리 갈매기가 되어 내가 그 위를 날고 있는 듯한 상상을 하게 했다.

훌륭한 작품들을 남겼던 셰익스피어나 헤르만 헤세 등 문인들의 사적지를 답사해 보리라는 소망은 있었지만 가까운 곳에서 한 작품의 배경이 된 지역을 만나게 된 것은 순전히 우연이었다. 나는 한동안 환상 속에서 접어든 것만 같았던 그곳이 실재하고 있는지 확인해 보고 싶은 열망에 사로잡혔다. 더불어 길을 잃었을 때와 똑같은 심연 속으로 몰입할 수 있을 것인지도 궁금했다.

가을 내음이 물씬 풍기는 날, 나는 단풍 숲을 향해 차를 몰았다. 그날도 무작정 막다른 곳에 이르러 숲의 마성을 의심해 보는데 눈앞에 둥그런 호수가 나타났다. 나를 맞아 주는 너그러운 자태에 안도의 숨을 쉬며 건너편을 바라보니 바닷가에 서 있는 거대한 저택들이 풍채를 자랑하고 있었다.

미국 문학사에서 1920년대는 지식인 사이에 환멸감이 팽배했던 시기였고, 희망과 정열의 시기이기도 했다. 제1차 세계대전으로 전쟁의 비인간성을 경험했고, 미국 문화가 물질화되어 가는 것을 목격했으나 스콧 피츠제럴드는 구질구질한 과거를 청산하고, 멋진 미래를 건설할 수 있다고 믿었던 미국의 대표적 작가였다.

『위대한 개츠비』를 탐독하면서 스콧 피츠제럴드를 가깝게 만났고, 닉 캐러웨이의 정직성에서 미국인의 꿈을 엿보았다. 게다가 그 이상을 펼쳐 놓은 현장에 와 있다는 사실이 나를 적이 흥분케 했다.

빈농의 아들로 태어나 상류층 데이지와 사랑을 나누지만 부유한 남자를 택해 결혼한 데이지를 잊지 못하고, 청춘을 바쳐 경제적·사회적으로 성공한 후, 데이지 앞에 나타난 개츠비의 집요한 사랑과 단 하나의 꿈.

'과거는 되풀이될 수 있다'고 믿는 순진무구한 희망으로 사랑을 찾아 도전하는 용맹성. 끊임없이 한 여성을 사랑하며, 그 사랑하는 마음에서 삶의 경이로움을 느낄 줄 알고, 사랑을 자신의 에너지로 삼는 능력을 보여주고 있는 데에 개츠비의 위대성이 있는 것이다.

결혼한 데이지를 찾아가 그녀의 남편 앞에서 "당신이 저 사람을 사랑한 적이 없다는 진실만을 말해 줘요"라고 강요하듯 말하는 개츠비는 5년 전으로 그들의 사랑을 되돌려 놓겠다는 그 유일한 꿈을 이루기 위해, 사랑에 실패했지만 다시 사랑하기를 두려워하지 않는 당당함을 보인다.

속물이면서도 무책임하고, 비도덕적인 여자를 사랑하면서도 단 한 번도 자기 방식의 사랑을 놓지 않고, 자기 생애의 목표를 그쪽으로 끌고 가서 데이지를 끌어들이고 있는 것이다. 개츠비는 데이지가 겪게 될 미래의 정신적 혼란과 상황을 고려하지 않고, 자기애적인 맹목적 사랑으로 다가올 불행을 잉태하게 만들었다. 그리고 사랑하는 여인을 위해 스스로를 희생했다.

개츠비의 이런 무모함이 서구 사회에서 위대한 평가를 받을 수 있는 것이라면 풍부한 삶에 길들여진 데이지가 부자 남자와 결혼하고, 그 남편을 사랑하고, 과거의 연인을 또 사랑한다고 말할 수 있는 맹할 정도의 솔직함은 그들 방식에 썩 잘 어울리는 것이다.

안타까운 것은 개츠비가 소문처럼 빌헬름 황제의 조카도 아니고, 부호의 상속자도 아니며, 다만 사랑을 되찾기 위해 뼈가 부서지도록 일해서 부호가 되어 돌아온 사람이라는 것이다.

그가 목숨 걸고 사랑했던 데이지는 자기 때문에 죽어간 남자의 무덤에 꽃 한송이 꽂아 주지 않는 비정함을 보인다. 데이지를 그런 여자로 그린 작가의 의도는 무엇이었을까. 개츠비의 진정한 사랑에 대한 데이지의 무감각할 정도의 이기적 현실 반응이 너무 가혹하게 느껴진다.

20세기의 가장 미국적이라고 일컬어지는 이 작품 속에서 작가는 정신적 차원이 따르지 못하는 물질 위주의 부패한 삶의 모습을 그리고 있다. 그 풍요함에 젖어 있는 인간 속에서 인간들이 보존해야 할 가치들이 어떻게 붕괴되는가를 책 속의 인물들인 개츠비, 탐 뷰캐넌과 데이지를 통해 경고하고 있는 것이다.

그러면서도 작가 자신은 방종과 사치적 삶에 탐닉하였고, 그 결과 부인 젤다는 정신병 환자가 되어 미국 사회에 커다란 화젯거리였다니 모순이다. 작가 자신도 개츠비처럼 한 여자로부터 버림받은 적이 있다. 약혼녀 젤다가 그를 차버린 이유는 단 한 가지—"당신에겐 미래가 안 보여요"라는 것이었다. 그후 피츠제럴드는 회사원에서 소설가로 인생의 방향을 튼다. 소설이 성공하면서 그에게 파혼을 선언했던 젤더와 결혼하여 한때 명예와 부와 사랑을 다 가진 듯했지만, 결국 알코올 중독자로 불행한 삶을 살았다. 돈과 명예욕 때문에 파멸한, 시대가 낳은 상징적 문학가. 그 자신이 개츠비 같은 인생을 살았던 것은 아닐까.

그는 많은 작가들이 그렇듯 자신과 작품의 이중성을 어쩔 수 없었는지 모른다. 그래도 그의 내부에서는 건전한 삶을 향한 강한 욕구가 『위대한 개츠비』 같은 작품을 쓰게 했다고 믿고 싶다.

정오의 햇살이 사랑하는 여자를 위해 죽어 갔던 개츠비의 비극을 퇴색시키고 있는 듯했고, 계절과 시간과 분위기가 다른 탓인지 지난번의 촉촉했던 정서는 느낄 수가 없었다.

그래도 이 근처 어딘가에 개츠비가 과거로 흘러간 여인을 만나기 위해 멋진 집을 마련하고, 파티를 열며, 우연을 기다리던 순수한 사랑이 배어 있을 것만 같아 그곳을 둘러보게 되었다. 연못 저편에서 남녀 한 쌍이 그림처럼 껴안고 호숫가를 배회하고 있었다. 속삭이고 있는 모습이 개츠비의 사랑을 추억하며 기념하고 있는 듯했다. 이 지상에 '영원한 연인의 장소'로 불려도 좋을 이곳을 택한 저들은 데이지가 사는 부두의 밤바다 끝에서, 반짝이는 파란 불빛을 향해 두 팔을 벌리고, 몸을 떨던 개츠비의 사랑과 열정을 기억하고 있을까.

가을 낙엽이 빨갛게 물들고, 가을비가 소곤소곤 내리는 날, 나는 다시 이곳에 오리라 결심하며 차를 돌렸다. 개츠비가 그의 저택 잔디밭에서 "나는 사랑을 위해 살았고, 사랑을 위해 기꺼이 죽어 갔노라"며 나를 향해 손을 흔들고 있었다.

그런 사랑을 그린 '피츠제럴드'라는 한 작가의 위대성에 탄복하며, 나는 멀리서도 사랑의 환희에 가득 찬 개츠비의 미소를 볼 수 있었다.

플러싱의 추억

플러싱을 제2의 고향이라고 생각했었다. 어두컴컴한 써니싸이드 아파트에서 살던 이민 초기를 벗어나 동쪽으로 커다란 유리창들이 많았던 새 콘도미니움으로 이사해서 행복하게 살았던 곳이 플러싱이다.

해린이와 영우가 중학교에 들어갈 때까지 십여 년의 추억을 쌓으며 살았던 곳이니 정이 많이 들었다. 운전을 못 하는 지인들이 7트레인을 타고 와 가까운 빵집에서 만날 수 있었고, 오랜 만에 회포를 풀며 환희를 느낄 수 있는 추억이 희망처럼 묻혀 있는 곳이기도 하다. 롱아일랜드로 이사 간 뒤에도 일주일에 한두 번쯤은 플러싱 거리에 서고는 한다. 뿌듯한 마음으로 서점에 들러 이책 저책을 뒤적이다가 마음에 드는 책이 있으면 몇 권 사기도 한다.

영어를 많이 써야 하는 부동산 에이젼이라는 직업과 일주일에 몇 시간씩 영어 강의를 들어야 하는 학생이라는 신분은 미국인도 아니고, 한국인도 못 되는 듯한 어정쩡한 기분이 되게 할 때가 많았었다. 이 지구상 어디엔가 잘못 표류해 버린 듯한 고독과 슬픔이 나를 질식시키려 할 때 나는 한국어로 된 책들을 읽고, 한글 간판이 즐비한 유니언 상가를 걷고는 했다.

한국인들의 숨결이 넘실대며, 나와 비슷한 얼굴들을 하고, 어디서나 한국말을 들을 수 있고, 내가 타국에 있음을 쉽게 잊어버리게 해주는 곳. 한국 식품점에 들러 어머니가 만들어 주시던 반찬들을 그리워하며 장을 볼 수 있는 곳. 어머니의 손맛은 내게서는 나올 수 없는, 오로지 어머니의 정성으로 이루어진 것이었다는 사실을 자각시켜 주는 플러싱은 내 인생에 보너스를 많이 준 제2의 고향이라 하기에 부족함이 없는 곳이었다.

나는 때때로 플러싱에 오게 되면 키세나 팍에 갈 때가 많다. 그곳에 가면 우리 가족들이 만든 추억들이 많이 살아 있는 곳이다. 일요일 이른 아침마다 가족들이 다 함께 산책을 즐기던 이곳은 사계절이 다 아름다운 곳이다.

봄의 호숫가에는 청둥오리가 살고 있고, 여름이 올 무렵에는 원광 한국학교 학생들을 데리고 민속 잔치를 하던 곳이며, 가을 낙엽이 보고 싶으면 언제든지 다가가 볼 수 있는 곳이었다. 하얀 눈이 내린 날, 차 속에 앉아 순백의 공원을 감상하며 마시는 한 잔의 커피는 그 맛과 멋이 일품이다.

그런 즐거움을 내게 선물해 주던 플러싱이 언제부턴가 중국인들로 채워지게 되니, 내 것을 남에게 빼앗긴 듯 허전해진다. 남의 나라에 와서 네 구역, 내 구역 챙기는 것은 우습지만 마음이 서글퍼지는 건 어쩔 수 없다.

  내가 지키지 못하고 떠난 플러싱에 되돌아갈 희망조차 사라져 가는 것이 내 잘못도 있는 것 같아 씁쓰름하다. 플러싱이 내게는 고향의 품처럼 따뜻한, 첫사랑의 미국 땅이기 때문에 그러하다.

크로췌런 팍의 아침 산책

크리스마스 다음날 아침, 나는 일찍 아침 산책에 나섰다. 동네에 있는 베이사이드 하이스쿨 운동장은 트랙이 있어 조깅하기에 좋고 걸어서 충분히 갈 수 있지만, 아침 정취를 음미하기엔 메마른 장소다.

대신 리틀넥 베이를 바라보고 있는 크로췌런 팍은 걸어가기에 쉽지 않은 거리지만 아침 산책을 하기에 적합하고 끌리는 곳이었으므로 그 곳에 가기로 했다.

예상대로 크리스마스 다음날의 공원은 한가롭다. 사람들이 두서너 명 나와 서성이고 있었는데 개들은 사람 숫자보다 많아 이리 뛰고 저리 뛰고 있다. 사람들은 큰 개들을 풀어 놓고, 운동을 시키느라 분주하다. "너 영어 못 알아듣니?"라는 큰 소리가 나서 뒤돌아보니 개한테 하는 말이다. 테니스 공을 던져 주며 물어 오라고 재촉하는 뚱뚱한 미국 아줌마 목소리다. 주인만큼이나 덩치 큰 개들은 그 넓은 잔디밭을 제 세상 만난 듯 뛰어다닌다. 사람보다 개가 중요한 세상이 되어 버렸다 싶다.

 나는 내 주변을 맴도는 큰 개들을 피해 다니다 지쳐서 아침 산책을 괜히 나왔나 싶어지기도 했다. 이른 아침 산책을 조용히 음미하고 싶었는데, 개들이 훼방을 놓고 있다. 사람들을 위한 공원이라기보다 개들을 위한 공원이 되어 버린 듯하다.

 괜한 시비거리라도 생기게 되면 '개를 잡아먹는 야만인 나라'에서 왔다는 억지소리를 듣게 될지도 모르니 개들 앞에 서면 저절로 주눅이 든다. 언젠가 인터넷에 들어가 보니 희한한 고국 뉴스가 있었다. 오천만 원이나 하는, 족보 있는 진돗개를 주인 몰래 잡아먹었다는 것인데…… 어떻게 해결이 되었을까 궁금했다. 아마 미국 같았으면 고소를 당하고 법정에 서고 난리가 났을 것이다.

 왜 이렇게 미국 사람들은 개를 좋아하는 것일까. 고독이 이유라는 내용을 어느 책자에서 읽긴 했지만 무조건으로 나를 사랑해 줄 대상이 사람이 아니라 개라는 것은 안타까운 일이다.

 사람들의 아침 산책을 방해할 만큼 공원이 개들 놀이터로 떠들썩하게 변해 버린 동물 애호국의 시민들도 문제지만, 먹을 것이 없는 시대도 아닌데 하필이면 남의 차에 묶어 놓은 개를 잡아먹는 사람도 여간 흉물스럽게 느껴지는 게 아니다. 그 개 주인은 한동안 그 개에 대한 정을 못 잊어 가슴을 태웠을 것만 같다.

 나무와 숲과 강물이 어우러진 호숫가에 이르니 '위험하니 스케이트를 타지 말라'는 푯말이 서 있다. 이런 연못에서도 누군가가 스케이트를 타나 보다 하며 호수를 바라보고 서 있는데 부드러운 것이 내 궁둥이 쪽에 와 닿는다. 슬며시 곁눈질을 해보니 내 허리 아래까지 키가 닿는 셰퍼드다. 조금 전 보았던 뚱뚱한 아줌마의 개임에 분명하다.

앞에는 호수요, 뒤에는 기겁할 만큼 큰 개가 버티고 서 있다. 저리 가라고 소리칠 수도 없고, 태연한 척 서 있자니 진땀이 났다. 그런 내 정황에는 아랑곳없이 그 개는 코를 쿵쿵거리며 내 뒷부분의 여기저기를 탐색하고 있다.

저만큼에 경찰차가 놓여 있었는데 경찰은 무엇을 하는지 나와 보지도 않는다. 개는 사람들의 친구니 개를 무서워하는 사람이 비정상적으로 보이는지도 모르겠다. 차 속에 경건하게 앉아서 아침 명상을 하고 있는 것일까. 아니면 내가 개와 교유하고 있다고 비치는 것일까.

얼음물에 풍덩 뛰어드는 시늉을 하면 나와 볼지 모르겠다.

'개님, 제발 저리 가주세요.'

나는 아직 개가 나의 친구처럼 여겨지지 않으니 공원에서 노니는 개들은 괴로움의 대상이다.

2 꿈, 이상의 불꽃

학벌 시비 | 학사모 | 스승의 발자취 | 신데렐라 맨 | 아미쉬 타운 | 리얼리티 쇼를 보면서 | 어머니의 역할 | 위대한 어머니 | 전쟁 없는 미래를 꿈꾸며

학벌 시비

저번 한인회장 선거 때 학벌 시비를 보고 느낀 것이 많았다. 대체 학벌이 무엇이길래 대학교 졸업장이 가짜니 진짜니 말이 많은 것일까. 중학교를 나왔으면 어떻고, 고등학교를 나왔으면 어떠랴. 그냥 당당히 "나는 여건이 되지 못해서 공부를 못 했지만 이만큼 이루어 놓았다" 하고 나섰으면 모양새가 좋았지 않았겠느냐 했다.

1980년, 내가 처음 미국에 와서 수기에 당선되었을 때 일이다. 내가 잘 가는 동양 식품점 주인아저씨가 신문에 실린 내 작품과 학력을 본 후에 하신다는 말씀이 "난다 긴다 하는 사람 다 있는 뉴욕에서 당신이 당선되다니 정말 축하한다"는 것이었다. 학벌이 없는 사람은 좋은 글도 쓸 수 없다는 말처럼 들렸다.

여고를 졸업한 이후로 많은 책을 읽었고, 집에서 계속 공부를 해왔던 나로서는 민망하기 그지없는 칭찬이었다. 내 친구 중에도 새책이 생기면 그 도서의 내용보다는 저자의 학력에 더 관심을 갖고 말하곤 하는 친구가 있다.

　미국의 유명한 작가 마크 트웨인은 초등학교를 몇 학년 다닌 것이 전부였고, 세계적인 부호 카네기는 학교 공부라고는 전 생애 동안 4년 받은 것이 전부였다. 우리나라만 해도 학벌이 대단하지 않은 유명한 작가 선생님들이 많은 걸로 알고 있다. 다 자기 능력 나름이지 싶다.

　그 뒤로 내가 학벌에 유독 관심을 가지게 된 것은 다른 이유에서다. 어딜 가면 너도 대학생, 나도 대학생이었다. 그것도 일류 대학생 외에는 없는 것 같았다. 최종 학력이 고등학교인 사람은 아주 드물고, 중학교인 사람은 지금까지 한 사람도 만나지 못했다.

　이 넓은 지구에 비하면 손가락만한 작은 나라, 경제적으로 부유한 사람보다는 아직도 가난한 민중이 많은 대한민국에서 최고 학부 나온 사람만 존재하는 것일까. 아니면 학벌이 부족한 사람은 스스로 감추고, 위축되고 작아져서 어디론가 꼭꼭 숨어 버린 것은 아닐까 의아스럽다.

　내가 초등학교를 졸업할 무렵 중학교 간 친구들은 삼백여 명 중에 이십여 명 정도였다. 그것도 대부분이 남자 아이들이었다. 나는 다행히 읍내 여중에 장학생으로 선발되어 가게 된 행운아였다. 그 나머지는 농촌 집안에 남기도 하고, 공장에도 가고, 이리 저리 살길을 찾아 떠났다. 그 친구들 생각을 하면 편안히 학교에 다니는 내가 오히려 송구스러웠다.

　양순이란 친구는 하얀 칼라가 달린 교복을 한 번만 입어 봤으면 소원이 없겠다고 하였다. 개를 영어로 뭐라고 부르냐고 나에게 물어 '독'이라고 했더니 부러운 표정을 하던 동네 친구 진섭이 생각도 난다.

고등학교 때도 마찬가지였다. 대학에 진학한 친구들은 몇 되지 않았다. 중·고등학교 6년 동안 실장을 하며 학교 생활을 즐겼던 나도 대학을 포기하였다. 내 입장으로 말하면, 딸만 여섯을 홀로 키우신 어머니의 연세가 많으셨다. 내가 일등상을 받아와도 어머니께서는 별로 반가워하지 않으셨다. 막내인 내가 억지를 쓰면 지방대학 정도는 갈 수 있었겠지만 우리 어머니의 남은 생애가 고생스러울까 걱정이었다. 다섯 언니들을 교육시키고, 다 결혼시키느라 남은 재산은 고작 작은 기와집 한 채와 스무 마지기가 조금 넘었을 논과 밭이 전부였던 것이다.

한 친구는 나에게 남은 재산 팔아서 공부하고, 시집 잘 가서 어머니께 갚아 드리면 되지 않느냐고 했지만 나는 부모, 형제, 누구에게도 신세지고 싶지 않았다. 대학 졸업과 함께 결혼할 나이가 되면 배움이 사장될지도 몰랐다. 가장 마음에 걸렸던 것은 어머니가 그때까지 생존해 계실 거라는 보장이 없다는 것이었다.

그 당시에도 전답을 팔아 서울의 최고 좋은 대학에 다니던 집안 오빠가 있었다. 수재였던 그 오빠는 아르바이트로 학비를 보탰지만 그 노부모님의 뒷바라지는 피눈물 나는 고초의 연속이었다. 매일 밤 감나무 밑에 정한수를 받쳐 들고, '고시 패스, 고시 패스'를 빌고 또 빌어서 그 할머니 별명이 '고시 패스'였다. 그 오빠가 몇 번의 사법고시에 낙방하고, 결국 폐병으로 죽자 그 집안에 남은 것은 빚더미였다.

그 일로 사람이란 다 자기에게 주어진 상황에 어울리게, 분수에 맞게 살아가야 무리가 없다는 것을 깨달았던 것 같다. 우리 인간이 가장 궁극적으로 원하는 행복이란 최고 학벌 속에만 있는 것은 아니기 때문이다. 학벌이란 삶의 도구일 뿐 인생의 전부는 아니지 않는가.

그러나 한편으로 나보다 더 구차한 환경 속에서도 꾸준히 면학의 길을 걸어온 사람을 보면 나도 더 열심히 공부할 걸. 공부를 계속할 수 있는 또 다른 길이 있었을 텐데……. 너무 빨리 나의 현실과 타협해 버린 것은 아닌지 되묻곤 한다.

사람은 뭐든지 배워야 산다. 아는 것이 힘이라 하지 않는가. 공부란 마음만 있으면 얼마든지 집에서도 할 수 있고, 여건이 주어지면 어느 때나 가능한 것이 아니겠는가 하며 배움에 대한 열망을 가슴속에 새겨 두었다.

미국에 와서 야채 가게를 할 때는 고달프고 힘이 들었다. 아침에 한 시간만 더 잘 수 있기를 간절히 바랐다. 저축이 쌓여 가는 건 재미있었지만 내가 원하는 인생길은 아니었다. 남편은 사업가 이외에는 되고 싶은 게 없다는 사람이었지만 나는 밖의 세상에 대해 알고 싶은 게 너무나 많았다. 공부를 하면 그 속에 모든 해답이 있을 것 같았다.

한국에 남겨 둔 두 살 반 된 딸아이를 데려오고, 둘째 아이를 임신했을 때 나는 나 자신의 한계를 느꼈다. 짧은 언어 실력이 아이들 뒷바라지에 어려움이 될 것이었다. 나는 임신 3개월의 몸으로 시립대학인 요크 칼리지의 문을 두드렸고, 영어, 철학, 스페니쉬 등의 강의를 들으며 필요한 지식을 내 안에 배양하였다.

같이 공부했던 사람 중에는 예순다섯인 중국인 할아버지와 마흔이 넘은 스페니쉬 중년 부인도 있었다. 나이와 경제력과는 상관없이 열의와 노력만으로 배움의 길을 갈 수 있는 곳이 미국이다. 그런 교육의 천국에 와서 나는 배웠느니, 너는 못 배웠느니, 따지고 논한다는 것이 덜 아름답고, 덜 성숙되어 보인다.

학교 때의 우등생이 사회의 열등생이 되고, 학교 때의 열등생이 사회의 우등생이 된다는 말도 있다. 그저 유유히 조화를 찾아 어울리면 되는 것이 아니겠는가 싶다. 학교 공부만 공부겠는가.

학벌이 좋다고 거기에 만족하여 책을 멀리 하거나, 배우지 못했다 하여 자포자기하는 것은 희망이 죽어 버린 삶이다. 진정한 학벌의 의미는 졸업장이라는 종이 한 장의 위력이 아닐 것이다. 쌓아 놓은 지식을 활용하고, 내일의 발전을 위해 끊임없이 정진하는 사람만이 써야 하는 실력의 월계관이 아닐까 한다.

책방 앞을 지나다가 영어 토플 시험 문제집 한 권을 사들고 왔다. 요 사이 무디어진 내 실력을 알아보고 싶어서였다. 내게 주어진 인생의 학벌도 중요하겠기에 집에 있는 세계 사상 전집도 다시 한 번 읽을 생각이다.

학사모

　우리 집 거실 벽에는 노란 벨벳 후드와 검은 가운을 입고, 학사모를 쓴 내 사진이 걸려 있다. 커네티컷에 있는 브리지 포트 대학교, 네일 알버트 살로넨 총장과 악수하면서 당당한 모습으로 웃고 있는 사진도 그 옆에 있다.

　그 사진들을 볼 때마다 나는 지나간 미국에서의 어렵던 학창 생활이 비현실적인 꿈처럼 다가온다. 극기 훈련을 하듯 했던 공부와 연관되었던 모든 것들이 잊을 수 없는 추억이 물결쳐 오는 것이다.

　밤새워 원서를 읽던 날들, 몇 년 동안 뉴 헤븐으로 달리던 95번 하이웨이, 캠퍼스에서 만났던 교수들과 여러 나라 친구들, 어려운 과정이었지만 그 세월이 있었기에 고국에 대한 그리움, 부모 형제에 대한 보고픔을 참을 수 있었던 듯하다.

　2001년 5월에 대학 졸업장을 받았으니 미국에서 대학교 공부를 시작한 지 19년 만이요, 내 나이 47세였다. 중간에 두 아이를 키우느라 졸업이 지체되었지만 영어로 해야 하는 공부는 어려웠고, 명문대학교는 아니었지만 시작을 마무리했다는 자부심을 갖게 됐다.

1990년, 뉴욕《한국일보》신춘문예에「학벌 시비」란 제목으로 수필이 당선되었는데, 그 글 속에 나는 미국 대학교 공부를 시작했음을 밝혀 놓았고, '진정한 학벌이란 내일의 발전을 위해 끊임없이 정진하는 사람만이 써야 하는 실력의 월계관이 아닐까 한다'라고 써놓았으니 세상과 약속을 해버린 것이었다.

나는 말과 행동, 글과 사람이 같기를 바란다. 수필이란 진실의 무게가 실리고 성실한 생활 태도가 요구되는, 참(誠)으로 참(眞)을 찾는 기록 문학이라 생각했고 실천이 따라야 된다고 생각했다.

공부를 시작했던 첫 해는 아침이면 서둘러 일어나 가게에서 일하는 사람들 점심을 만들어 남편에게 들려 보내고, 해린이를 준비시켜 유치원에 데려다 주느라 참으로 바빴다.

운전을 못 했으니 써니싸이드에서 쎄븐 트레인을 타고 74가에서 갈아탄 후, 자마이카로 향했다. 내려서도 수업시간에 늦지 않으려고 마라톤 선수처럼 뛰어다녔다.

신생아였던 둘째 아이는 밤에 여러 번 일어나서 돌봐야 하고, 학과마다 두꺼운 책을 두 권 이상 읽고, 에세이를 써가야 되니 내 눈은 토끼 눈처럼 빨갛게 되었다.

서울에서 몰몬교 선교사들에게 영어 회화를 배우긴 했지만 미국 대학은 들어가는 문은 넓어도 졸업하긴 어렵다는 것을 배울수록 실감하게 되는 것이었다. 학사모를 쓸 수 있는 120학점은 먼 지평선 한 점으로 아스라했다. 미국에서 공부를 하게 됐다는 것을 행운이라 여기면서도, 공부를 하는 즐거움이 반절이었다면 사막을 걷는 듯한 무거움이 반절이었다.

직업을 위한 공부를 해보는 게 낫지 않을까 싶어 맨해튼에 있는 패션스쿨(FIT)로 옮겨 보기도 했지만 그 분야도 이민자인 내가 성공할 확률은 희박했다.

초등학교에 들어간 해린이와 영우를 매일 학교에 데려다 주고 데려와야 되는 엄마로서의 여건이 안타깝지만 어쩔 수 없었다.

적은 자본금으로 가구 사업을 시작한 남편을 보면서 가정부를 두고 공부할 수도 없어 혼자 애를 태웠다. 친정어머니를 초청했지만 너무 연로하시다는 이유로 미국행을 싫어하셨다.

"나는 일찍 결혼해서 대학교에 다닐 것이다"는 지난날의 엉뚱했던 계획이 나를 비웃고 있는 듯했다. "네놈이 결혼해서 대학에 다닌다고? 어디 두고 봐라. 언젠가는 후회할 테니……."

역정을 내시던 고3 담임이셨던 김정곤 선생님 얼굴이 "그것 봐라" 하시며 나타났다 사라져 갔다. 이태영 여사는 결혼 후 공부해서 변호사까지 되었다 해서 존경스러웠고, 나도 해보자 싶었는데 여러 개의 높은 태산이 앞에 가로놓여 있으니 막막했다.

태산이 높다 하되 하늘아래 뫼이로다
오르고 또 오르면 못 오를리 없건마는
사람이 제 아니 오르고 뫼만 높다 하더라

이상의 실현이란 체념하지 않고, 노력할 때만이 이루어지는 것이라는 것을 마음속에 읊조리며 양사언의 시조를 가슴에 새겨 보았다.

쉽게 얻어지는 것은 값있는 것이 아니다. "그렇게 쉽고, 편하게 살려고 빈손인 남편을 따라 미국까지 오지는 않았다"는 각오를 여러 번 했다.

바다로 둘러싸인 아름다운 캠퍼스에서 공부할 수 있었고, 학과 과정을 마치게 된 것은 스스로 부끄럽지 않으려는 신념이 만든 결과였으리라.

학사모를 쓰고 졸업장을 받던 날, 식장에는 피부색이 다른 수많은 학생들이 한 사람씩 단 위로 올라가 총장과 악수를 하고 졸업장을 받아 가지고 내려왔다. 졸업장에는 91회 커멘스멘트(Commencement)라고 쓰여 있었고, '졸업이란 학교에서 소정의 학과 과정을 마침'이 아니라 '새로운 시작'임을 명시해 주고 있었다.

나는 인자한 남편, 훌륭한 가정 교사였던 해린, 불평 없던 아들 영우, 있는 그대로 나를 바라봐 주던 시누이를 졸업식에 초청하여 감사한 마음을 전하였다.

내가 쓴 학사모 속에는 나 자신과의 약속을 지키도록 도와주었던 가족의 인내와 사랑이 듬뿍 담겨 있고, 대학원 과정이라는 새로운 세계로 향하고자 했던 내 꿈이 담겨 있다. 또한 학사모는 내 인생의 도장(道場)에서 시험당한 인내심의 결정체이다. 사진 속의 나는 단순히 학사모를 쓰고 있는 것이 아니요, 자신과의 싸움에서 승리한 의지의 감투를 쓰고 있는 것이다.

스승의 발자취

내일은 토요한국학교에서 아이들을 가르쳐야 되는 날이다. 무엇을 가르칠까. 이것저것 궁리하기도 하고, 참고 도서를 넘겨 보다가 문득 지나간 나의 학창시절을 뒤돌아봤다.

나는 그때 어땠을까. 무엇을 배웠나. 제일 먼저 떠오른 것은 스승님의 모습이었다. 하얀 손수건을 가슴에 달고 감곡국민학교에 입학하던 날, 허승욱 담임 선생님의 얼굴은 퍽 인상 깊었다.

별명이 코빵벵이였던지 동네 사람들은 나를 보면 "너희 코빵벵이 선생님은 안녕하시냐?"는 인사로 나를 멋쩍게 했다. 내가 좋아하는 우리 선생님을 그렇게 부르다니 어른들이 야속하기도 했고, 선생님이 아시면 속상하실 거라는 걱정도 했다.

선생님은 자신의 별명에는 아랑곳하지 않고, 그저 태평하셨고 다정하셨다. 선생님은 별로 화를 내시지 않는 인자한 분이었다.

내가 국민학교를 졸업하던 날, 선생님은 나를 잊지 않고 찾아오시어

"계속 공부 잘 하거라" 하시며 북청색 책가방을 선물로 주셨다. 둘째 형부가 사다 주신 『햄릿』, 『로빈 훗』 같은 동화책말고는 처음으로 받아 보는 선물이어서 나의 기쁨은 이루 말할 수 없었고, 중학교 3년 내내 그 가방을 사랑하였다. 지금도 그 가방은 스승님의 따스한 얼굴과 함께 눈에 선하다.

중·고등학교 때도 잊을 수 없는 스승님은 많이 계셨다. 내가 중학교 3학년이 될 무렵, 서울 창덕여고와 경복고등학교에서 수학을 가르치시게 된 이종술 선생님. 대학교 갈 준비를 하라며 그 학교 시험지를 4년 내내 보내 주시고, 내 공부를 격려해 주셨다. 그 정성은 참으로 컸다.

편지마다 예쁜 삽화를 그려 넣어 주시며 좋은 책을 빌려 주고, 읽게 해주시던 송정호 선생님. 그분은 "사람은 조금 빈틈이 있어야 좋으니 너무 완벽하려고 애쓰지 마라"는 충고를 주셨던 분이셨고, 성장기의 내게 인간이 무엇인지, 정서가 무엇인지 알려 주신 은혜로운 분이셨다. 그분이 원어로 가르쳐 주셨던 '러브 미 텐더'는 지금도 잊지 않고 부르곤 한다.

고1 때의 노춘길 담임선생님은 "여자가 너무 똑똑하면 전혜린처럼 불행해진다"는 말씀을 경고처럼 해주셔서 겉똑똑이가 되지 않도록 조심하게 하셨다.

"네놈이 대학교를 포기하면 언젠가는 후회하게 될 것"이라며 통나무로 자신의 손바닥을 후려치실 만큼 애통해 하시던 김정곤 선생님의 열성, 교육자로서의 자세가 무엇인지 절감케 해주시던 거룩함이셨다.

심훈의 『상록수』를 배우던 국어 시간, 내 머리를 쓰다듬어 주시며

"살아 있는 상록수가 되거라" 당부하시던 향토시인 박순호 선생님. 그분은 그때 이미 『코스모스의 서정』이라는 자신의 시집을 갖고 있어서 글쓰길 좋아했던 내겐 선망의 대상이었다.

여자는 여자일 수 있을 때 가장 아름다울 수 있다며 신사임당 같은 여인들이 될 것을 강조하시던 허경욱 교장 선생님. 외모도 잘생기셨지만 사모님이나 자녀들에게도 무척 자상하셔서 내가 만나고자 하는 미래의 남편상을 제공해 주신 분이다.

그러나 내 마음 한구석에는 또 다른 스승님의 모습이 자리하고 있어 우울해진다. 흑판에 쓰시던 분필 조각을 아무데나 휙 던져 버리던 K선생님. 사시사철 검은 양복 한 벌로 우리를 곤혹스럽게 하시던 옷차림에 무성의하셨던 P선생님. 그때는 본받을 수 없는 스승님들이라 싫었는데 지나고 보니 그분들 나름대로의 가르침을 주신 듯하다.

얼마 전 2세들을 위해 애쓰시던 변영애 선생이 한국으로 영구 귀국을 하며 이런 글을 남기셨다.

사랑은 곧 행동이다.
교육은 지식만의 습득이 아니다.
모든 인간의 행위란 보고 배우는 과정에서 익혀지는 거다.
사랑을 받고 자란 어린이는 나중에 사랑을 줄 줄 아는 어른이 된다.

내가 좋아하는 탈무드에는 "학교란 공부만 하는 곳이 아니고, 위대한 사람 앞에 마주 앉는 것이다. 학생이란 살아 있는 교과서인 선생을 지켜봄으로서 배워 가는 것이다"라는 구절이 있다.

  나는 이런 글을 대할 때마다 스승님들이 내게 주신 사랑의 흔적을 살펴보며 흔들리지 않는 내 인생의 지침돌로 삼기도 하고, 나는 선생으로서 말과 행동이 일치하고 있는 것인가 뒤돌아보고는 한다.

  한국학교에서 교사를 해보지 않겠느냐는 제의를 받았을 때의 망설임. 선생으로서 별다른 경험이 없다는 부족감. 이런 것들을 잘 메워 가고 있는가 하는 의문 속에서 많은 학기가 지나갔다. 참된 스승이란 학식보다 인격을 구비하지 않으면 안 된다는 데에 동의하면서 마음이 무거워진다.

  정성과 사랑으로 사람을 교육한다면 행위 예술이 된다. 무형의 아름다운 인격체를 길러내는 작업 속에서 일익을 담당하게 되는 것이다. 2세들에게 모국어를 가르칠 수 있는 영광된 기회에 우리 문화와 전통에 관한 공부를 잘 가르치고 싶다.

  스승님들이 내 인생에 밑거름을 주었듯, 어린 2세들에게 한 포기 조국의 얼을 심어 주면서 스승님들의 사랑을 간접적으로나마 갚아 나가려 한다.

신데렐라 맨

나는 복싱을 좋아하지 않는다. 주먹으로 치고받을 때마다 내가 두들겨 맞는 것처럼 아프다. 그러나 〈아가씨와 건달〉로 유명한 미국 작가, 데이먼 러니언(Damon Runyon)이 "복싱의 역사를 통틀어 제임스 브래독의 인생 스토리만큼 감동적인 드라마는 없을 것이다"라고 극찬하며 영화 제목을 붙였다는 『신데렐라 맨』을 결국 보게 되었다.

복서 브래독이 헤비급 타이틀 매치에서 두 번이나 주 챔피언 벨트를 거머쥐었고, 살인적인 복서 맥스 베어와의 시합에서 세계 챔피언이 되기까지의 고난이 실감나게, 그리고 객관적으로 그려져 있었다. 그에게 복싱은 가족의 생계였으며 가족을 향한 사랑이었다.

1933년, 경제 대공황에 처한 브래독 가족은 심각한 경제난에 시달린다. 배가 고팠던 아들 제이가 정육점에서 소시지를 훔쳤을 때 브래독은 "아무리 형편이 어려워도 남의 물건에 손대선 안 돼"라고 가르치며 그 소시지를 되돌려 주게 한다.

나라면 우선 내 아이의 배를 채우게 한 후, "다음엔 절대 하지 마라"고 말했을지도 모르겠다. 그는 그런 상황에서도 자식을 올바르게 훈육할 줄 아는 선량한 힘을 가진 용기 있는 남자여서 존경스러웠다.

가족을 위해 죽음을 각오하고 링 위에 오르지만 아이들의 우유값을 마련하기엔 여전히 부족하다. 잦은 부상으로 인해 좋은 경기를 펼치지 못하게 되자 출정 정지를 당하게 된다. 부러진 오른손을 구두약으로 발라 감추고, 선착장에 막일을 나간다. 그래도 형편은 좀처럼 나아지지 않는다. 바람이 매서운 겨울 날, 전기와 가스는 끊기고 아이들은 감기에 걸려 콜록거린다.

견디기 힘들었던 그의 아내는 아이 둘은 아버지 댁에, 로지는 동생 집으로 보낸다. 브래독은 몹시 화를 내며, "가족이 함께 있을 수 없으면 우린 진 거야. 난 포기하지 않아. 내가 두 배, 세 배로 일할게"라고 하면서 아이들을 다시 집으로 데려온다.

이 얼마나 융통성 없는 남자인가. 자신의 신념을 지키기 위해 아이들을 춥고 배고픈 집으로 다시 데려오다니……. 그러나 다음 장면에서 그는 자존심을 버리고, 빈민 구제금을 타러 갔다. 옛 동료들을 찾아가 반 구걸을 한다.

복서로서는 패배했지만 가족을 지키려는 정신력은 더욱 강해졌다. 그런 그의 의지는 가난한 아내마저 행복하게 만드는 것이다. 세상에 그런 남편을 사랑하지 않을 아내와 자식은 없을 것이다.

브래독이 자신에게 벅찬 상대를 만나서도 초인적 힘으로 승리한 데에는 가족을 지키려는 남성의 의지가 작용했기 때문이었을 것이다.

그가 사정이 나아지자 형편이 어려운 사람을 위해서 빈민 구제금을 반환한 브래독, 그의 성실함은 인상 깊다. 그는 스스로 노력해서 신데렐라 맨이 된 의지적 인물이었다.

지금 미국은 가족의 가치에 대해서 심각하게 외치고 있는 듯하다. 영화마다 가족 사랑을 양념처럼 삽입해 넣기도 한다. 브래독 역으로 분한 러셀 크로우가 역시 주인공으로 나왔던 〈글래디에이터〉, 니콜라스 케이지 주연의 〈패밀리 맨〉도 가족을 그리워하는 남자의 사랑이 묻어 나온다.

지금 미국은 사라져 가는 남자의 힘을 살려내기 위해 문화적 도전을 심각하게 감행하고 있는 듯하다.

사람이 살아가는 귀중한 가치는 진실과 성실, 정직, 인간애라고 하는데 그런 것들을 잘 실천하면서, 가족을 건재하게 지킬 수 있는 사람은 인생을 제대로 살았다 할 수 있을 것이다.

아미쉬 타운

 옛날 사람들이 태평성대의 이상향을 청학동이라 불렀다 했던가. '신선들이 푸른 학을 타고 다니는 지상의 낙원'이라고 했던 청학동이 내게는 꿈의 마을이었다.
 미국 땅에 삶의 뿌리를 이식하고 난 2년 반 뒤, 요크 칼리지에서 공부하던 중 '미국판 청학동'이라 불리는 '아미쉬 타운'에 대해 배우게 되었고, 꿈의 마을에 대한 환상을 다시 갖게 되었다.
 전래의 초가집에서 집단 생활, 전통적인 의상을 입고 머리카락을 기른 채 서당에 다닌다 했던 청학동 사람들과 전기, 전화, 자동차가 없다는 '아미쉬 타운' 사람들은 무욕으로 살고 있다는 면에서 비슷한 존경심과 경이로움을 갖게 하였다.
 상상의 구름다리를 건너 '미국의 무릉도원(武陵桃源)'이라 일컫는 아미쉬 타운을 보고 싶었지만 실제로 가볼 수 있는 기회가 없다가 최근에야 가보게 되어 소원이 풀리게 되었다.

새벽부터 창 밖을 보니 맑은 날씨여서 반가웠다. 두 손을 모으고 감사를 드리고, 소풍갈 아이처럼 가슴을 두근거렸다. 집 앞의 가로수가 내 들뜬 기분을 이해라도 한다는 듯 초록 잎을 흔들며 기지개를 켜고, 반갑게 아침을 깨워 주어 싱그러운 기운을 북돋아 주었다.

조심스런 거동으로 집을 나서니, 오랫동안 그리워해 오던 곳에 가고 있다는 설레임이 아침 햇살과 함께 다정하였다. 청학동 마을이 내게 이상적 꿈속 마을이었다면, 아미쉬 마을은 생의 부질없는 욕망을 비워낸 실체로 내 가까이에 자리하고 있음이 고마웠다.

그 사람이 지닌 인품과 진실, 성실함이 그 사람을 판단하는 기준이어야 하건만, 그 기준이 흔들리고 있는 요즘 시대에 선도의 역할을 해주고, 욕심을 버리고 소박하게 살라 하는 교훈적 삶이 거기 있으니 좋은 것이다.

'꿈의 관광 여행'이라는 글자를 몸에 두른 버스를 타고 차 속에 앉아 이런 저런 사색에 잠기다 보니 차는 '더치 카운티'라 불리는 '아미쉬 마을'에 도착하였다.

사진으로 보던 펜실베니아 랭카스터에 있는 아미쉬 마을의 아이들은 맨발이었다. 사람들은 순박해 보였고, 신성한 풍경화 한 폭의 이미지를 갖게 했었다. 그런 그들에게 경외심과 두려움을 가지고 찾아온 나는 멀리서나마 아미쉬 사람들이 한가롭게 살아가는 모습만 봐도 다행이라 싶었다.

잠시 후, 국적 잃은 언어들이 군중들의 웅성거림 속에 섞여 요란해졌다. 정신없이 백인 할아버지 안내인을 따라 아미쉬들이 살던 집 안으로 들어가니 벽에 검은 모자와 밀짚모자가 걸려 있고, 여기 저기 놓여 있는 수제(手製) 가구들, 통나무를 투박하게 잘라 만들어 놓은 긴 의자들이 놓여 있었다.

허구와 가식을 벗어 버리듯 오래된 미싱, 스토브, 식탁, 그 위의 그릇들, 침대, 검은색·남색·자주색 천을 편으로 고정시켜 만든 긴 원피스들, 하얀 두건들과 손으로 만든 퀼트 제품들이 정리되어 놓여 있었다.

집 밖으로 나와 둘러보니 한국의 민속촌을 방불케 하는 우물, 마구간, 닭장, 옥수수를 보관했던 헛간, 풍차 등이 관광객들의 신기한 눈초리를 말없이 받아들이며 순응하고 있었다.

나는 허물을 벗듯 아미쉬들이 남기고 간 흔적들을 바라보며 예상하지 못했던 착잡함에 젖어 들었다. 그들의 겉껍질들이 관광 상품으로 전락(轉落)하여 돈을 벌어 들이는 수단으로, 사람들의 호기심을 충족시켜 주고 있는 현장으로 바뀌어 있는 것을 구경하면서 내가 그려 보던 아미쉬 마을과는 전혀 다른 모습임에 실망하게 되는 것이었다.

시대는 변하고, 사람들도 변하니 아미쉬 사람들도 변했나 싶었다.

"왜 아미쉬 사람들은 자신들의 공동체를 일반인들에게 공개하고 있나요?"라는 질문을 하지 않을 수 없었다. "욕심 없는 시골 생활에서 진정한 삶의 기쁨을 얻으려는 도시인들을 위해서"라는 답변이었다.

정작 아미쉬 사람들은 세속 사람들의 성화에 못 이겨 35마일 정도 떨어진 곳으로 밀려 들어가 살고 있다. 세상 한 끝을 붙잡고 3백 년 전의 생활 방식을 고수하며, '느림과 무소유'의 삶을 실천하는 아미쉬 사람들에게 신세계의 소음은 견딜 수 없는 것이었나 보다. 다행히 '아미쉬 타운'은 내 꿈의 마을로, '지구 지킴이'로 건재하고 있다는 것이 한숨 놓게 하였다.

청렴한 고집으로 고요하게 살고 있는 그들을 세속인들의 호기심이 더 깊은 곳으로 쫓아 버리지 않기를 바라면서 돌아오는 버스에 탔다. 더 많은 것을 소유하기 위해 빨리만 달려가는 발걸음을 늦추고 자신을 바라보게 하는 그들. 기계화된 사람들이 정신적 가치를 놓아 버리고 가야 할 곳은 어디일까를 물어 보게 하는 그들. 풀 한 포기 자랄 수 없는 삭막한 그곳에서 인간의 삶이 변질되어 나타날 내일을 묻게 하는 그들.

아미쉬 마을을 다녀오면서 나는 계속 많은 질문들을 차창 밖으로 쏟아내며 내가 가꾸고 싶은 꿈의 마을을 설계해 봤다.

리얼리티 쇼를 보면서

 텔레비전의 리얼리티 쇼는 우리 사회에 직면한 부부 문제들을 생각해 보게 한다. 채널 11, 그레그 쇼 'Saving marriage'에서는 몇 쌍의 부부가 출연하여 각자의 문제를 풀어 놓았다.
 쓴 물건을 제자리에 놓지 않는다든지, 쓰레기를 곧바로 비워 주지 않는다든지, 지난 잘못을 들추어낸다든지, 주일날 무슨 옷을 입고 갈 것인지 등의 사소한 일로 언쟁하는 모습, 화해하는 장면과 결혼 상담자의 조언이 방영되었다.
 부부가 서로 헐뜯고 다투는 것은 부부생활에 치명적이다. 아내가 남편에게 다툼을 거는 것은 자신을 좀더 사랑해 달라는 신호인데 남편은 거기에 부응하지 않고 피해 달아나 버리는 것도 해결책은 아니다. 부부간에 대화를 잘할 줄 아는 지혜를 터득하는 것이 중요하다.
 43년을 같이 살았다는 부부의 성공 비결은 상대방에 대한 '존경(respect), 명예(honor), 추억(memory)'이라고 했다. 존경은 예의를 지키고, 인격적인 대우를 할 때 생겨난다. 명예라는 말 속에는 '존중하다, ~에게 경의를 표하다'는 뜻이 포함되어 있다. 부부는 신뢰할 수 있을 때 존경할 수 있다. 부부가 미워질 때 추억의 장면들을 떠올리면 쉽게 용서할 수 있다. 서로가 간직한 추억은 아름답다.

대략 이런 내용들을 시청하면서 우리 부부의 결혼 생활을 돌아봤다. 삼십에서 사십이 되기까지 참으로 바빴다. 이민 생활에 대한 적응, 생활 안정, 자녀 교육 등으로 불만을 가질 여유조차 없었다.

그런 사십대에서 오십대가 되면 어쩔 수 없어서 살게 된다고 하는데 우리 부부는 어떤가. 이 시기의 부부들은 폭탄을 한 개쯤 지니고 사는 것 같다고 하는데 점검을 해보니 우리 부부도 그런 것 같다. 동갑내기 부부인 우리는 갱년기라는 신체적 변화를 같이 앓고 있는 것은 아닐까 싶기도 하다.

부부란 서로가 서로에게 보험을 드는 것이라고 했다. 괴롭고 힘들 때 남편이, 아내가 곁에 있어 준다면 그 보험은 제대로 든 것이다.

오십이 넘고 육십을 바라볼 때 부부는 식탁에 마주 앉은 서로를 바라보며 안쓰러워 살게 된다고 한다. 한 인간에 대한 인간으로서의 애정이 생겨나는 것이리라. 생의 아픔과 괴로움을 공유하고 건너온 나아닌 나. 주름진 그 사람이 앞에 있어 다행이라고 생각할 수 있는 부부는 그나마 다행이다.

결혼해서 이삼 년이 되는 부부가 이혼을 많이 한다고 한다. 그들에게 말해 주고 싶은 것은 '어제의 나가 오늘의 나가 아니듯 내일의 나가 오늘의 나는 아니다'라는 것이다.

참고 자기를 기다려 주면 언제 그랬냐는 듯 다른 감정으로 변한 나의 모습이 저만큼 서서 한 송이 꽃을 들고 기다리고 있는 것이다. 그럴 때의 나에게 미안하지 않도록 현실을 견뎌 보는 힘, 이 산을 넘으면 더 아름다운 산이 기다리고 있을 거라는 희망 같은 기다림을 갖고 살 일이다.

어머니의 역할

해린이와 영우를 기르면서 어머니로서의 역할이 중요하고, 무겁다는 걸 깨달았다. 이 아이들이 커서 제대로 인생을 살아 줄 것인가. 세상에 어떤 영향을 끼치게 될 것인가.

결혼 전에는 결혼해서 소리 없이 살면 부모님께 효도하는 것이겠지 했는데, 결혼해서는 그만큼 잘하고 산다는 게 어렵구나 싶었고, 아이들을 낳아 키우면서는 이 일이야말로 가장 힘든 일이 아닌가 싶었다.

중학교 1학년 때까지는 공부도 잘하고, 엄마 말씀이라면 어겨 본 적이 없던 해린이가 "나는 이 집의 죄수야. 나는 이 집에서 아무것도 내 마음대로 할 수가 없어. 나는 자유롭고 싶어"라는 일기 비슷한 편지를 써놓고 학교에 간 날 나는 몹시 놀랐다.

"내가 저에게 얼마나 잘해 줬는데 이렇게밖에 생각 못 하다니······."
어이가 없었다.

그 뒤로는 엄마와의 약속을 어겨 보기도 하고, 단정하던 방이 어질러져 있기도 해서 몇 달 동안 해린이와 투쟁 비슷한 것을 치르곤 했다.

"무자식이 상팔자지."

딸 두 명에 아들 한 명을 둔 선배 한 분은 가끔 그런 표현을 해서 나를 놀라게 했다. 그런 말을 들을 때마다 '저분은 직장 생활을 한다고 가정이 잘못 돼가고 있는 것은 아닐까' 하고 적잖이 걱정이 됐었다.

그분 말씀에 따르면 큰딸은 너무 똑똑하고 공부를 잘해서 고등학교를 졸업할 때 일등상을 받았다는 것이었다. 그런데 둘째 딸은 머리에 레인 보우 색깔로 염색을 하고, 손톱에 검정 매니큐어를 해서 한국학교 교장 선생인 자기 체면이 서질 않는다는 것이었다. 나는 신문사에서 같이 일하면서 그런 말을 자주 들었는데도 사춘기가 된 내 딸을 이해하는데 힘이 들었다.

나는 교육에 관해 좋다는 책을 많이 읽었다. 그 인생 선배가 빌려 준 로스 캠벨이 쓴 『10대의 아들 딸 이렇게 키워라』는 책에서도 많은 도움을 받았다. 10대의 아이는 유아에서 성인으로 변할 수 있는가 하면, 귀엽다가도 짓궂고, 논리적이다가 불합리하게 변할 수도 있으며, 그런 변한 마음들이 본래로 되돌아왔다가 또다시 변하기도 한다는 것이다.

부모는 우선 자기 감정에 대해 자제력을 유지해야 하고, 사춘기 자녀에게 눈길 접촉과 신체적 접촉으로 무조건적인 사랑을 주어야 한다는 것이었다. 내가 해답을 얻고 싶었던 부분은 해린이가 온갖 정성을 다해 저를 키우고 있는 이 엄마에게 왜 저렇게 분노하고 있는가였다.

나는 어느 날 해린이를 데리고 좋은 식당에 가서 맛있는 걸 사주며 말했다.

"해린아, 네가 엄마한테 서운한 게 있으면 말하려무나. 내가 다 들어주고 이해할게. 절대로 화내지 않을게. 나는 네가 어린애인 줄만 알았는데 정말 어른이 된 것 같아. 그러니까 우리 서로 마음을 터놓고 어른들처럼 얘기하자. 피아노도 하기 싫으면 하지 말고, 무용도 하기 싫으면 안 하면 되고, 공부도 꼭 백점 맞아 오지 않아도 돼. 네가 알아서 선택하도록 해. 엄마가 너무 욕심을 부렸던 것 같아. 정말 미안하다. 나는 네가 그냥 밝고, 행복하기만 하면 돼."

나는 진심으로 딸 앞에서 너무 욕심 부렸던 지난 일들을 돌아보며 사과를 하고, 참회를 하고 눈물을 흘렸다. 내가 미처 몰랐던 사이에 나는 딸아이에게 너무 많은 기대를 하고 있었던 것 같았다. 엄마라는 강한 힘 밑에서 저 애는 얼마나 압박감을 느꼈을 것인가. 알을 깨고 나오려는 새 한 마리의 고통이 전해져 왔다.

'이제 내 딸은 너무 많이 커버렸다. 풀어 주자. 한 사람의 인격체로서 이 세상을 훨훨 살아가도록 그 애의 날개를 되돌려 주자'는 결심을 하고 나니 모든 것이 쉬워졌다.

그렇게 내가 변하고 나니 해린이는 언제 그랬냐는 듯 달라져 버렸다. 나와 대화도 잘하게 되었고, 예전처럼 어리광도 피웠다.

위대한 어머니

　어머니날에 나는 많은 어머니들을 생각해 본다. 인자한 어머니, 사랑 많은 어머니, 지혜로운 어머니, 훌륭한 어머니, 세상에는 수없이 많은 어머니들이 있다. 그 대부분의 어머니들이 나름대로 어머니로서의 역할을 하고 갔겠지만 그중에는 뛰어나게 인류의 모범이 될 만한 위대한 어머니들이 있었다.

　"에디슨은 정말 바보요. 너무 저능아여서 우리 학교에서는 더 이상 가르칠 수가 없소"라는 선생에게,

　"내 아들은 바보가 아니에요. 아마 천재일지도 모릅니다. 선생님이 내 아들을 못 가르치겠다면 내가 가르치겠습니다"라고 말한 뒤 퇴학당한 아들의 소질과 재능을 키우고 뒷받침하여 미국의 국보요, 세계의 보배요, 인류의 은인인 발명왕이 되게 한 에디슨의 어머니는 위대한 어머니였다.

　"어머니, 옆집 사과가 열렸어요."

"그래, 사과가 예쁘지. 그러나 남의 집 사과니까 절대로 따면 안 돼요."

사과가 붉게 익어서 몇 개 떨어졌다.

"어머니, 옆집 사과가 땅에 떨어졌어요. 땅에 떨어진 것도 주우면 안 돼요?"

"남의 집 사과는 떨어졌어도 절대로 주워 가지면 안 된다."

빅톨 위고의 어머니는 정직성과 성실성을 단호하게 가르쳤고, 그러면서도 자애로웠다.

18년간이나 망명 생활을 하면서도 나폴레옹 3세에게 무릎을 꿇지 않았고, 정의와 인도주의를 위해 과감히 붓을 들고 싸웠던 시인이요, 소설가요, 극작가요, 또 정치가였던 빅톨 위고가 쓴 『레미제라블』은 자유와 정의와 인도주의가 잘 드러난 사회 소설로서 지금도 유명하다. 많은 사람들이 그의 고결한 인격과 뛰어난 정의감이 어머니의 헌신적이고 훌륭한 가정교육에서 비롯된 것이라고 하니, 이런 빅톨 위고의 어머니는 위대한 어머니였다.

우리 한국의 어머니로서 위대한 두 분 어머니를 들라면 "순신아, 흉악무도한 일본인의 침략을 받고 세상 사람들이 분노하고 있으니 목숨을 아끼지 말고 오직 조국과 민족을 위해 싸워라" 격려하던 성웅 이순신 장군의 어머니와 "일본인의 총에 맞는 걸 두려워하지 말라"며 노구를 이끌고 갖은 옥바라질 다하던 김구 선생의 어머니를 위대한 어머니라 하겠다.

가난과 고통과 위험을 무릅쓰고도 당당하고 용기 있던 어머니들.

나에게도 그런 위대한 어머니가 한 분 계시니 나를 키워 주시고, 지켜 주시고, 기도해 주시는 여든셋이 되신 나의 어머니시다. 그분은 위대한 생애를 지켜 왔으며, 나는 그것을 지켜 보며 자랐고, 그 기억을 오래 간직하며 살 것이다.

전쟁 없는 미래를 꿈꾸며

인류를 불행하게 하는 것은 무엇일까. 지구를 멍들게 하는 것, 지구를 고통에 잠기게 하는 것, 지구를 행복 밖으로 밀어내는 것, 지구를 오염된 땅으로 물들이는 것들은 많이 있는 듯하다.

그 중에도 전쟁은 가장 참혹한 것이 아닐까. 인간이 가장 좋아하는 말 중의 하나가 '평화'라고 한다. 평화로운 가정, 평화로운 사회, 평화로운 국가, 평화로운 세상을 바라는 게 인간의 가장 소박하고 아름다운 바람인 것 같다.

2005년을 며칠 앞둔 12월 26일, 수마트라섬의 북부 해상에서 발생한 지진 해일 '쓰나미'가 인도네시아, 말레이시아, 태국, 미얀마, 인도, 스리랑카, 뱅글라데시, 인도양을 가로질러 아프리카의 소말리아까지 쓸고 간 자연의 대 재해를 보면서 가혹하다는 말 이외에는 할 말이 없었다. 15만 명 이상이 죽어간 천재지변 앞에서 인간이 얼마나 무력한 존재인가를 다시 한 번 깨달아야만 했다.

이런 자연의 대 재앙은 피해 갈 수 없는 인류의 큰 불행이지만, 전쟁은 그렇지가 않다. 인위적인 피 싸움을 벌려 정치적인 이념과 편견을 승리로 이끌기 위해 귀한 생명들을 전쟁터에서 죽게 하는 것이다. 죄 없는 사람들이 서로 죽고, 죽이는 무자비한 싸움터는 상상만 해도 소름이 끼친다. 이 세상 모든 사람들을 불안하게 하고 평화를 빼앗아 간다. 21세기에는 국가와 국가 간에 이런 전쟁이 더 이상 일어나지 않기를 우리는 얼마나 빌고 기도하고 있는 것인가.

지난해 가을날 문인협회 회원들은 가을 야유회를 떠났었다. 놀다 보니 물컵에 노란 들꽃이 꽂혀 있었다. 예쁜 꽃이었다. 우리는 '예쁘다!'를 서로 연발하며 좋아하고 있었는데 누군가가 큰 소리로 책망을 했다.
"누가 그 여린 생명을 꺾어서 여기다 꽂았지요?"

우리는 순간 입을 다물었다. 작은 풀 한 포기의 생명도 소중하다는 것을 새삼스레 자각하는 순간이었다. 하물며 인간의 생명은 얼마나 소중한 것인가.

아인슈타인은 국가들의 평화로운 공존을 위해서는 상호간의 두려움과 불신을 없애야 한다고 했다. 그 믿음은 신뢰에 바탕을 둔 성실한 협력과 상호 타협이 될 때 이루어질 수 있다고 했다. 국가를 무장시킴으로써 안보를 이룩할 수 있으리라는 생각은 현재의 기술 상태로 볼 때 비참한 결과를 초래하는 환상이 될 것이라고 했다. 미·소 간의 대량 파괴 수단들이 각각 비밀의 벽 뒤에서 급속히 개발되고 있기 때문에 그렇게 되면 세계의 전멸이 점점 더 명확하게 도래할 뿐이라고 했다.

미국이 최초로 원자폭탄 제조에 성공하여 일본의 히로시마를 잿더미로 만든 이래, 인류의 평화는 핵폭탄 하나로 물거품이 될 수 있는 위태로운 것이 되었다. 천만 명 이상에 달하는 중국 민간인들에 대한 학살, 40년 가깝게 한국을 지배하면서 우리 민족의 문화, 역사, 언어까지 말살시켰던 엄청난 죄악에 대해 대가를 치르는 것이 당연하겠으나 원폭의 결과는 너무 참담한 것이었다.

『미래의 충격』, 『제3의 물결』을 쓴 미래학자 앨빈 토플러는 미국과 소련이 핵 대전을 일으키지 않는다 해도 '소규모의 전쟁', '소규모의 핵전쟁'이 발발할 가능성을 전연 배재할 수는 없다고 했다.

1987년 노벨문학상 수상자인 죠셉 브로드스키는 "오늘날 악(惡)은 개인적인 문제의 차원을 넘어서 집단적·지역적인 현상으로 번져 가고 있다"고 했다. 전쟁은 이 지구상에서 벌어지는 최악의 악(惡)일 것이다.

아우슈비츠의 강제 수용소에서 죽어간 수많은 유태인들이 그 무서운 참살을 당해야 할 만큼 개인 개인이 많은 악을 저지르지는 않았을 것이다. 몇 사람의 잘못된 정치 리더들에 의해서 무한한 잠재력을 가진 생명들이 무참히 스러져 가는 것은 얼마나 무서운 것이었던가. 그 많은 희생자들이 이 지구상에 다시 생겨서는 안 될 것이다.

개인의 작은 악이 세계를 무너뜨리는 악이 되지 않도록 살펴야 할 것이다. 평화를 염원하는 마음, 마음들이 모이면 평화의 물결이 세상을 덮을 것이고, 히틀러나 도요토미 히데요시 같은 세기의 악한들이 다시는 존재하지 못할 것이다.

죠셉 브로드스키는 이러한 악을 극복하기 위해서는 악한들보다 더 창의적이고, 독창적이며, 진취적인 정신을 가져야 한다고 말하였다.

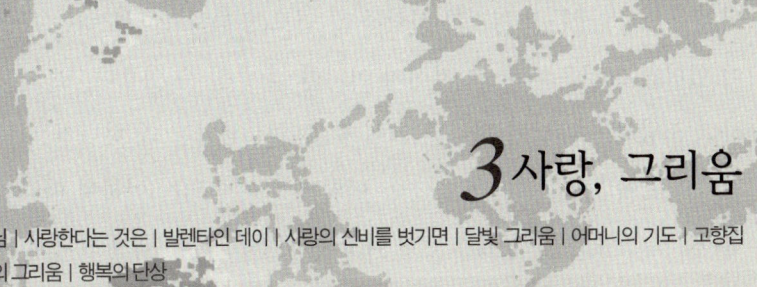

3 사랑, 그리움

님 | 사랑한다는 것은 | 발렌타인 데이 | 사랑의 신비를 벗기면 | 달빛 그리움 | 어머니의 기도 | 고향집의 그리움 | 행복의 단상

님

   2006년 3월, 한국을 여행하던 중 시문학사에 들러 귀중한 책 한 권을 얻게 되었다. 1983년에 출판된 신상철(申尙澈) 교수님의 『현대시와 님의 연구』라는 책이다.

   이 책을 읽으면서 님은 한국의 고시가에서 오래 전부터 쓰여 오던 것이고, 부모님, 선생님, 임금님, 어른님, 서방님, 하느님, 부처님 등등 현실 속에서도 쉽게 만날 수 있는 말들인데 무심히 사용해 왔음을 깨달았다.

   새삼스레 님에 대한 의미를 되새겨 보았고, 책 속에서 언급된 박노준 님의 '어느 누구든지 자기가 사랑하고, 연모(戀慕)하고, 사모하는 무엇이 있다면 그것은 바로 그 자신의 어떠한 님이 될 수 있으며, 또 연모하고 사랑하는 대상이 하나면 그에게 있어서 님이란 즉 하나가 되는 것이요 둘이면 둘, 셋이면 셋…… 이렇게 그 마음먹는 여하에 따라서 얼마든지 소유할 수가 있게 된다'라고 한 내용도 님을 쉽게 만나게 해

주었다.

지금은 구름 속을 스쳐간 바람처럼 희미하고 흔적조차 없어져 버렸지만, 호주로 유학 간 선배로부터 '김명순님'이라는 호칭으로 편지를 받게 되었을 때부터 나는 '님'자를 좋아 하게 되지 않았나 싶다. 나이 차이와 관계없이 최대한 존중한다는 뜻으로 쓰였음직한 님이란 글자가 내 마음을 사로잡았고, 아련한 꿈조차 갖게 하는 언어가 되었던 듯하다.

미국에 와서 모자란 영어 실력으로 학교 공부와 씨름을 하며 보낸 수년간, 나도 모르게 잊고 지냈던 님에 대한 그리움은 지난 가을, 4박 5일의 몬트리올, 퀘백 문학기행을 하면서 되살아나기도 했다.

초빙 강사였던 경희대학교 김종회 교수님의 열정적인 시낭송,「님의 침묵」을 들으며 님에 대한 나의 열정과 정감이 새롭게 열렸다 싶다. 문학 소녀였던 시절에 대한 향수, 이국 하늘 아래의 고독, 애송했던 시와의 뜻밖의 만남은 거짓 없이 순수한 마음을 열고 님을 향하게 했다.

『문학사상』 2005년 10월호에「님의 침묵」80주년, 재조명되는 만해 문학'이라는 기획특집으로 권영민 교수님의 글이 실려서 인상 깊게 읽었다. 조지타운대 프랜치 스카조 교수님이 88편의 만해 시를 영문 번역하여 『열망하는 모든 것(Everything Yearned For)』이란 제목으로 출판하였는데 나도 님이라 하면 단연 만해 한용운님의「님의 침묵」에 나오는 님을 선뜻 떠올렸다.

어떤 학자들은 이 시 속의 님을 한용운의 이성적(異性的) 사랑의 님이라 해석하기도 하지만, 나는 불법이 높고 독립운동을 주동했던 그분의 님은 거대한 조국이나 우주적인 님이 돼야 하지 않을까 하는 나만의 고집을 오랫동안 간직하고 있기도 했다.

한편으로는 세속 인연을 맺을 수 없는 그분의 사랑에 대한 아릿하면서도 슬픈 연민을 엿본 것 같기도 해서 내가 가지고 있는 님에 대한 환상과 일치시켜 보는 은밀함도 가져 보았다.

권 교수님의 글 속에도 한용운님의 님은 현실에 있지 아니하였다 하고, 떠나 버린 님을 노래하고 있다고 하고, 그것을 '사랑의 이별'이라 하고, '당신과 나의 거리가 멀면 사랑의 양이 많다'라는 역설의 표현을 통해 사랑의 아름다움이 멀리 떨어져 있는 가운데에서 더욱 진실하게 드러날 수 있다고 하는 내용이 있었다.

그러나 살아온 연륜 때문일까. 교과서에서 그 시를 만난 이후, 내 인생 행로를 지나간 시간적 거리 때문일까. 「님의 침묵」속의 님이 한용운님의 사랑하는 님이라 한들 내 어찌 그를 탓할 수 있으랴 싶어졌다. 「님의 침묵」속의 님이 거대한 조국이 아니고, 이성적(異性的) 사랑에 국한된 님이라 한들 그 님은 참으로 아름다운 님이 아닌가.

인간의 감성 속에 누군가를 사랑할 수 있는 본성이 내재되어 있다 함은 인간에게 주어진 특권이며 축복이다. 그런 안타까운 사랑, 그런 형이상학적인 사랑을 할 수밖에 없는 운명을 지닌 님은 가슴아픈 사랑이면서도 참으로 높고, 귀한 사랑을 경험하게 되는 님이다. 시공을 초월하는 그의 고귀한 영적 의지 때문에 보냈으되 보내지 않은 사랑. 떠나 있어도 떠나 있지 않은 사랑. 이루어질 수 없는 님과의 사랑에 깊고, 넓은 희망 같은 기다림이 내재되어 있는 사랑.

그 사랑이 상대를 소유한다 함이 아니라, 사회 질서를 흔드는 무분별한 사랑이 아니라, 생존의 깊이를 만들어 주고, 새 길을 만들어 주고, 아지랑이 같은 마음에 속절없는 봄빛을 쏟아 부어 해님, 달님, 별님을 노래할 수 있고, 맑은 영혼을 밝혀 줄 수 있는 창조의 힘을 지닌 님이라 한다면 그런 님은 참으로 귀한 님이 아닌가.

진흙 속에서도 맑고 향기로운 꽃을 피워내는 연꽃 같은 마음으로서만이 가능한, 승화된 님인 것이다. 그런 님을 가졌다 함은 높은 사상과 지고한 인격의 결정체가 이루어낸 생(生)의 금강석(金剛石) 같은 것이다.

만해 한용운 님은 시집 『님의 침묵』의 군말에서 '님만 님이 아니라, 기룬 것은 다 님이다. 중생(衆生)이 석가(釋迦)의 님이라면, 철학은 칸트의 님이다. 장미화(薔薇花)의 님이 봄비라면 마치니의 님은 이태리다. 님은 내가 사랑할 뿐만 아니라 나를 사랑하나니라'라고 강조하고 있다.

'기룬'이라 함은 '어떤 대상을 그리워하거나 아쉬워하다'라는 전라도 지방 방언인데, 한용운님은 이 한 단어를 찾아 씀으로 해서 평범하나 언제나 내 곁에서 찾을 수 있고 사랑할 수 있는 모든 존재의 님들에 대한 포괄적 의미를 다 담아, 님을 쉽게 받들어 가지게 한다. 「님의 침묵」에 나오는 '님'과 「군말」에 나오는 '님' 사이에는 오직 유일한 하나와 여럿이라는 님의 초상이 담겨 있으니 님을 가진다 함이, 님들을 가진다 함이 생의 풍족을 의미하고, 그런 님들을 품에 안고 사는 일들을 관조해 볼 수 있게 마음의 문을 열라 한다.

님은 천국과 극락의 빗장을 열어 주는 파수꾼이요, 님은 창문을 열고 앞뜰에 핀 자목련을 바라보는 내 눈빛이라 한다. 과거의 님, 현재의 님, 미래의 님들은 내게 생존의 빛을 주었고, 현재도 내 이상(理想)의 혼(魂)을 키우게 해주고 있지 않은가. 우주 만유, 허공법계가 님이 아님이 있는가.

지나간 날들, 님을 님으로 받들지 못했던 미숙함을 들여다본다. 님을 님으로 사랑함에 있어서도 실수가 반복되고, 깨달음이 있기도 한다.

그래도 나는 누군가의 님이고 싶고, 내가 흠모하는 님들에게 사랑을 전하고 싶다. 님들은 작은 계곡의 물처럼 흘러 내 작은 마음의 시내를 채워 주고 내 모습을 비춰 줄 것이다.

사랑한다는 것은

 길가에 핀 이름 모를 꽃 한 송이에 안개 같은 사랑을 느끼는 순간이 있습니다. 산들거리는 바람 속에서 머리카락을 쓸어 올리는 귓가에 마음의 빛으로 스치는 님의 목소리를 듣게 되는 경우도 있습니다.
 내 마음이 우수로 머무는 어느 날, 고국을 그리는 마음속에 사랑의 줄기가 흐르고 있음을 봅니다. 어머님이 보내 주신, 감촉이 부드러운 예쁜 속옷과 고운 빛깔의 한복 치마 저고리 속에서 어머님의 사랑은 기쁘게 숨어 나의 행복한 미소를 더듬곤 했습니다. 어머님의 컴컴한 뱃속에서부터 지금까지 내가 받았던 숭고한 사랑의 부피가 샘물처럼 솟아 사랑의 희열로 나를 감싸 주었습니다.
 사랑은 언제나 우리의 가슴이 머무는 곳에 서서 다정한 미소로 두 팔을 벌리곤 합니다. 어서 오라고 합니다. 그런데 우리는 무엇을 주저하고 있을까요. 달려가 안기려는 자에게 사랑은 늘 충만한 몸짓으로 가득 차 있는 것을, 사랑은 주어서도 좋고, 받아서도 좋은 아름다운 감정인 것을.

　로미오와 줄리엣이 나누던 사랑이나 춘원 이광수의 『사랑』에 나오는 사랑도 그것 나름대로 애절한 고통이 주는 아픔과 함께 아름답지만, 『까라마조프 형제』에 나오는 알료사가 보뻬에게 주는 헌신적인 사랑도 아름답습니다. 고리대금업자를 살해한 『죄와 벌』의 라스코리니코프의 메마른 가슴에 단비 같은 사랑을 부어 깊은 인간애에 눈 뜨게 한 소냐의 사랑은 어떨까요.

　나는 오십대에 사춘기 소녀 같은 사랑의 열병을 앓고 있는 한 여인의 가슴을 들여다보며 신기한 사랑의 정체에 놀라곤 합니다. 가끔은 짜증을 내기도 하고, 가끔은 기쁨에 젖어 있는 모습이 사랑의 묘약에 취해 버린 그대로입니다. 누군가 말했듯이 사랑은 나이를 초월하고, 국경을 초월한다는 말이 실감납니다.

　사랑했던 사람을 잊기 위하여 십 년의 세월이 걸렸다는 시인을 만나 보았고, 육십이 다 된 나이에도 밤마다 연인의 손을 잡고 도망가는 꿈을 꾼다는 소설가의 얘기도 들어 봤습니다. 이루어지지 않은 사랑의 비련 때문인지 슬프기도 하고, 아름답기도 했습니다.

　젊은 남녀가 열렬한 사랑을 하고, 결혼을 하여 영혼과 육신이 하나로 피어날 수 있다면 미련이 남지 않아 괴로움도 없을 것입니다. 미처 연소되지 못한 사랑은 피맺힌 흔적으로 피어난 꽃들로 가득합니다. 멀리서나마 사랑하는 사람이 잘되기를 빌어 주는 순수한 열정과 승화된 영혼이 남아 있다면 이런 사랑은 밤 하늘의 별처럼 반짝이는 보석이 될 것입니다.

소유하고자 하는 무한한 욕망의 늪을 뛰어넘은 사랑이 갖는 위대함은 보는 이로 하여금 감동의 눈물도 흘리게 합니다. 사랑한다는 집착과 구속으로부터 스스로 자유로울 수 있는 여유로움을 간직한 웃음은 아름답습니다. 아픈 만큼 아픈 뒤의 초연한 모습과 누군가를 사랑하는 자기의 감정 사이를 비켜서서 저만큼 바라볼 수 있는 마음의 눈을 가진 자의 찬연한 모습은 차라리 경건하다 하겠습니다.

　어떤 철인은 감상적으로 된다든지 감정에 치우치는 것은 사랑이 아니라고 합니다. 동정, 관용, 소유, 질투, 공포도 사랑이 아니라고 합니다. 분명히 참된 존경이 있을 때, 자비나 연민이나 관대함이 있는 곳에서만 사랑이 존재한다고 합니다. 사랑은 주고 싶은 욕망이라 합니다. 주고 또 주고 마침내 다 주고 그래도 모자라서 다 주지 않고는 못 견디는 것이 사랑이라고 합니다.

　어머니가 우리에게 주신 사랑은 그러합니다. 부처님이나 예수님이 우리에게 주신 사랑은 그러합니다.

　남녀의 사랑은 열병 같아서 태우고 나면 남지 않을 위험천만한 것이지만 본질적인 존재 가치에 대한 사랑은 확실하고 보편적이며, 영속적인 것입니다. 그것은 진리적인 사랑입니다.

　생각이 지기 둘레에 만들어 놓은 공간에는 사랑이 없습니다. 이 공간은 사람과 사람 사이를 갈라 놓고, 그 안에 일체의 생겨남이 있고, 생존, 투쟁, 번민과 두려움이 있습니다. 사랑한다는 것은 이 모든 것을 비우는 일입니다. 상대를 위해 헌신하고, 자기가 만들어 놓은 생각의 굴레를 허물고 '나'라는 의식을 끝마치는 일입니다. 사람들과 지구 위의 모든 것들을 있는 그대로 바라보고, 공감하고 이해하는 것입니다.

사랑은 예술이라 합니다. 정성과 노력이 없이는 이루어질 수 없는 매우 힘든 작품이기 때문입니다.

부모 자식 간에도, 부부간에도, 연인 사이에도 사랑은 숭고한 자기희생입니다. 참된 사랑에는 실연도 비관도 없습니다. 진실한 기도만 있습니다. 너의 행복이 곧 나의 행복이기에 나는 무수히 죽어 갑니다.

사랑이 난무하는 미국에 와서 Ch. 7의 〈올 마이 췰드런〉이나 〈완 라이프 투 리브〉 같은 연속극을 볼 때마다 윤리의 한계가 결여된 사랑의 행각에 정신이 아득해지곤 합니다. 사랑을 위해서는 왕관도 버린다지만 자기들만의 사랑을 위해 다른 사람을 파멸에 이르게 하고 상대방의 앞길을 막는 사랑이 과연 사랑일까요. 서로가 서로를 추하게 하는 잘못된 사랑은 쓰디쓴 독약으로 너와 나를 죽이고, 세상을 죽이고, 인류의 신성함을 우롱합니다. 수치스러움을 잊어버린 인간성의 감정적 행위는 이성이 없는 동물과 다를 바가 없습니다.

부처님께서는 청정한 마음이 진리라고 하셨습니다. 삼독오욕(三毒五慾)에 찌든 인간의 마음을 덜어내고 덜어내어 순결한 마음을 지키고, 생에 대한 성실함을 지킬 때 사랑은 너와 나의 구별이 없이 하나로 세상에 떠서 빛으로 화하고, 극락세계를 열어 줄 것입니다.

사랑한다는 것은 자기를 극복하고, 중생계를 벗어나 보살도에 이르는 실천의 길, 수행의 길이기에 오늘도 사랑이 충만한 삶을 위한 기도를 합니다.

발렌타인 데이

 내일은 발렌타인 데이다. 사랑의 날이다.
 나는 상점에 가서 하트 모양의 빨간색 초콜릿 세 상자를 사며 기분이 좋았다. 사랑은 받는 것도 좋지만 주는 것은 더 아름답다고 했다. 사랑에도 연습이 필요하다고 했는데, 가족은 그런 사랑을 실천하게 하는 가장 순수한 밑거름이 되어 주는 듯하다.
 평소의 나는 남편과 해린, 영우에게 "아이 러브 유"라든가, "사랑해"라는 표현을 잘 하지 못한다. 습관이 되어 있지 않은 탓일 것이다.
 그런 나를 위해서 사랑의 날은 고마운 날이기도 하다. 마음이 가고, 물질이 가고, 시간이 가야만 제대로 사랑을 하고 있다고 말할 수 있는 게 아닌가 하는 내 마음을 작게나마 전달할 수 있으니 말이다. 하트가 그려진 카드 한 장, 붉은 장미 한 송이가 의미하는 사랑은 받는 이로 하여금 큰 사랑을 느끼게 할 것이다.
 지금 내 책상 앞에는 시를 쓰는 글동무가 보낸 발렌타인 카드가 놓여 있다. 하트가 세 개 예쁘게 웃고 있다.

"좋은 글, 좋은 삶을 엮어 가시는 선생님께 소리 없는 응원을 보냅니다. 진달래 피는 때만큼 우리 향기 짙은 차 한잔 나누십시다. 세상에 사랑이 넘치는 날, 나도 한 줄기 사랑 하나를 보냅니다"라는 내용이 읽으면 읽을수록 정감이 간다.

그녀가 가져다 준 사랑의 마음이 하늘을 보고, 별을 보는 것 같은 다정함을 준다.

평소에는 마음만 있었지 대화 한번 오롯이 나누지 못했던 사이가 사랑의 징검다리로 수놓아지고 있음을 본다.

인간은 누구나 조금씩 외롭고, 고독한 게 아닐까. 기계화된 물질문명 속에서 사랑을 말하지만 부족한 부모님의 사랑, 연인의 사랑, 부부의 사랑, 친구의 사랑에 울고 웃고 하는 것도 인간이 아닐까 싶다. 주는 사랑보다는 받는 사랑에 열중하고 있는 이기심이 사랑의 마음에 상처를 준다.

"엄마, 아이 러브 유. 아이 러브 유" 하는 해린이와 영우에게 "입으로 하는 사랑은 누구나 다한다. 엄마를 사랑하는 마음이 있으면 쓰레기도 치우고, 공부도 열심히 하고, 직접 행동으로 보여주는 게 최고야"라고 말하는 나이지만 "사랑해"라는 말을 들으면 기쁘다. 그런데 그 말을 하려면 어렵다.

지난 여름 호남 향우회가 저소득층 중학생들 30여 명을 초청하여 미국 견학을 시켜 준 프로그램이 있었다. 우리 집에서는 한국의 중학생 여덟 명을 며칠 동안 민박을 시켜 주며 성의를 다했다. 1월 1일 새해부터 고국에서 걸려온 전화에 그들이 외쳐대던 "어머니, 사랑해요"란 말에 귀가 먹먹하였다. "그래, 나도 사랑해"란 말이 저절로 나와 유쾌하였다. 시간이 지난 지금도 고국으로부터 들려오던 "사랑해요"란 말은 귓가에서 맴돌며 나를 행복하게 만들어 준다. 빈 말 아닌 '사랑'이란 말을 나도 많이 해봐야겠다.

어떤 잡지에 보니 발렌타인 데이는 '여자가 먼저 옆구리 쿡쿡 찔러도 좋은 날'이란 제목이 붙어 있었다. 심각한 사랑의 고민보다는 경쾌하게 주고받을 수 있는 사랑의 카드, 장미 한 송이의 기쁨을 떠올리게 하였다.

사랑의 신비를 벗기면

갓 결혼하게 된 젊은 부부들을 보면 주고 싶은 선물이 있다. 두 권의 책이다.

한 권은 미국인이며 기독교인인 에드 위트 박사(M.D. Ed Wheat)가 쓴 『모든 결혼한 부부를 위한 사랑 생활(Love Life For Every Married Couple)』이고, 한 권은 정다운 스님이 쓴 『사랑학 개론』이다.

사랑이 있는 행복한 가정이 세상의 평화를 지키는 가장 근본적인 뿌리임을 잘 알면서도 불화를 겪거나 헤어지는 부부가 늘고 있으니, 현대인이 걱정해야 되는 것은 어떻게 사랑을 하고, 어떻게 좋은 가정을 이룰 것인가가 아닌가 싶다.

27년 동안의 내 결혼 생활을 통해 보더라도 사랑은 하였으되 제대로 했는지 의심스럽다. 젊은 날의 나는 사랑이란 바라만 보아도 가슴 두근거리는 짜릿한 감정이 아닐까. 사랑이란 그런 끌림이 있어야 하고, 그런 사랑이라면 죽음인들 무서워하랴 싶었다.

그런 식의 사랑이었기에 '결혼은 사랑의 무덤'이라는 표현이 나왔음 직하다. 사랑이 단지 '정신적 홀림'이라는 것과 그 환상적 사랑의 실체를 깨닫고 실제의 삶 속에 실천하는 데에 얼마큼의 노력이 필요한지 짐작하지 못했다.

옛말에 바다에 나갈 때는 한 번 기도하고, 전쟁에 나갈 때는 두 번 기도하고, 결혼을 하기 전에는 세 번 기도하라 했지만, 원만한 결혼 생활이 그만큼의 기도만으로 충분할 것인가.

에드 위트 박사는 그의 저서에서 많은 사람들이 사랑의 거짓에 따라 살고 있다고 한다. 좌우간 왜 사랑은 종종 실패하는가. 그것은 연인들이 무엇이 사랑인지, 무엇이 사랑이 아닌지를 모르고 있기 때문이고, 사랑하는 법을 모르고 있으며, 사랑을 위한 헌신을 한 적이 없어서라고 한다. 대부분의 결혼한 부부들의 행위와 반응은 진실에 근거한 것이 아니고, 사랑의 거짓에 근거한 것이라 한다. 이런 거짓의 출처는 어디인가?

첫째는, 여기저기서, 어린 시절부터 가정의 생활과 철학으로부터, 예를 들자면 결혼을 일곱 번이나 한 어떤 여배우가 "사랑을 더 이상 느끼지 못한다면 서로 미워하는 것보다 배우자를 바꾸고, 부부는 친구가 되는 것이 더 현명한 것이다"라고 하는 사랑에 관한 잡다한 인상들(Jumbled Impressions) 때문에 수많은 사람들은 사랑은 설명할 수 없는 신비라고 생각해 버린다는 것이다.

둘째는, 수많은 사람들이 로맨틱한 사랑에 대해 스스로의 개인적인 경험에 근거한 잘못된 결론들을 내리고, 그 결론을 중심으로 움직이고 있기 때문이라 한다. 대부분의 사람들은 13세경에 홀림(Infatuation)에 빠지고 24세경에는 '실제적인 연애사건'을 한 번 내지 두 번 이상 경험한다고 한다. 이러한 사건들이 사랑에 대한 잘못된 개념을 갖게 만든다는 것이다. 이런 것에 휘말린 사람들은 미래를 위한 진정한 지혜를 갖기보다는 사랑에 대한 오해나 냉소주의를 가지는 경향이 있다고 한다.

셋째는, 영화, 텔레비전, 모든 종류의 잡지, 소설, 친구의 자세, 명사들의 말과 본보기 등등 문화적인 영향력 때문에 잘못된 자세를 가지는 것이라 한다.

책에선 남편과 아내 사이의 사랑 관계를 구축하는 것은 '이성(Reason)'과 '느낌(Feeling)'인데 많은 사람들이 느낌이 중요한 것이라고 생각한다는 것을 우려하였다. 진정한 연애 사건을 초래하는 사랑의 흥분으로부터 이성을 제거시킨다면 결과는 사랑이 아니라 탐욕(Lust), 홀림(Infatuation), 혹은 공허한 감상(Empty Sentimentality)에 불과한 것이라는 것이다.

이 책은 사랑에 대한 정확한 정보와 분명한 사고방식이 필요하다고 가르친다. 진정한 사랑이란 항상 행동이 따르는 선택이므로, 사랑의 행동이 무엇인지와 사랑을 구축케 하는 교훈을 배워 실천해야 한다.

나는 나의 결혼생활 속에서 사랑이란 우연히 생기는 느낌이나, 신비로운 것이라는 잘못된 개념으로부터 겨우 빠져 나오고 있는 듯하다. 죽는 날까지 "당신을 사랑해"라는 말은 쉽고, 가볍게 할 수 있는 말이 아님을 깨닫고 있다. 인간의 사랑은 미지수다. 마치 둥근 달 속의 계수나무에 걸린 은도끼를 갖고자 하는 열망을 그 안에 간직하고 있는 듯하다. 하나 노력하면 된다고 한다.

달빛 그리움

 처용이 덩실덩실 춤을 추었다는 달밤은 내 뇌리에 네 개의 다리가 이불자락 밑으로 보이는 날이다. 밤늦게 노니다가 들어와 달빛에 비치는 스무 개의 발가락에서 아내의 부정을 발견했다는 처용. 그 처용이 만들어낸 춤의 그림자는 밝은 달빛 아래 너울거리고 있었을 것이다.
 팔월 한가위 달빛 아래 손에 손을 잡고 강강술래를 추었을 아녀자들의 그림자와는 다를 그 춤의 자태는 침묵의 달빛에 무엇을 호소하고 있었을까. 인간 세상의 부질없음과 배신의 허무를 훨훨 춤으로 추었던가.
 늦게 돌아오는 남편을 위해 '달님이시여 높이높이 돋으시어 저 멀리를 비춰옵소서'라며 기구를 드리던 「정읍사」의 달은 한 여인의 알뜰한 기다림을 하얗게 비추고 있었겠지만 그 달은 처용의 분노를 삭여 주는 달이 아니었을까.
 여름 방학을 맞이하여 한국을 방문했을 때 연로하신 어머니와 바라보던 여름밤의 달빛은 유난히 밝고 눈이 부셨다.

"야, 미국에도 저 달이 뜨냐?"

마루 끝에 앉아 달을 구경하시던 어머니는 새삼스레 확인이라도 하듯 이 질문을 하셨다. 달빛에 비치던 그때의 어머니의 얼굴은 천진한 동심으로 가득하였다.

"그러믄요. 뜨고 말고요."

나는 엉겁결에 어머니의 손을 꼭 잡아 드렸다. 눈시울이 뜨거워졌다. 그동안 달빛을 보며 그리움을 달랬을 어머니의 마음이 몇백 마디의 말보다 진하게 전하여 왔다. 달빛 밝은 밤이면 저 달을 바라보고 계셨을 어머니. 그러면서 미국 간 막내딸에 대한 보고픔을 달래셨겠지.

어머니의 사랑을 가장 많이 받고 자란 내가 어머니 가까이 살지 못하였음이 얼마나 큰 불효였는가를 깨닫게 하는 달빛이었다. 어머니는 환한 달빛에 수줍은 달맞이꽃이 되어 웃고 계셨다. 주름살이 달빛에 가려 박꽃 같았다.

달빛은 바로 나의 어머니였다.

어머니의 기도

"내가 너를 위해 열심히 기도를 헌다."

한국에 계신 어머니께서는 국제 전화를 할 때마다 잊지 않고 이 말씀을 하셨다.

그런 어머니한테 나는 늘 감동을 했다. 방문의 횟수에 비례하여 증가했던 노후의 자질구레한 참견들도 잊어버리게 됐다.

설거지를 하다가, 길을 걷다가, 하늘을 바라보다가 나는 문득 어머니의 이 말씀이 떠올라 찡해지곤 한다. 눈물이 왈칵 쏟아지려 하면 황소처럼 눈을 껌벅거린다. 그 사이로 보이는 낡고 이끼 낀 기와집 한 채. 그 안에서 간절히 기도하고 계셨던 나의 어머니. 나이도 잊어버려 "어머니, 지금 몇이시죠? 일흔 여섯? 일흔 일곱?" 하면,

"아니다. 이제 일흔 여덟이다. 빨리 죽어야 할 텐데 큰일이다."

"그렇게 빨리 돌아가시면 어떻게 해요?"

"빨리 죽어야지. 오래 살아서 뭐하겠냐."

"오래오래 사셔야지요. 그래서 저 성공하는 거 보고 돌아가셔야지요."

"허기야 요새는 너 성공허라고 기도 많이 헌다. 소설 쓰거라."

"소설이요?"

나는 갑자기 웃음이 나왔었다. 겨우 국문도 떠듬거리시는 어머니가 소설이란 말씀을 하시니 전혀 생소한 남의 언어처럼 들려서였다. 아마 미국에서 딸이 글을 쓴다고 하니 사람들이 소설가냐고 그랬던 것일까. 나는 그런 어머님이 어린아이라도 된 것처럼 귀엽고, 신기하고 대견했었다.

"네, 알았어요. 써야지요. 조금만 기다리세요. 제가 꼭 쓸게요. 오래오래 사세요. 돌아가시기 전에 꼭 쓸게요. 어머니, 기도 많이 해주세요."

나는 엉겁결에 약속을 드려 놓고 또 슬며시 웃음이 나왔다. 어머니 덕분에 소설을 써야 된다는 사명감 하나가 더 부가된 셈이었다. 가끔 수필을 쓰면서 마음의 여유나 챙기며 살고자 했는데 소설을 써야 한다고 생각하니 이상야릇한 기분이 되었었나 보다.

내가 만약 소설을 쓰게 된다면 그것은 순전히 늙으신 어머니의 기도 때문일 텐데 그 어머니는 지금 이 땅에 안 계신다. 몇 년 전에 저 세상으로 가셨다. 몇 편의 단편소설, 장편소설을 시작해 봤지만 어머니가 돌아가시기 전에 끝맺지 못했고, 확신도 없으니 어머니와의 약속을 어긴 것이다.

밤 하늘을 습관처럼 올려다보며 어머니를 그리워할 때마다 나는 어머니의 다정한 목소리를 듣는다.

"이곳에서도 나는 너를 위해 기도하고 있단다."

아, 사랑하는 나의 어머니. 어머니가 그립다.

고향집의 그리움

고향집은 따뜻한 온기를 가지고 있다. 그곳을 떠나온 지 아주 오래 되었건만 기억 속에 남아 있는 그 온기는 사라지지 않는다.

내가 어릴 적 살던 고향집은 지대가 높은 곳에 있었다. 동네 어귀를 들어서면 왼쪽 편으로 큰 집 한 채가 있었는데 어머니는 그 집 곁을 지날 때마다 "저 집이 우리가 분가하기 위해 쌀 다섯 말이나 주고 계약해 놓았던 집인데……" 하시며 늘 아쉬워했다.

아버지가 인정이 많아 그 집이 우리 집이 되지 못했다는 한탄이 들어 있었다. 그 집을 팔기로 했던 집안 형님이 갑자기 죽어 만삭이 된 형수가 이사 갈 집이 없어 양보하게 되었다는 것이었다. 젊은 새댁 시절부터 어머니는 그 집이 우리 집인데 해오셨을 터였지만 나는 살고 있는 우리 집이 좋았다.

긴 뒤 담장 너머로 울창한 대나무 숲이 빙 둘러 쳐져 있었고, 해마다 하얀 옷들을 입고 시제를 지내곤 하던 금녕 김씨 조상님들의 묘가 있는 소나무 뒷동산이 바로 그 담과 연결되어 우거져 있었다.

담 밖으로 나가면 우리 집과 서당집이라 불려지던 숙부 댁 사이에는 몇백 년 묵었음직한 커다란 팽나무가 한 그루 서 있었는데 아주 조그맣고, 동그란 열매들이 주저리주저리 열리곤 했다. 그 앙증맞던 초록색 열매들이 어쩌나 신기했던지 나는 그 밑에 서서 시간 가는 줄 모르고 바라보던 기억이 난다.

우리 집 마루에 서서 앞을 보면 앞산과 방죽이 훤히 보이고, 봄에는 어김없이 뻐꾸기 소리가 들려오는 것이어서 나는 공부를 하다가도 그 소리를 끝 간 줄 모르게 듣고는 했다. 강둑의 미루나무는 동네를 지키는 수문장처럼 멋지게 늘어서 있는 것도 훤히 보였다.

나보다 나이가 위인 어른들만 살던 우리 집은 언제나 깨끗이 정돈되어 있었고, 부지런한 어머니는 마루에도 황토 흙으로 색깔을 내어 니스를 칠하고, 닦고, 또 닦아 윤이 반짝 반짝 하였다. 온 집안 식구들이 가꾸는 화단에는 여러 종류의 꽃들이 만발해 피어 있었으므로 나는 참으로 흡족하였다.

그 화단 위로는 담을 사이에 두고, 종길이 오빠네 단감나무 가지가 어린 나를 애태우고는 했다. 우리 집 뒤뜰에 있던 감나무는 키만 멀쩡하게 크고, 가을이면 땡감이 아주 많이 열리곤 했는데 그 오빠네 감나무는 단감이 네 개, 아니면 다섯 개 정도만 열리는 것이었다. 나는 긴 장대를 들고, 그 감을 따먹으려고 애를 쓰고는 했다. 그러면 어린 동생이 없던 그 오빠는 나와서 그 감을 따주곤 했는데 나는 그런 오빠가 좋았으므로 맛있는 것이 있으면 그 담을 붙잡고 오빠를 불러 건네 주고는 했다.

어머니가 이사 가려고 준비했던 그 집은 그 당시에는 더 마음에 들었을지라도 내 기억 속의 그 집은 관리가 허술했던지 온기가 잘 느껴지지 않았고, 넓은 뜰은 너무 넓어 잡초가 자라기도 해서 보기 싫었다. 집이란 사람의 인생과 같아 작은 빈틈일지라도 정성들여 들여다보고 관심을 갖고 빨리 손질하지 않으면 기둥이 흔들리게 마련이다.

내가 왕신여자 중학교에 입학을 하고 신태인 읍내로 이사 왔을 때 어머니는 기어이 예쁜 기와집 한 채를 사셨는데 포도나무가 작두 샘가에 있고, 아래채에 유리문이 달린 집이었다.

촉촉이 비가 내리는 날, 나는 그 집을 선보러 갔는데 참으로 마음에 들었다. 차분한 기운이 감돌고 있는 그 집 주변에 허름한 집들이 있기는 했지만, 오히려 그 집이 돋보이는 역할을 했다.

부자나 가난한 사람이나 사람 사는 건 다 거기서 그만, 그만한 것이라고 말씀하시던 어머니는 그들과 곧바로 친구가 되었고, 그들의 삶을 어루만져 주는 어른이 되셨으며, 돌아가시는 날까지 그 집을 떠나지 않고 그 집에서 살다 가셨지만 나의 고향집은 아니다.

미국에 왔던 첫해 6개월은 맨해튼 14가 쎄컨 에비뉴에 살았는데 밤이면 길 건너의 불빛들이 나의 외로움을 달래 주느라 내 눈물 속에서 깜박이고는 했다. 큰 시누님이 테라스와 집 안에 많은 화분들을 키웠는데 참으로 잘 자라 주었다. 커튼과 식탁보도 초록에 가까운 연두색 잎들이 너울져 있는 것으로 손수 만들어 조화를 이루었으므로 아파트였지만 고향의 자연 속에 내가 어우러져 있는 것 같아 위로를 받고는 했다.

그 뒤로 롱아일랜에 좋은 집을 사서 즐겁게 살아 보기도 했지만, 산

좋고 물 좋은 내 고향집에서 묻혀 온 내 체내의 온기는 여전히 온돌방이 있던 초등학교 시절의 고향집을 그리워하게 하고는 했다.

어디를 간들 정든 그 고향집만 하랴. 언니들과 한 이불 속에서 살갗을 맞대고 뒹굴던 날들. 뉴욕의 어디에서도 그 맛을 찾아낼 수 없었던, 가족들이 평상 위에 둘러앉아 먹던 셋째 언니의 팥칼국수. 정성스럽게 마련해 주시던 어머니의 도시락 반찬. 매일 아침 내 머리를 길게 땋아 주던 언니들의 손길. 옷감을 끊어다 예쁜 원피스를 만들어 주던 둘째 언니. 예쁜 천만 있으면 내 머리의 리본으로 탈바꿈하던 언니의 예술적 감각. 사랑과 추억이 고물처럼 얼버무려 있는 고향집은 그래서 잊을 수가 없는 것이다.

나는 미국 땅에 부모 형제들의 따뜻한 온기가 고여 있던 고향집 같은 그런 기와집 한 채를 짓고 싶다. 지붕에는 검은 기와를 얹어 중후한 시골 냄새를 풍기게 하고, 툇마루에는 황토 빛 찰흙으로 마루에 물감을 들여야겠다. 집 주변엔 소나무를 무성하게 심고, 정원에는 이른 봄에 피어날 수 있는 개나리와 백목련 자목련, 분홍빛 철쭉을 가득 심어 오가는 사람들의 마음을 꽃향기로 물들게 해주고 싶다.

친구들이 긴 오솔길을 걸어 내 집에 봄맞이를 오면 창문을 열고, 바다를 보며 차 한 잔을 어울려 마실 수 있어도 좋을 것 같고, 앞마당을 가로질러 저 만큼에 연못이 있어 수련이나 연꽃을 바라보며 잡담을 즐겨도 좋을 것이다.

낮은 하얀 판자 담을 넘어 솔바람 소리가 숲을 가로질러 갈 때면 새들이 푸드득 날갯짓을 하는 소리가 들렸으면 좋겠고, 계곡의 졸졸졸 흐르는 물소리가 한가한 선비들의 모시옷자락처럼 신선하게 내 마음에 다가와 소슬한 가을바람이 되어도 좋으리라. 여름에는 짙은 그늘을 만들어 줄 키 큰, 건장한 플라타너스 한 그루가 뒤 정원 저만큼 서 있는 것도 괜찮으리라. 그 밑에 데크를 만들고, 모기장을 치고, 달을 보며, 별을 헤는 어린 시절로 되돌아가면 저승에 계신 어머니를 만날 수가 있지 않을까.

   소곤소곤 들려 주시던 옛날 얘기가 녹슬지 않은 기억으로 되살아나 꿈속에서나마 그리던 어머니를 만날 수 있으면 좋겠다. 고향집 같은 그 집에서 지난날들을 어제처럼 추억하며 살아 보고 싶은 소망만으로도 나는 참으로 부자가 된 듯하다.

행복의 단상(斷想)

사람은 누구나가 행복하길 원한다. 행복을 원하지 않는 사람은 아무도 없을 것이다. 그러면서도 행복이 어디에 있는지 알고 있는 사람은 드문 것 같다. 나도 그런 사람 중에 한 사람은 아니었을까. 나는 내게 주어진 행복을 찾아 마음의 문을 활짝 열고자 한다. 일상의 행복한 순간들이 스스럼없이 다가와 미소를 지을 것 같다.

짹짹―. 삐리 삐리―. 나뭇가지 위에서 청명한 목소리로 선잠을 깨우는 새 소리는 나를 부지런한 아침형 사람이게 한다.

"기쁘게 일어나 행복한 하루의 노래를 부르세요."

부스스 일어나 이층 계단을 조심스럽게 내려와 생수 한 컵을 마신다. 차가운 액체가 빈 속을 통과하며, 잠자는 동안 쌓여 있을 불순물들이 깨끗이 씻겨 내려가 버리는 상쾌함. 오랜 습관이 가져다 준 행복이다.

"마음속의 더러움도 같이 씻어 버리세요."

현관문을 열고, 밖으로 나와 신선한 아침 공기를 마시며 나는 맑은 심적 공간을 행복해 한다. 건강한 몸으로 살아 있음이 감사하여 팔을 앞뒤로 저어 보기도 하고, 허리를 폈다 일으켰다 생기를 북돋아 보기도 한다.

고요가 깃든 하늘을 보면 나는 행복해진다. 푸르름 속에 햇살을 머금은 평화로운 얼굴. 발걸음을 잔디 위로 옮기면 촉촉이 잠들었던 풀잎들이 기지개를 켜고, 이슬 방울을 굴리며 주위를 깨운다. 사색에 잠겨 집 주위를 한 바퀴 돌고 나면 나는 세상의 밝음 속에 서 있게 된다. 들을 수 있고, 볼 수 있고, 느낄 수 있는 신비 속에 서 있는 나.

집 안으로 들어서면 해린이의 아침 샤워 소리가 샤—아 들린다. 타고난 부지런함을 지닌 딸아이의 성실함이 가슴을 뿌듯하게 채운다.

남편이 하루 일을 마치고 돌아와 세 사람을 어미 닭처럼 안아 주며 "우리 예쁜 사람들 잘 지냈는가?"라고 물을 때 우리의 행복은 절정에 이른다. 하루를 무사히 마치고 일터에서 돌아와 우리 앞에 선 개선장군의 웃음은 가족의 안녕을 의미한다. 한밤중에 큰 소리로 공부하는 남편의 목소리가 내방에 들릴 때도 피곤에 지치지 않는 그의 삶에 대한 열정이 나를 뭉클한 편안함으로 인도한다.

괴테는 경고 「警告—Erinnerung」라는 짧은 시에서 행복을 이렇게 노래하고 있다.

언제나 멀리 가려고만 하는가.
보라, 좋은 것은 아주 가까운데 있는 걸,

오직 행복을 붙잡는 법을 배우면 된다.
행복은 언제나 눈앞에 있으므로.

'치르치르 남매'가 찾았다는 행복의 파랑새가 내 문 안에 숨어 파닥이고 있는데 그것을 보지 못함을 나무라고 있는 것 같다.
내 마음의 눈이 감겨 있을 때에는 생에 대한 권태와 짜증이 하마처럼 큰 입을 벌리고 있었으나, 이제 그런 것은 보이지 않으며 행복한 나의 웃음을 어둠의 저편으로 끌고 가려는 불행의 사자도 보이지 않을 것이다.

4 뉴욕의 혼불

『참』지를 창간하면서 | 최명희 선생 문학관을 찾아서 | 뉴욕, 빅 애플 | 전통문화 지킴이 | 한국인의 뿌리 교육 | 사랑하는 나의 조국 | 한국인의 웃음 | 종군 위안부 121 결의안

『참』지를 창간하면서

　새해 아침이 서서히 밝아 오고 있다. 한 해가 가고 또 한 해가 다가오는 길목에서 지난 한 해를 반성해 보고, 새로운 서원을 세우고 다짐해 본다.
　지난 한 해는 무엇을 잘하고 잘못했을까. 돌이켜 보니 시간은 금보다 귀한 거라고 했는데 의미 없이 흘려보낸 날들이 많았던 것 같다. 그래서 시간을 좀더 값지게 쓰리라 나 자신과 약속했다. 글을 쓰더라도 남의 영혼을 깨끗하게 씻어 주는 글을 써보고 싶었고, 가치 있고 보람 있는 일을 한 가지라도 실천해 보고 싶다고 염원했다. 그 일환으로 봄부터『참』이라는 인생 교양지를 창간하기 위하여 컴퓨터를 마련하여 배우고, 원고 모집을 하고, 편집 기술을 터득하면서 '잘 해낼 수 있을까'라는 소심함을 '할 수 있다'는 신념으로 바꾸는 데 혼신의 힘을 기울였다.
　1993년도, 스토니부룩 주립대학교 한국학회의 초청강사로 오셨던『혼불』의 작가, 최명희 선생께서는 "동포들의 영혼에 도움이 될 수 있는 맑은 잡지를 창간해 보고 싶다"는 내 희원을 들으시고, 금성사에서 발행되는 『테크노피아』 잡지의 편집장이신 이병권 선생을 소개해 주시며, '뉴욕의 혼불' 같은 잡지를 해보라는 권고까지 해주셨다. 이 선생님으로부터 1993년도의 여섯 권으로 된 합본을 격려와 함께 받아 본 나는 내가 꿈꾸었던 책, 내가 해보고 싶었던 잡지를 가슴에 안고 뭉클했다. 최명희 선생께서는 원고를 쓰실 때 그저 온 마음을 사무치게 갈아서 손끝에 모으고 생애를 기울여 한 마디 한 마디 파나간다고 했다. 나도 내 혼과 열정이 담긴 잡지를 한 땀 한 땀 수놓듯 만들어 보고 싶다는 열망을 가지게 됐다.

모국의 국화인 무궁화를 표지로 결정하고 한국의 형부에게 무궁화 화보를 구입해 보내 달라고 요청했고, 컴맹 탈출을 시도하여 문방사우의 편집 기술을 터득하느라 많은 연습을 했다. 책을 몸소 출판하는 것은 많은 시간과 인내심을 필요로 했고, 자신의 한계를 뛰어넘는 가능성을 스스로에게서 찾아내는 과정이었다.

여섯 달이 넘도록 출산을 못 하고 있는 산모의 고통을 바라보면서 주변 사람들은 "돈만 있으면 책을 내는 데 뭐 하러 사서 고생이냐"는 충고들을 했지만, 나는 미국에 살고 있는 내 정체성의 뿌리를 곧바로 세우기 위한 극기 수련의 과정이라 생각했다.

율곡 선생은 16세에 어머니를 여의고 19세 때 금강산에 들어가 1년 동안 깊은 사색과 침잠의 시간을 보냈고, 20세에 성인이 되고자 뜻을 세우고 『자경문』을 써서 주야로 자신의 정신과 인격을 닦아 백세의 스승이 되었다고 한다. 거기에 미치진 못할지라도 곧은 지조와 정신력을 체내에 새기기 위해서는 그만한 어려움은 참고 이겨내며 자신과의 싸움을 해야 할 것 같았다.

아름다운 결실은 힘든 과정에서 빛이 나고, 어렵게 올라간 산은 감흥이 다를 수밖에 없다. 농학박사 유달영·염도의 교수가 학원사에서 공저로 펴낸 『나라꽃 무궁화』에서 가장 마음에 드는 '홍화랑'을 겉표지로 선택하는 데도 몇 날을 심사숙고했다. 창간사 '한국인의 길'은 세인트 존스 대학교의 경영학 교수이신 김창수 박사께서 영역을 맡아 내 짧은 실력이 드러나지 않도록 도와주셨다. '삶의 지혜' 맨 앞장 여백에는 고요함을 말하는 한 마리 '백조의 호수'의 흑백 사진을 놓았는데 초등학교 시절부터 간직해온 넷째 언니의 선물이었다. 그 밑에 '더 맑고 더 깊고 더 넓은 사람이 되기 위하여'란 말을 덧붙여 책의 의미를 요약하니 전체 내용이 집약되었다. 삶의 지혜 본장인 5분 명상에는 '깊은 강물은 조용하게 흐른다'는 셰익스피어의 말을 인용했고, 네모 칸에 설명을 첨부하여 뜻이 드러나도록 했다. '교육의 지혜' 특집에는 천취자 선생, 안영희 박사, 정창미 교수, 이영자 선생께서 집필을 맡아 주시어 주옥 같은 글들을 싣게 되었다.

『참』지가 완성되어 동포 사회에 배포하고, 사람들의 칭찬을 받고, 그로 인해 행복해 하는 스스로를 바라보면서 많은 보람을 느꼈다. 반면에 나의 노력보다는 남편의 재정적 도움이 전부인 양 회자되는 데에는 알 수 없는 비애가 일기도 했다.

더구나 1997년도 뉴욕 한인회로부터 '남편을 잘 공경하고 두 남매를 잘 키우고, 문학계와 언론계에서 많은 활동을 보여주고 『참』지를 발행

함으로써 10년간 2세들에게 한국 얼을 심어 준 모범된 인물'이라는 뜻으로 '올해의 한인상'을 수상하니, 최명희 선생의 '혼불'이 내게 점화된 듯 뜨겁고 무겁기만 했다.

　명예란 책임을 짊어진 것과 같다. 『참』지의 발행을 중단하고 보니 그 '혼불'을 다시 켜야 한다는 중압감이 나를 늘 짓누르곤 한다. 그 상을 받았다는 것이 "생명이 다하는 날까지 '혼불'로 살아야 된다"는 운명적 미래를 예견하듯, 포효하는 한 마리 드래곤이 거친 호흡을 내 면상에 계속 뿜어대고 있는 형국이다. 꺼지지 않는 불길로 남은 생애를 살아 보리라 다짐은 하지만 말보다는 실천이 얼마나 어려운 것이던가.

최명희 선생 문학관을 찾아서

한국을 방문하여 전주에 내려갔던 2006년 11월 4일, 나는 완산구 풍남동 한옥 마을에 대지 500여 평, 건평 200평 규모로 건립된 최명희 선생 문학관을 찾아갔다.

아침부터 비가 살살 뿌리고 있었다. 1981년부터 17년간에 걸쳐 10권짜리 대하소설 『혼불』을 완성시켰던 그녀에 대한 그리움을 안고 검은 기와가 얹힌 문학관을 찾아 문을 두드리니 아무런 인기척이 없었다. 비까지 맞으며 왔는데 허탕을 친 게 아닐까. 옆으로 돌아가 안을 들여다보고, 다시 앞문을 두드리면서 그녀가 나와 나를 반가이 맞아줄 것 같은 기대와 환상으로 나무 문 앞에 넋 놓고 서 있었다.

그날 비번이라고 해서 봉사 좀 해달라는 요청에 기꺼이 운전을 맡아준 초등학교 친구 K에게 서서히 미안함이 생길 즈음 문이 열렸다. 무뚝뚝하게 보이는 한 남자가 문을 열었다. 웃음기 없는 얼굴이 망자의 집을 지키는 듯한 사자의 침울함이 배어 있어 나를 저절로 숙연케 했다. 명함을 보니 최기우 기획실장·소설가·극작가라 되어 있었다.

  온몸이 검게 빛나는 커다란 이무기가 꿈틀거리며 내 집 담장을 넘어 들어오고 있었다. 나는 소스라치게 놀라 잠에서 깼다. 나는 잠자리가 뒤숭숭해져 '현대 꿈 해몽 비법'이란 책을 찾아 읽어 보았더니 '길몽이다. 귀한 손님을 맞이하거나 기쁜 소식이 날아온다. 재물을 모으고 경사스러운 일이 생긴다'는 풀이였다.
  뉴욕 주립대학교 스토니브룩 동양학과의 박성배 교수님으로부터 전화가 온 것은 그 다음날이었다. 한국학과 설립 기금 모금 만찬에 연사로 초빙되어 한국에서 오게 된『혼불』을 쓴 최명희 작가의 안내와 숙박을 부탁한다는 것이었다. 아마 그 꿈이 최명희 선생을 만나게 되리라는 예시의 꿈인 듯했다.
  그렇게 최명희 선생을 만나게 됐고 이삼일 같이 동행했었지만, "나는 문학을 하다 문학을 위해서 죽으리라"던 선생께 "나는 문학보다는 좋은 삶을 살고 싶어요"라는 말을 거침없이 하였으리만치 그분의 문학과 인생·철학을 이해하지 못했다. 그것이 지금은 회한으로 남는다.
  51세의 젊은 나이에 그렇게 빨리 세상과 하직할 것이라고는 상상하지 못했었다. 여러 신문사 기자들을 남편이 하는 가구점에 모이게 하고 인터뷰를 갖도록 주선해 드렸는데 "사진이 신문에 인자하게 나와야 한다"며 웃으시던 모습은 어제처럼 선명하기도 하다. 운전하는 내 곁에서 단 한순간도 놓치지 않고, 시야에 다가오는 사물마다 문학적 언어들을 맹렬히 찾아내고 탐구하던 모습은 참으로 인상 깊었다.

"저 나무들 좀 봐. 뭐라고 표현하면 좋을까. 마치 실핏줄들 같지 않아?"

"참 멋진 표현이네요."

"강 건너 자동차들의 움직임 좀 봐. 뭐라고 표현하면 좋을까?"

"구렁이들의 꿈틀거림 같네요."

그 말이 쉽게 나왔던 건 내가 꾼 꿈 때문이었다.

"참 멋진 표현이다."

내 의중도 모르고 최 선생님은 칭찬을 해주셨다. 서로 한 문장씩 나누던 대화가 가슴 아린 추억이 되어 내 생의 갈피에 끼워질 줄을 그때는 알지 못했다. 역시 인생은 무상한 것이다.

문학관에는 "원고를 쓸 때는 손가락으로 바위를 뚫어 글씨를 새기는 것 같다"고 고백했던 선생의 『혼불』 육필 원고 1만 2천여 장이 유리관에 정성스럽게 보관되어 가슴을 찡하게 했다. 『혼불』의 첫 장에 나오는 대밭 풍경은 내 고향집을 그대로 옮겨다 놓은 듯싶었다.

"그것은 사르락 사르락 댓잎을 갈며 들릴 듯 말 듯 사운거리다가도, 쏴아 한 쪽으로 몰리면서 물소리를 내기도 하고, 잔잔해졌는가 하면 푸른 잎의 날을 세워 우우우 누구를 부르는 것 같기도 했다."

학교를 끝마치고 집에 돌아와 아무도 없는 날에는 뒤 안으로 빙 둘러 쳐졌던 고향집의 대나무 숲에서 꼭 그런 소리가 들리곤 했다. 최명희 선생의 『혼불』 가운데 너무 사실적이고 놀라운 표현이라 감탄이 절로 나오는 대목이다.

얼마 전 인터넷에서 이금림 방송 작가가 소지하고 있던 2m가 넘는 최명희 선생이 보낸 장문의 편지가 문학관에 기증되었다는 것을 읽고, 두 분의 문학인다운 우정이 귀하게 느껴졌다.

  최명희 선생께서는 미래를 예측하여 나에게도 한 가지 소임을 맡겨 주신 듯하다. 뉴욕에 오셨을 때 주고 갔던 인터뷰 기사들의 스크랩북이다. 두꺼운 노트 한 권은 됨직한 분량인데 우리 집에 오신 기념으로 주신다 하셔서 받아 두었는데 문학관에는 없었다.

  최 선생님의 사려 깊은 웃음이 가득한 문학관에 다시 가는 날, 나는 그것을 들고 가 최 선생을 뵙고 지난날의 만남과 부족했던 내 정성을 죄송하다 말씀드려야겠다.

뉴욕, 빅 애플

 이천 년대를 사는 한인 사회의 방향은 어디로 향해야 하는 것일까.
 태평양을 건너 미국으로의 이주를 결심했던 동포들은 나름대로의 희망과 기대를 걸고 내일을 향해 간다. 누구나 더 나은 삶을 위해 비행기에 몸을 실었을 것이다.
 1980년 4월, 석 달 된 아이를 떼어 놓고 누구나 한 잎 베어 먹을 수 있기를 희원하는 '빅 애플', 뉴욕에 당도했을 때 나는 초등학교 1학년생으로 되돌아간 듯 바보스럽기만 했다. 미끈하게 흘러가 버리는 영어라는 언어들이 나를 '빅 애플'이 어디 있는지조차 분간 못 하게 했다. 수천만 불, 수억대를 호가하는 맨해튼 거리의 마천루가 나를 왜소하게 만들었고, 그 안에서 이루어질 미국 사회의 생활은 불안과 두려움을 주었다.
 지금은 그때에 비하면 많이 편안해졌고, 미국화가 된 듯하다. 단지 걱정이 되는 것은 동포 사회의 미래다.

1930년경, 한때는 미국도 대공황으로 많은 사람들이 일자리를 잃고 브로드웨이 사과 행상에 나섰다 한다. 빈털터리 예술인들은 옆구리에 트럼펫이나 색소폰을 끼고 널린 사과 행상을 외면한 채 허기진 창자를 움켜쥐고 무대에 서야 했다. 멋지게 재즈를 불러 제낌으로써 사과를 한 잎 와작 씹어 돌리는 맛으로 비유하여 배고픔을 충족시켰다는 애환이 담겨 있는 '빅 애플(Big Apple)'. 사업과 예술로 북적대는 도시의 중심부 뉴욕에서 스윙 재즈 광들 사이에서 유행하던 댄스의 속어가 또한 '빅 애플'이다. 뉴욕에서 인정받아 공연할 수 있는 것을 큰 영광으로 여기며, 빅 타임(영광된 시대)에 살고 있는 것을 실감나게 표현하기 위해 사용되었다는 '빅 애플'은 모든 뉴요커들의 꿈일 것이다.

  이민 1세들은 이 '빅 애플'을 맛보기 위해 새벽부터 밤까지 육체적 노동을 마다않고 질주하여, "한국인은 부지런한 민족이다"는 평판까지 얻게 되지 않았는가. 경제적인 면에서도 미국 중류층 이상의 삶을 살게 되었다니 다행스럽다. 학계에서 정계에서 미국 회사에서 중요한 역할을 담당하고 있는 1.5세, 2세들을 보면 부모 세대가 마련해 준 빅 애플을 들고 맛을 음미하려는 모습을 보는 것 같아 흐뭇하다. 뉴욕이 빅 애플이라 하지만 그 사과 주변에서 맴돌며 고국을 향한 그리움을 해바라기처럼 안고 살아 왔던 부모 세대에 비하면 풍족하고 여유로워 보인다.

  나는 1988년도 올림픽 텔레비전 중계를 보면서 뜨거운 눈물을 펑펑 쏟았었다. 아마 다른 동포들도 그랬을 것이다. 때로는 한국에 대한 나쁜 뉴스나 기사가 나올 때면 가슴이 쓰리다. 미국에 가서 백인들의 옷이나 빨아 주고 있다는 야유조의 고국 방송 드라마를 볼 때는 같은 형제에게 이해되지 못한 이민자들의 삶이 가여워지기도 했다. 삶은 지중한 것이요, 고국은 움직일 수 없는 커다란 산이다. 미국 주류사회에 진입하지 못한 동포들은 이곳에서 자란 다음 세대들과는 달리 '빅 애플'의 맛을 모른 채 모국의 주위를 감돌고 있는 아지랑이일 수밖에 없다. 어떤 동포들은 스스로 '빅 애플'은 큰 사과를 의미하는 것이니 아예 '대'자를 부치는 단체를 하나 만들어 동포 사회에서나마 날개를 펴고자 한다. 자기의 왜소함을 극복하려는 노력 같아 민망하기도 하고 이해가 되기도 한다.

조용히 한자리에 머물러 자기 자리를 충실히 지키고 주어진 삶을 소중히 가꾸어 나간다면, '어글리 코리언'이 아닌 '아름다운 한국인'의 모습을 미국 사회에 심을 수 있을 것이다. 대접받지 못하는 손님에서 이 땅의 주인이 되기 위해 많은 지식, 높은 경제력도 중요하지만 야채가게의 계산대에서, 세탁소의 카운터에서, 삶의 조그만 현장에서 보여지는 친절한 태도, 다정한 미소 하나가 이웃과 친구가 되고 내 조국의 아름다운 미덕을 미국 문화 속에 접목시키는 계기가 될 것이다.

이젠 내실을 기할 수 있는 정직, 겸손, 약속을 잘 지키는 것 또한 동포 사회를 바로 세우고 지탱해 주는 힘이 되리라 믿고 싶다. 멀리서 찾는 애국이나 민족애도 중요하지만 가까이서 실천하는 작은 행위 하나가 2천 년대를 사는 한인 사회의 좌표가 되었으면 좋겠다. 큰 도시의 화려한 성공을 염원하는 '빅 애플'을 손에 들고 있는 다음 세대들이 그 사과를 바닥에 떨어뜨리지 않도록 잘 살피는 것도 1세대들의 의무라 할 수 있을 것이다.

전통문화 지킴이

며칠 전, 길벗 동인 몇 명과 함께 링컨 센터에서 하는 라보엠을 보러 갔다. 화려한 샹제리아가 번쩍번쩍하는 뉴욕 스테이트 극장 4층 G16에 앉았는데 너무 높아 현기증이 났다. 고소 공포증(Acrophobia)이 있는 나인지라 한동안 눈을 감고 있는 나를 바라보며 김 시인은 "표를 너무 늦게 구하는 바람에 좋은 자리를 예약할 수 없었어요. 미안해요"라며 웃음 반, 걱정 반으로 나를 바라보았다.

오래 전부터 이 오페라의 주인공 이름이 미미라는 건 알고 있었지만 내용은 전혀 기억이 나지 않았다. 우리가 들어가자마자 막이 열렸기 때문에 프로그램에 쓰여진 내용조자 읽어 보지 못한 채 무대를 열심히 관찰하며 감상을 시작했다. 어렴풋이 살아나는 기억과 함께 가난한 화가가 나오고, 시인이 나오고, 달빛 어린 창가가 있는 건 알겠는데 도무지 한 마디도 알아들을 수가 없었다. 옆에 앉아 있던 수필가 김 여사도 그러긴 마찬가지였는지 "저게 이태리어야, 불어야, 함 선생님은 이태리어라고 하는데…….."

불란서에서 박사 학위를 받은 분의 말씀인지라 한동안 언어의 국적을 찾노라 애를 쓰던 나도 이태리어려니 싶어 영어 자막에만 신경을 집중시켰다. 그러자니 저 멀리 아래, 지하의 끝에서 펼쳐진 것 같은 무대가 더욱 아스라이 멀게만 느껴졌다. 망원경을 빌려 좀 가까이 보려 했지만 답답하긴 마찬가지였다.

몇 주 전, 라과디아 커뮤니티 칼리지 예술공연센터에서는 뉴욕 국악원에서 주최하는 한국 전통예술의 밤이 열렸는데 무대가 가깝다 보니 무용가들의 호흡, 동작들을 함께 느낄 수 있어 좋았다.

안무가 김숙희 선생이 창작한 '축원제'가 동포 사회에서는 보기 드문 큰 작품으로 올려졌었고, 본래 혼자 추는 승무가 새로운 모습의 군무로 추어졌으며, 살풀이의 유연하고 기품 있는 동작이 한국 여인들의 절제되고 승화된 정서를 우아하게 표현했었다.

이 작품들을 공연하기 위해서 내 딸 해린이는 물론, 출연하는 선생들과 학생들은 하루 여덟 시간씩 꼬박꼬박 몇 달 동안 맹연습을 하며 코피들을 줄줄 쏟았다. 해린이가 힘들어 하니 안쓰럽긴 했지만 전통무용이 화려한 의상을 입고 추는 부채춤, 장고춤으로만 인식되어진 동포 사회에 한국 전통무용의 진면목을 조금이라도 보여주고자 애쓰는 모습들이 보기 좋았다.

다섯 살부터 발레를 배우다가 고전 무용을 하게 된 해린이가 전통 국악 예술경연대회에서 승무로 일등상을 받기까지 역시 힘든 연습을 해야 했다. 그래도 해린이가 우리 민족이 지닌 정서를 흡입하게 되고, 그

멋을 이해하게 되는 것만으로도 보람이 될 것이라 싶어 격려를 많이 해주었다.

늦은 밤에 맨해튼까지 나와 잘 알지도 못하는 쇼를 보면서 세계적 문화인이 된 것 같은 착각에 빠졌었던 나였지만 우리의 전통문화가 소중하게 지켜지기를 염원해 본다. 전통무용만 해도 20년, 30년을 추어야 제대로 된 춤이 가능하다고 하니 동포 사회에서도 영어권에 있는 2세들을 위해 장기적인 대책을 준비해야 할 때가 아닌가 싶다.

한국인의 뿌리 교육

미국의 대표적인 흑인 작가(1921~1992) 알렉스 헤일리가 쓴 『뿌리』를 시간 가는 줄 모르고 읽었다.

1767년, 서부 아프리카 감비아의 쥬플레라는 마을에서 백인 노예 사냥꾼에게 붙잡혀 온 만딩카족의 훌륭한 전사 쿤타킨테가 미국 동부 메릴랜드 주, 지금은 주 수도가 된 애나폴리스에 노예로 팔려오게 되는 얘기로부터 시작되는 이 책은 흑인도 인간임을 끈질기게 전달하고 있으며, 인간의 강인한 생명력과 사랑, 그들 조상들의 처절했던 불행과 고통을 진지하게 들려 주고 있다.

1750년 알렉스 헤일리는 어릴 때 쿤타의 이야기를 테네시에 있는 집의 현관에서 외할머니인 신시아로부터 들었고, 7대조에 걸친 조상들의 얘기를 쓰기 위해 12년간에 걸친 조사와 현지 답사를 통해 1976년 소설『뿌리』를 완성했다. 흑인들이 이 책을 읽으면서 뼈저린 아픔을 느끼며 선조들을 동경하고 쿤타킨테의 후손이라는 자랑스러운 명예심을 월계관처럼 쓰고 살아 갈 것이라 생각된다.

 나는 이 책을 읽는 동안 우리 민족을 위한 하나의 염원을 했다. 미국에 사는 우리 후손들에게도 민족적 자부심과 혈통의식을 하나로 집결시킬 수 있는 『뿌리』와 같은 훌륭한 책이 있었으면 좋겠다는 갈망이었다. 시대와 사상은 물 흐르듯 변하는 게 자연의 이치겠지만 한국인으로서의 뿌리에 대한 그리움은 버릴 수 없을 것이기 때문이다.

 김구 선생께서는 "피와 역사를 같이하는 민족이란 완연히 있는 것이어서, 내 몸이 남의 몸이 못됨과 같이 이 민족이 저 민족이 될 수는 없는 것이, 마치 형제도 한 집에서 살기 어려움과 같은 것이다"라고 말씀하셨다.

 나라 없는 설움에 오랜 세월 동안 방랑 민족이 되어야 했던 유태 민족의 영혼을 지켜 온 것은 한 권의 지혜서 『탈무드』이다. 『탈무드』는 책이라고 말할 수 없고 '위대한 학문, 위대한 고전 연구'라 불리는 문학작품인데, 이 책은 정치가, 철학자, 과학자, 부호, 유명인들이 아닌 탈무드 학자들에 의해서 집필되어 문화, 도덕, 종교, 전통의 영역에 걸쳐 유태민족의 정신 속에 이어져 내려오고 있다고 하니 부럽기만 하다.

 '뿌리 교육'을 시키고자 했던 한국학교 교사로서 언어와 풍습, 문화가 미국적인 삶과 적절한 조화를 이루어 나갈 수 있는 『뿌리』나 『탈무드』 같은 민족서가 묶여져 나올 수 있기를 기대해 보는 것이다. 누가 그 위대한 일을 할 수 있을까. 너도 아니고 나도 아니라면 우리 모두가 해야 되는 일이 아닐까. 뿌리 없는 나무는 오래 살지 못함과 같이 민족에게도 자신을 지탱하고 보존할 수 있는 민족적 생명의 근원인 뿌리가 있어야 할 것이다.

　지금도 어디선가 오뉴월 꽃봉오리처럼 피어 오르던 열여섯 어린 소녀, 유관순 열사가 바쳤던 생명의 불꽃 속에서 '대한독립 만세' 소리가 들려오는 듯하다. 애국 투사들이 나라를 찾기 위해 받았던 무서운 형벌과 고문의 비명, 피의 혈투를 지나간 역사라 해서 그냥 묻어 버리지 못하는 것은 내가 어릴 적 받았던 교육의 영향 때문일 것이다.

　'모자이크', '샐러드 볼'이라 불리는 미국 사회에서 타민족과 화합할 수 있는 조화의 능력과 민족적 뿌리 의식을 우리 후손들에게 심어 줄 수 있는 교육자야말로 위대한 자가 아니겠는가. 다행히 우리 주변에는 우리 고유문화와 전통을 2세들에게 계승시키고자 하는 한인 교육자들이 많은 것 같아 희망이 부풀곤 한다. 두근거리는 가슴으로 그들에게 박수를 보낸다. 한 권의 위대한 책을 쓸 수 있는 인재, 평범한 삶 속에서나마 자신을 실현할 수 있는 지혜로운 인간, 민족을 이끌 수 있는 지도적 인물들을 배출할 수 있는 교육자의 헌신이야말로 미래의 주인공을 위한 보람의 씨앗으로 이 땅에 뿌려져 영원한 '민족의 혼'으로 자랄 것이다.

　그렇다고 부모들이 한국학교 교육에만 의지한다면 알찬 열매를 기대하긴 어려울 것 같다. "부모는 이 세상에서 가장 중요한 스승이다"라는 말이 있다. 토요일 하루뿐인 한국학교에서 민족 교육을 완벽하게 시킬 수 있는 가능성은 희박하다. 가정과 학교 생활에서 한국적인 예의범절이나 문화를 자연스럽게 접하게 함으로서 경외 사상을 배양하고, '가장 한국적인 것이 가장 세계적인 것이 될 수 있다'는 사고를 심어 줄 수 있다면 미국 사회에도 긍정적으로 작용할 수 있을 것이다.

  20여 년이 넘게 미국에 사는 동안 상당히 투철하다고 믿었던 나 자신의 '뿌리 의식'이 '세계는 하나'라는 개념으로 바뀌고 있기는 하지만, 여전히 나의 정신적 뿌리가 모국에 놓여져 있는 사실은 든든한 버팀목이 된다.

사랑하는 나의 조국

"나는 자랑스런 태극기 앞에 조국과 민족의 무궁한 영광을 위하여 몸과 마음을 바쳐 충성을 다할 것을 굳게 다짐합니다."

해린이를 데리러 매일 아침 싸요셋에 있는 사우스 우즈 미들스쿨에 갈 때마다 하늘 높이 펄럭이는 성조기를 바라보며 국기에 대한 맹세를 떠올린다. 조회시간이면 가슴에 손을 얹고 하나의 의무로서 외우던 그 언어들이 지금은 그립고 내 심장의 뜨거운 핏줄로 흘러 나를 대한의 딸이게 한다.

아, 사랑하는 나의 조국.

누구나 조국을 떠나면 애국자가 된다더니 나도 그런가 보다. 그러면서도 아쉬운 것은 그렇게 사랑하는 나의 조국을 위해 나는 과연 무엇을 했는가라는 자조적인 물음이다. 미국의 유명한 문필가요, 사상가인 헨리 소로는 『시민의 반항』이라는 책에서 국민이 국가에 봉사하는 데는 다수의 사람들은 육체로써, 소수의 사람들은 머리로써, 극소수의 사람들은 양심으로써 한다고 했는데 나는 그 중 어디에 속하는 것일까.

얼마 전 미국을 방문하신 김영삼 대통령께서 우리 교민들에게 "부디 여기에 잘 적응해 달라"는 부탁을 여러 번 하셨다는 기사를 읽고 그분의 깊은 의중을 헤아려 보기도 했다. 어쩌면 우리 대통령께서는 "국민 여러분, 조국이 여러분을 위해 무엇을 할 수 있는가를 묻지 말고, 여러분이 조국을 위하여 무엇을 할 수 있는가를 물어야 합니다"는 존 에프 케네디 대통령의 말을 인용하고 싶으셨던 것은 아닐까. 조국은 거기에 존재하는 자체만으로 은혜로움을 베풀고 있는 것이다. 우리에게 조국이 없다면 이천 년 동안 나라 없는 설움에 방랑 민족이 되었던 유태인들의 아픔을 우리도 겪어야 할 것이다.

LA 사태 때 흑인들이 난동을 부리며 "너희 나라로 돌아가라" 외칠 때 "너희들은 돌아갈 나라나 있느냐?"고 반문할 수 있었던 것은 나라를 지키기 위해 목숨을 걸었던 수많은 애국지사들의 고통과 피와 죽음이 있었기 때문이다. 88올림픽을 계기로 어깨가 굳건해지고 "아임 코리언"이란 말이 당당해진 우리가 아니었던가.

스토니브룩 한국학회에 이사로 다 년간 참여하면서 미국 대학에 한국학과를 설립하고, 한국의 역사와 문화를 본격적으로 가르칠 수 있기를 희망하였다. 먼 타국에서나마 그런 일을 함으로써 조국을 위해 나도 뭔가를 하고 있다는 자부심을 갖고 싶었다.

튼튼한 뿌리를 가져야만 문화의 가지에서 꽃이 피고 열매가 맺을 수 있을 것이기에, 미국 문화를 받아들일 때 우리 문화를 제대로 아는 것은 가치 있는 것이 아닐까.

한국인의 웃음

　한국인의 웃음은 바람 같기도 하고, 구름 같기도 하고, 아련한 피리 소리 같기도 하다. 대부분의 타국인들은 한국인들을 잘 웃을 줄 모르는 민족이라고 하지만 한국인들은 한국인들만이 이해하는 은근하면서도 너와 나를 하나로 묶어 주는 이심전심의 미소를 갖고 있다.
　나는 자랄 때 담 넘어가는 나의 웃음소리를 걱정하며 자라야 했다. 처녀의 웃음소리에 끌려 총각들이 대문을 기웃거리면 안 된다는 어머니의 엄격한 주의가 있었기 때문이다. 웃음이 헤퍼도 안 되고, 웃으려면 입만 방긋하고 웃어야 된다고도 하셨다. 딱히 그래서는 아니겠지만 지금도 시원하게 웃어야 되는 순간에도 웃다가 크윽 하며 숨넘어가듯 목구멍으로 삼켜 버리는 웃음소리를 만들고 있는 나 자신을 발견할 때가 있다. 미국 교수와의 수업 중 해온 녹음 테잎 속에서 적합한 영어 문장이 떠오르지 않으니까 그런 웃음을 웃고 있는 것이었다. 웃으려면 뱃속까지 시원하게 '하하하' 하고 크게 웃던지, '호호호' 하고 여성답게 웃을 일이지 목에 걸린 소리를 내다니 실망이 됐다.

　진즉에 그런 내 웃음소리를 알았더라면 웃으면 복이 온다느니, 웃는 얼굴에 침 못 뱉는다느니, 웃음은 만병통치약이라는 말을 열심히 되뇌이며 웃고 살지는 못 했었을 듯하다. 다행히 모르고 살았던 게 약이 되었다.

　몇 년 전이다. 한국의 친지가 미국에 와서 아들 유학 문제를 부탁하였다. 내 형편으로는 그 어린 아드님을 맡아 책임지기에는 벅찬 상황이어서 슬며시 웃고 말았다. 그러자 그분은 잘 아셨다는 듯 더 이상 언급이 없으셨다. 그 웃음은 몇 마디의 말보다 더 강한 힘을 발휘하여 내 대답을 대신해 주었던 것이다.

　오늘만 볼 사람이 아니라 어제도 보았고 미래에도 볼 사람이라는 두려움과 조심스러움, 어색하고 당장 무슨 말을 해야 될지 모를 때, 말을 하면 상대방이 마음 상할 우려가 있을 때, 얼버무리듯 '글쎄요' 하면서 슬쩍 웃어 버리는 회색빛 웃음이 한국인의 웃음이라고 누군가 말한 적이 있다. 내 주변에도 그런 웃음을 웃는 한국인들이 많은 걸 보면 틀린 말은 아닌 것 같다.

　미국인들은 대화 도중에 분명하게 대답할 곳에서 피식 웃어 버리는 사람을 이상하게 생각하거나 바보처럼 취급해 버린다고 한다. 그들이 생각하는 스마일이란 소리 없는 미소이고 얼굴 표정의 변화를 의미하며 양쪽 눈이 빛나고 입 양단이 위로 향하는 곡선을 그리면서 즐거움, 기쁨, 정, 우의, 아이러니 등을 표현한다니, 때와 장소에 어울리지 않는 웃음을 한국식으로 웃었다간 오해받기 쉽다.

하나 우리식 웃음을 어찌 잊어버리고, 떠나 보낼 수 있을 것인가. 한국인의 웃음 속에는 끈끈한 인간애와 지혜, 부드러움이 서려 있지 않은가. 상대방의 입장에 서서 상대방을 이해하고 받아들이려는 노력이 사랑이라면, 한국인들은 웃음 속에서 가장 큰 사랑을 실천해 온 것은 아닐까. 남이 내 안에 들어와 하나로 웃고 있는 웃음은 한국인이 제일일 것이다.

미국인들은 엘리베이터 안에서나 공원에서 사람과 마주치면 모르는 사람에게도 '하이!' 하며 미소를 짓는다. 특별히 호감을 갖고 하는 인사는 아니지만 기분을 유쾌하게 만든다.

한국의 정신적 지도자이셨던 도산 안창호 선생께서는 '훈훈한 마음으로 빙그레 웃는 얼굴'을 국민들에게 강조하셨다. 그분은 한국인 모두가 그 웃음 속에서 고통을 녹여내고, 행복하길 바라셨고, 가정·사회·국가·세계의 평화가 그 속에서 우러나올 수 있을 것이라 굳게 믿고 계셨다. 나는 짜증스럽거나 괴로울 때면 경외하는 그분의 말씀을 따스한 봄볕처럼 가슴에 받아들이고, 몇 번쯤 읊조려 본다. 아침에 일어나 거울 앞에 서서 '빙그레 웃는 얼굴'을 세 번쯤 암송하는 것으로 하루의 시작종을 울린다.

언어가 부족해도 웃을 자리에서 적합하게 웃는 웃음만으로도 멋진 미국 생활을 해낼 수 있을 것이라고 생각한다. 웃음은 만인의 공통 언어라는 말을 실감하며 살게 되는 미국 생활이다.

종군 위안부 121 결의안(H. RES. 121)

2007년 6월 7일, 아침 4시 30분, 밖으로 나오니 어제의 뜨듯했던 날씨와는 다르게 쌀쌀했다.

뉴욕 원불교 교당 김수현 교무님과의 약속 시간이 5시였으므로 늦지 않으려고 서둘러 차를 몰았다. 거리는 한가해서 마치 여행이라도 떠나는 듯 상쾌했지만 한편으로는 '워싱턴 로비'를 간다는 것이어서 마음이 무거웠다.

교당 앞에서 유권자 센터의 김동찬 참모가 몰고 온 차에 올라탔을 때에야 긴장이 풀려 워싱턴에 가서 해야 할 일이 궁금해졌다.

전날 오후에 유권자 센터에서 추진하고 있는 '일제 종군 위안부 121 결의안 미 의회 통과' 지지 서명을 받으러 가야 한다는 청을 받은 터라 구체적인 계획을 미리 듣지 못해서였다.

흰 저고리에 검은 긴 치마를 입고 가실 김 교무님과의 동행이고, 미 의회 의원들을 만나는 자리라 해서 의상에만 신경을 쓰고 나왔다.

뉴져지에서 유권자 센터의 김동석 소장님이 합승하게 되어 "의원들과 약속이 되어 있나요?"라고 물었더니 아니라 했다. 나는 의원들과 마주 앉아 사안을 설명하고, 지지 서명을 받을 거라고 짐작했다가 적이 실망됐다.

워싱턴에 도착하면 김 교무님은 인디펜던스 에비뉴 선상에 있는 국회의원 빌딩 앞에 서 있다가 의원들에게 준비해 간 전단을 1차로 건네주고, 김 소장님은 떨어져 서 있다가 다가가서 2차로 설명을 하고, 지지를 요청한다는 것이었다.

의원 배지를 잘 봐야 한다고 해서 어떻게 생겼을까 싶었는데 나중에 의원들의 명함을 보니 미국의 상징 새인 독수리가 그려져 있었다. 대통령이 사용하는 국가의 문장에도 가운데 흰 독수리(American Bald Eagle)가 새겨져 있다고 하니 아마 똑같은 것일 거라고 짐작해 봤다.

내가 할 일은 워싱턴에서 유진벨 재단의 인턴 학생들과 합류하여 아직 지지 서명을 하지 않은 뉴져지, 뉴욕 지역구 출신 하원 의원들의 사무실을 방문하여 일본군 강제 종군 위안부 결의안(H. RES.121)을 설명하고, 긍정적인 반응을 얻고, 지지 서명을 이끌어내는 것이라 했다. 당일 로비 목표는 국회의원 세 명이었다.

그런 몸 부딪기 방법으로 지금까지 130명 의원들의 동의를 얻어냈다고 하니 참으로 놀라웠다. 그 인원들을 확보하기 위해 워싱턴을 몇 번이나 오고 갔을까. 얼마나 많은 의원들을 만났고, 간청을 했을 것인가.

일본 정부에게 위안부 존재를 인정하고, 일본 총리가 공식 사과할 것과 국제사회의 권고에 따라 현재와 다음 세대들에게 이에 대한 교육을 시킬 것을 골자로 하고 있는 위안부 관련 결의안(H. Res. 759)은 2001년 처음 미국 하원 의원에 소개되었고, 2006년 현재 미 하원 국제관계위원회에서 통과된 상태지만 하원에서 정식 통과하지 못하고 계류중이라니 안타까웠다. 더군다나 올해 12월까지 결의안이 통과되지 못하면 의원들 서명을 다시 받아야 하므로 435명의 하원 의원 중에서 과반수 이상인 220명을 목표로 강력한 활동을 전개하고 있다는 것이었다.

일본 정부가 하원의장과 주일 미국대사를 지낸 민주당의 거물 토머스 폴리를 로비스트로 고용하여 결의안 통과를 강력히 저지하고 있다는 것이 걱정이었다. 다행히 낸시 펠로시 하원의장과 랜토스 외교위원장이 여성인권 문제의 결의안을 적극 지지하고 있다니 희망을 가져 보았다.

지난 5월 8일, '위안부 결의안 121 뉴욕지구 추진연대'가 주최했던 '인류의 인권과 평화 만들기' 기금 모금 음악회와 6월 2일, '유권자 센터'에서 주관하고 뉴욕시티 센터에서 열렸던 장사익님의 '사람이 그리워서' 소리판에 참석했던 나는 좋은 일에 참여한다는 정도의 의식은 있었지만 '강제위안부' 문제는 생각만으로도 소름이 끼쳐 직접 뛰어 들고 싶지 않았다. 인류 역사에 그런 일이 있었다는 것만으로도 인간의 동물성이 증명된 것 같아 참혹했고, 절망스러워지는 것이었다.

전쟁이 끝나고, 군 내부에 공창단까지 가지고 있었음이 세상에 알려지는 것을 우려한 일본은 각종 문서와 자료들을 인멸했다. 중국, 동남아 군도, 일본 국내 등에 있었던 위안부들은 현지에 그냥 내버려 두거나 참호에 가두어 놓고 폭파해 버렸다.

　전쟁에 눈이 먼 군국자의들이 전인류에 대해 저지른 범죄를 일본 정부가 인정하지 않고 저지하려고 온갖 노력을 하고 있다니 분노하게 된다. 그때의 악귀들이 지금까지 살아서 우리 민족을 괴롭히고 있는 것이다.

　거기에 굴복해서는 안 될 것이라고 마음속 다짐을 여러 번 했다.

　워싱턴에 도착한 우리 일행을 에나벨 박 간사가 맞아 주었다. 겉으로는 가냘퍼 보였으나 어렵고 힘든 일에 매달리고 있는 앳된 그녀가 장하다 싶었다. 비디오카메라를 메고 등장한 젊은 청년은 중국인이었는데 사람 좋은 인상을 풍겼다. 키 크고, 잘생긴 백인 청년도 있었다. 인턴으로 참가한 학생들은 나와 한 조가 되었는데 죠지타운대 철학과를 졸업하고 법대에 진학할 준비를 하고 있다는 임장원군, 생물학과를 졸업하고 의대 갈 준비를 하고 있다는 김유진양, 죠지 타운 법과대학원에 재학중인 엘리스 서진 양이 함께 2개의 의원 빌딩(Longworth & Cannon)을 돌기로 했다.

　플러싱에서 차로 5시간 이상 걸렸고, 워싱턴 시내에서 길을 찾느라 헤맸으므로 배가 고팠다. 우리는 점심부터 먹고, 시작하기로 하고 카페테리아에 들어섰는데 김 소장이 너무나 반갑게 달려가 인사하는 사람이 있었다.

　일본계 미국인이자 캘리포니아 주의 미연방 하원 의원인 마이클 마코토 혼다 민주당 의원이 점심을 먹었는지 막 나가려던 참이었다. 그 넓은 식당 안이 여러 인종들로 붐비고 있었는데 어떻게 그 사람을 발견했는지 용하다 싶었다. 온 정신을 이 일에 집중하다 보니 잘 보였던 게 확실하다.

그는 1월 31일, 에드워드 로이스, 크리스토퍼 스미스, 다이앤 와트슨, 데이비드 우, 필 헤어(이상 하원 의원), 마달레인 보르다요(괌 대표)와 함께 하원에 종군 위안부 관련 결의안을 제출한 장본인이고, 이 일에 가장 적극적으로 나서 주고 있는 의원이었다.

그를 발견한 우리는 차례로 악수를 하고, 고맙다는 인사를 극진하게 했다. 몸이 통통한 그는 아주 씩씩해 보였고, 강한 힘을 느끼게 했다. 나는 "당신이 베푼 모든 것에 감사한다"는 말을 직접 할 수 있어 기뻤다.

그를 만난 것은 오늘 일이 잘될 징조라고 엘리스는 엄지손가락을 들어 보이며 천진할 만큼 기뻐했다.

한낮의 날씨는 아침과는 다르게 따갑게 내려쬐이고 있어 밖에서 전단을 돌릴 분들이 힘들 것 같았다.

우리 팀이 하원 의원 빌딩을 들어가려니 입구에서 점검을 까다롭게 했다. 긴 복도에는 많은 사람들이 분주하게 움직이고 있었고, 화장실은 깨끗하긴 했지만 검소한 의회 살림살이를 엿보게 할 만큼 구식이었다.

"저처럼 영어를 못 해도 미국 정가를 돌면서 이 일을 몇 년이나 해오고 있습니다. 용기만 있으면 됩니다"라던 김 소장의 말이 굳이 겸손만은 아니라는 것을 실감하면서 학생들과 열심히 의원들 사무실을 방문했다. 누구나 언제든지 들어올 수 있도록 의원 사무실은 완전 개방되고 있는 듯 열려 있기도 했고, 노크 없이도 자유스럽게 들어갈 수가 있었다. 비서들은 대부분이 아주 친절하고 좋은 매너들을 보여주었다. 각 의원들이 점유하고 있는 사무실은 별로 크지 않았지만 실내 분위기와 장식은 전부 달랐다. 자기 지역구를 떠올리는 풍경이나 특산품들로 꾸며져 있어서 상상을 펴볼 수 있는 재료들을 제공해 주고 있었다.

나는 굽이 높은 검정 구두를 신고 있어서 2층, 3층, 4층으로 오르내리자니 발가락이 아팠지만 참기로 했다.

같은 민족의 선대들이 저질러 놓은 뼈아픈 과거를 청산하고자 애쓰는 젊은 1.5세 학생들이 조금이라도 시간을 아끼기 위해 엘리베이터보다는 계단으로 다녔기 때문이었다.

뉴져지의 12지역구 의원인 러쉬 홀트(Rush Holt)를 포함해서 아홉 명의 뉴욕지구 출신 하원 의원들의 사무실을 아무 방해 없이 방문하고 나니 큰일을 해낸 듯했다.

다른 한 팀도 그런 방식으로 다른 의원들 사무실을 방문했을 것이다. 종군위안부 결의안(H. Res. 121)이 하원 본회의에 상정되어 통과되는 일이 잘 될 것이라는 희망을 가져 보았다.

2차 세계대전이 끝난 지 60여 년이 흘렀건만 아직도 버마(Burma), 보스니아(Bosnia), 다퍼(Darfur) 등지에서는 많은 여성들이 학대를 당하고, 희생되어 가고 있다.

일본이 저질렀던 만행이 기필코 단죄되어 국제 사회에 경종을 울리고, 인권이 살아나야 할 모범적 명분이 뚜렷한 것이다.

민간인 차원에서 이 비극적 전쟁 범죄를 승리로 이끌어야 하는 국가적 자존심 또한 걸려 있다.

밤 10시가 넘어 집에 돌아온 나는 자신의 삶을 돌보지 않고, 다음 세대를 위해 '세계 성폭력 만행'을 뿌리 뽑고 '인권'이 살아나게 될 워싱턴 로비에 발 벗고 나섰다는 사람들과 보낸 하루가 자랑스럽고, 보람 있게 느껴졌다.

세상에 태어나서 죽음에 이르는 동안 좀더 나은 세상을 위해 일하다 간다면 훌륭한 인생을 살다 갔다고 말할 수 있을 것이리라.

나의 작은 노력이 한 방울의 이슬이라도 되었기를 빌어 보았다.

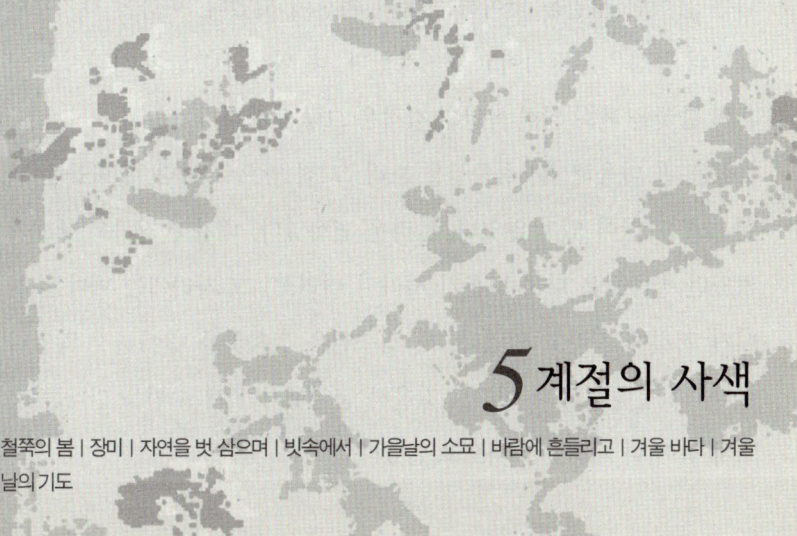

5 계절의 사색

철쭉의 봄 | 장미 | 자연을 벗 삼으며 | 빗속에서 | 가을날의 소묘 | 바람에 흔들리고 | 겨울 바다 | 겨울 날의 기도

철쭉의 봄

 봄이 되어 이집 저집 피어 있는 철쭉을 보면 가슴이 아프다. 몇 년 전 사업 관계로 급하게 집을 팔았는데 이른 봄이면 그 집 정원에 철쭉꽃이 '와!' 하고 피어났었다. 그 꽃들이 그리워서이다. 언제랄 것도 없이 약속이나 한 듯 '서프라이즈!' 하며 한꺼번에 피어나던 그 꽃들 때문에 나는 봄이면 생일을 맞이하는 봄의 여신이 되었다. 마음껏 내지르던 꽃들의 함성은 열정적이고 향기로웠다. 내 심장의 그늘이 사라지고 영혼의 불꽃을 환희 밝힌 봄날의 감격은 그렇게 왔다.
 집을 판 다음해 봄, 철쭉꽃을 보러 그 집 앞으로 갔다. 철쭉들은 단 한 그루도 남아 있지 않았다. 놀라운 변화였다. 내가 손질하고 예쁘게 키웠던 철쭉들은 다 어디론가 사라져 버리고, 그 자리에는 메마른 잔디가 거칠게 자라고 있었다. 새 집주인은 철쭉꽃을 좋아하지 않았나 보다. 그 철쭉들은 다 어디로 갔을까 궁금했지만 새 주인을 만나는 것조차 겁이 나 피하듯 떠나오고 말았다.

그런 사람에게 집을 팔았다니……. 갑작스런 상황이었다 해도 나는 그 철쭉들 생각에 가슴이 저렸다. 단 한 그루라도 가지고 이사를 갔어야 했는데……. 아무리 말 못 하는 꽃나무라 한들 그렇게 가볍게 두고 떠나는 게 아니었는데……. 철쭉들의 원망소리가 들려오는 듯했다.

내 정원에 피었던 철쭉꽃을 보여드리지도 못했는데 꽃을 좋아하시던 어머니는 몇 해 전 초봄에 돌아가셨다. 환생이란 희망을 붙잡고 사셨던 어머니는 마당 한쪽 화단에 많은 꽃을 심으셨고, 그 중에도 철쭉을 가장 좋아하셨다. 그 철쭉들은 꽃을 좋아하시는 어머니를 위해 광주에 사는 둘째 언니가 사다 심어 준 꽃들이었다. 봄이면 어머니는 딸들을 불러 곱게 피어난 그 철쭉꽃을 자랑하셨다. 막내인 내가 결혼을 하고 미국으로 떠나간 뒤 홀로된 어머니는 그 재미로 사시는 듯했다. 어쩌면 철쭉꽃 향기가 어머니를 행복한 웃음으로 취하게 했던가 보다.

봄이면 어머니가 누워 계시는 이리 영묘원에 철쭉꽃들이 가득하다. 그 꽃들이 피려는 준비를 할 때 어머니는 저 세상으로 가셨으니 그 꽃들은 미련화(未練花)가 되었다. 꽃으로 다시 태어나길 바랐던 어머니가 조금만 늦게 돌아가셨더라면 만발한 그 꽃 관 속에 누워 마음껏 꽃과 대화를 하셨을 것이다. 편안한 죽음의 길을 선택받으셨던 어머니는 그 복까지 누릴 운명은 아니셨나 보았다.

나는 어머니가 꽃으로 태어나 이생에 오시는 걸 반대했었다. 왜 천상에 머물러 선녀처럼 사시지 않고, 하필이면 꽃이 되어 다시 오냐고. 꽃이 되면 아무나 꺾게 되니 다른 무엇이 되는 게 낫지 않겠느냐고. 그래도 어머니는 꼭 꽃이 되길 소원하셨다. 왜 그러셨을까. 왜 꽃이 되길 원하셨을까. 나는 꽃을 보면 어머니가 떠오르고, 걱정이 된다. 누가 그 꽃을 꺾게 될까 봐 불안해진다. 저 꽃은 우리 어머니의 화현된 모습이 아닐까.

해린이가 내 생일날 꽃다발을 한아름 안고 들어왔다. 나는 해린이에게 부탁을 했다.

"얘야, 이제 꽃은 사오지 말고, 꽃을 사오고 싶거들랑 차라리 화분을 사들고 오렴."

올 봄, 나는 어머니 제사 기일에 맞추어 고국을 방문하였다. 어머니가 살던 텅 빈 고향집에 가보았다. 어머니와 아기자기 살던 추억들이 고개를 내밀어서 어머니에 대한 그리움에 목이 메였다.

그 집 주인이 된 셋째 언니가 서울에서 살게 되니 손 볼 이가 없는 그 집의 기와들은 내려앉았고 담도 허물어졌다. 어머니가 아끼시던 철쭉들도 이웃집에서 가져다 심었다 했다. 어머니가 아끼시던 그 꽃들이 그곳에 없다는 게 슬펐다. 어머니를 보듯 나는 그 철쭉들을 보고 싶었는데……. 진즉 그 꽃을 어머니 무덤가에 옮겨 심었어야 했는데 늦어지고 말았다. 어머니 무덤가에 철쭉이 있었지만 어머니가 아끼던 그 철쭉은 아니었다.

따뜻한 봄날, "꽃보다 예쁜 우리 해린이가 늦지 않게 시집을 가야 하는데……"라고 했더니 해린이는 아예 독립하여 이사를 했다. 경비원이 있고 바다가 시원하게 보이는 아름다운 풍경이 있는 아파트였다.

"나는 그 나이에 너를 낳았는데……"라는 말은 하지 말았어야 했나. 그 말을 해서 바쁘게 일하는 해린이에게 부담을 주었나 싶다.

스물여섯 살 딸아이가 내내 같이 살다가 떠나 버리자 나는 마음속에 큰 구멍이 뚫렸다. 떨어져 살게 되니 해린이가 자꾸 보고 싶어졌다. 허전한 심정으로 며칠을 보냈다. 다행히 걸어서 갈 수 있는 곳이어서 하루에도 몇 번씩 딸아이 집에 가보고 싶었으나 참았다. 열쇠를 미처 얻지 못했으니 가본들 허탕이었다.

며칠 전 화원을 지나다가 철쭉꽃이 예쁘게 핀 화분을 사다 창가에 놓고 바라보았다. 해린이가 그 꽃을 보면 좋아할 것 같았는데 해린이가 같이 살고 있지 않다는 것이 섭섭했다. 마침 목요일은 쉬는 날이고, 쉬는 날은 잠만 자는 아이니 집에 있을 거라 싶어 화분을 들고 무조건 찾아 갔는데 집에 없었다. 셀룰러 폰에 입력된 전화번호를 누르니 오하이오 패션쇼에 가 있다는 딸아이의 목소리가 바로 곁에서처럼 명랑하게 들렸다. 차 속에 멍하니 앉아 있다가 멋모르고 웃고 있는 철쭉꽃과 마주치니 서글퍼졌다.

아파트 앞의 분수는 쉬지 않고 솟아나오고, 봄 햇살은 차문을 두드리며 나더러 어서 가라 하였다. 어디선가 해린이가 엄마! 하며 나타날 것만 같아서 나는 그 자리를 떠날 수 없어 철쭉 꽃잎을 한 잎 떼어 분수 속에 띄워 보냈다. 물살에 몸서리를 치며 빙빙 돌아가고 있는 철쭉 꽃. 그 위에 어리는 딸아이 얼굴.

해린이를 시집 보냈다 치면 덜 그리울 텐데……. 독립할 수 있는 능력이 있음을 기뻐하자고 자신과 합의를 했다. 시집이라는 울타리 속에 딸을 가두려는 엄마가 해린이에게는 이해가 되지 않을 것 같기도 했다. 나도 왜 자꾸 그 아이에게 시집을 가야 한다고 재촉하는지 모르겠다. 결혼은 해도 후회하고, 안 해도 후회한다고 했으니 해린이가 사랑을 느끼고 결혼하고 싶은 상대가 나타나면 어련히 할까.

철쭉 꽃말이 의미하듯 해린이에게 '사랑의 즐거움'이 생기는 날, 모든 것이 해결될 것이다. 혼의 만남으로 피어나야 행복할 수 있는, 결혼(結婚)이 아닌 결혼(結魂)이란 꽃.

옆집에 사는 이사벨은 붉은 넝쿨 장미가 테라스까지 타고 오르도록 잘 기르고 있는 훌륭한 정원사다. 그녀의 정원엔 꽃들이 많다. 철쭉도 몇 그루 있다. 봄이면 그 꽃들이 은발이 된 그녀를 덜 외로워 보이게 한다.

이사벨은 몇 주 전, 구급차를 타고 병원에 갔다. 그 뒤로 나는 아직 이사벨을 보지 못했다. 큰 회사에 다니는 아들은 해외 근무에 나가서 돌아오지 않았는지 보이지 않는다. 나는 이사벨이 철쭉꽃이 지기 전에 퇴원하기를 바랐다. 주인 없는 봄 정원을 볼 때마다 나는 꽃들의 아름다움이 안타까워진다. 봄을 찬양하는 철쭉꽃들이 활짝 웃고 있어도 주인의 손길을 잃어버린 채 그냥 웃고 있는 듯하다.

철쭉은 일년초가 아니고 매해 예쁜 꽃으로 피어나니 영원을 노래하는 꽃이지만, 이사벨이 철쭉꽃을 보려면 아무래도 다음 봄을 기약해야 될 것만 같다.

사람이 나서 젊음을 지나 늙고 병들어 죽는 것이 철쭉과 같지는 않으나 그것이 인간들의 생과 사의 길이므로 그리 슬퍼할 것도 아니다 싶었는데 이사벨을 보면 서글픈 맘이 자꾸 생긴다.

　나는 해린이를 못 보고 온 허탈감으로 집 밖의 계단에 쪼그리고 앉아 있었다. 서쪽으로 나들이하려던 햇볕이 잠시 내 얼굴에 머물며 나를 간지럽혔다. 그때 이사벨이 정원을 돌아 내게로 왔다. 아침 나절에 퇴원해 왔다면서 해맑게 웃는다. 다쳤던 다리도 다 나았는지 절름거리지도 않는다. 내 옆에 놓인 철쭉 화분의 꽃이 예쁘다고 감탄을 한다. 나는 반가운 김에 옆에 놓인 철쭉 화분을 불쑥 내밀며 쾌차를 축하한다고 했다. 그녀는 소녀처럼 좋아하며 자기 남편에게 보여주겠다 했다. 몇 해 전 중풍으로 누워 있는 그녀의 남편은 휠체어를 타고 나올 수도 있는데 방에 있길 좋아한다고 했다.

　며칠 뒤 구급차가 오고 이번에는 그녀의 남편이 병원에 실려 갔다. 봄은 서서히 지나가고 있는데 그녀의 남편이 일주일 안에 세상을 하직할 것 같다고 이사벨이 전해 주었다.

　나는 이사벨에게 주었던 그 철쭉꽃 화분이 그 부부의 이별 선물이 된 것이 아닌가 해서 울적해졌다.

장미

심명보 화백이 그린 장미꽃에서는 향기가 났다. 아주 진한 향기였다. 초대전이 열리고 있는 세계일보 '스페이스 월드'는 그 향기로 가득 차 있었다. 나는 그 향기에 취해 안내해 주는 김옥기 관장과 같이 간 김 여사에게 이 향기 좋지 않느냐고 물었다. 그랬더니 두 사람은 무슨 장미향이 나냐며 의아해 했다. 며칠이 지난 뒤에도 그 장미향이 내 주위에 가득 퍼져 있는 것 같다. 시각적, 심리적 작용으로 인한 가상 효과였는지는 몰라도 캔버스를 넘어 매트와 그림틀까지 무성하게 그려진 노란 장미, 붉은 장미, 분홍 장미의 향기가 나를 떠나지 않았다.

해린이가 생일날 선물한 카드에서도 똑같은 장미향이 풍겼다. 상술적인 장미 내음이 분명했지만 냄새가 하도 좋아 침대 가까이 두었더니 한동안 나를 달콤한 행복에 젖게 했다. 마치 '플러싱 보태니컬 가든'의 장미 화원 속에 누워 있는 듯했다. 그곳에 가면 많은 종류의 장미꽃들이 피어 있다. 저마다 화려한 의상을 입고 여름 햇빛 속에서 웃고 있다. 이

지상 위에 저토록 고운 빛깔의 생명체가 어둡고 칙칙한 땅 속의 기운을 먹고 솟아나오다니, 그 신비함에 숨을 죽이게 된다. 어떤 장미는 한 그루에 빨강색, 노랑색의 꽃을 같이 피우는 것도 있었다. 해린이와 영우를 안고 그 장미꽃밭에서 찍은 사진을 볼 때마다 싱그러운 장미에 매료되고는 한다. 아마 장미만큼 인간의 사랑을 독차지한 꽃도 드물 것이다.

에디트 피아프는 사랑에 취한 여심을 '장미빛 인생'이란 샹송으로 불렀고, 영국의 시인 버언즈는 '내 사랑은 6월에 피어난 한 송이 붉은 장미'라 읊었으며, 블레이크는 「병든 장미」라는 시에서 그 꽃의 아름다움과 아름답기에 꽃을 꺾으려는 사내 아이를 쓰고 있으며, 스페인의 에스프론세다는 '첫 송이 장미'를 꽃 중의 꽃이라 읊고 있기도 하다.

남자는 일에 살고 여자는 사랑에 산다고 한다. 그 말이 현 시대에 적합한 말인지는 몰라도 장미는 여성이고 여성은 사랑의 장미꽃으로 미화되고 있다. 내 의식의 저편에도 장미는 사랑의 꽃으로 심어져 있다. 시 속에서 소설 속에서 그림 속에서 현실 속에서 만나게 되는 장미는 사랑의 징검다리가 되어 주고, 인간의 감성을 흔들어 놓으며, 한정된 자신의 미래를 헌신하며 웃고 있는 것이다.

이런 장미의 사랑이 우리 선인들의 사랑 얘기 속에는 별로 존재하는 것 같지가 않다. 상투를 틀고 도포를 입고서 장미를 들고 있는 모습은 생각만 해도 어색하고 웃음이 난다. 서구의 의상을 몇십 년 걸쳐 온 우리라지만 아무래도 장미는 검은 턱시도를 입은 서양 남자에게나 어울림직한 꽃이다.

삼국유사에 보면 신라 문화의 한 떨기 꽃으로 일컬어지는 수로 부인에게 바쳐졌던 꽃은 철쭉이었다. 천길 석벽을 기어올라 소 치던 노인이 꺾어 주었던 꽃이 장미였다면 어찌 되었을까.

붉은 벼랑가에 잡은 손 암소 놓고
나를 아니 부끄리시면
꽃을 꺾어 바치리다.

이 은근한 시와는 대조적인 운치를 보이지 않았을까. 사랑도 이심전심으로 통하길 좋아했던 우리 선조들에게는 장미는 너무 강렬하고 직설적인 꽃이 아니었을까 싶다. 분홍 장미나 흰 장미, 노란 장미의 은은한 향기와 심장까지 도취시키는 붉은 장미향 또한 사람을 매혹시키기에 충분하니 말이다.

옛 양반집 선비가 자줏빛 도는 붉은 장미를 봤다면 그 고혹스러움과 요염한 향기가 두려웠을 것이다. 여성의 살포시 벌린 입술이기나 한 듯, 여성의 중요한 부분을 연상시키는 듯한 유혹적인 꽃잎이 사대부 집안에서는 금기화가 되기에 적합할 성싶기도 하다. 흑장미의 꽃잎은 더욱 그러하다. 검은 꽃잎을 따서 조금 비스듬히 보면 거의 새까맣게 보이는데 바로 위에서 보면 그리 검지도 않다. 그런가 하면 같은 방향이라도 약한 빛에서는 검게 보이고 강한 빛에서는 단순한 붉은 색깔로 보이는 경이로움까지 지니고 있다.

요즈음 한국에서는 백송이의 장미꽃 보내기가 연인들 사이에 유행하고 있다고 한다. 아마 진한 장미향의 속성이 한국인의 정서까지 바꿔

놓고 있는 게 아닌가 한다. 남자가 여자에게 보내는 꽃이 장미꽃이라면 사랑의 표현으로서 낭만이 깃들 수밖에 없다.

그러나 장미라고 해서 다 화려한 것만은 아닌 것 같다. 지난해 우리집 정원에 장미를 일곱 그루 심었는데 다 죽고 세 그루만 남았다. 내 나름대로 정성을 다했는데 잘 자라지가 않은 것이었다. 다행히 여름이 되니 앞뜰에 심었던 분홍 장미 줄기에서 꽃이 피기 시작하였다. 진드기에 시달렸던 탓인지 꽃은 탐스럽지 않았으나 한 송이가 피고 나면 또 한 송이가 피고 지고하기를 여러 번 하더니 시월 말까지 계속되었다. 마지막에는 꽃봉오리가 단 한 송이 예쁘게 맺혔는데 미처 피지 못하고 찬 서리를 맞게 되었다.

창가에서 바라봤던 그 꽃은 차가움에 떨고 있었고, 미처 피어 보지 못한 꽃의 슬픔을 간직한 채 얼어붙고 있었다. 살며시 다가가 닿을 듯 말 듯 만져 보긴 했지만 차마 꺾어 들고 안으로 들어오지는 못했다. 그나마 내 손이 너무 가까이 가면 바스라져 버릴 것 같은 애처로움에 그만두었다. 못다 핀 장미가 못다 한 사랑을 슬퍼하고 있었다.

영국에는 이런 장미를 위해 지어진 '여름의 마지막 장미'라는 민요가 있다고 한다. 아직 들어 보진 못했지만 그 가사는 들어 보지 않아도 잘 알 것 같다. 쓸쓸한 장미를 서글픔으로 보내는 애정을 노래하고 있을 것이다.

예전에는 누가 좋아하는 꽃이 뭐냐고 물으면 서슴없이 백합이라고 했는데, 함초롬히 젖어 있는 초가을의 장미를 보고 난 뒤에는 백합꽃의 이미지에 버금가는 장미의 정숙함을 알게 되었다.

자연을 벗 삼으며

　자연을 벗하여 살 수 있다는 것은 큰 기쁨이다. 계절이 바뀔 때마다 색다른 옷으로 갈아 입는 주변의 경치가 경이로움을 주고 생동감을 주어 사는 묘미를 더해 준다.
　지난 가을, 고구마 일곱 개를 캐는 꿈을 꾸고 이사하게 된 집 주소는 세븐 그랜트 애비뉴였다. 꿈속의 집답게 여러 종류의 꽃들이 많이 피어 있었다. 봄과 여름을 꽃내음에 묻혀 보냈다. 화단에 우거진 잡초를 손질해 주는 것도 여간 재미있는 일이 아니었다. 손톱 밑에 들어간 흙을 보며 고향집의 향수를 되돌려 보기도 했다. 시금치와 오이 씨를 뿌리고 토마토와 고추 모종을 사다 심고, 여러 가지 꽃씨를 뿌리며 삽과 쇠스랑으로 흙을 파서 화단을 북돋아 주고 나니 한가로운 시골 살림이다.
　친구가 자기 집에서 자란 거라며 싱싱한 상추와 깻잎을 주어 쌈을 먹으면서 나도 얼른 집을 사서 이런 것들을 키우고 남들과 같이 나누어 먹는 즐거움을 가져 봐야지 했던 적이 있었는데 이제야 그 보람을 느끼게 됐다.

  이상은 현실 뒤에 오는 거라서 뜀뛰기를 하다 보니 시간이 걸렸고, 아이들이 중학생들이 되어서야 맨발로 흙을 밟고 정원을 걸어 보는 여유가 생겼다. 늦은 감은 있지만 작은 풀꽃 하나에도 애정을 간직하게 되는 날들이 그들의 앞날에도 오리라 믿으며 작은 미소를 지어 본다.

  사람은 하늘과 땅의 정기를 받고 자라야 바르고 큰 그릇이 될 수 있다고 믿고 계시는 친정어머니께서는 해린이와 영우가 닭장 같은 아파트를 벗어났다는 데에 안도의 숨을 쉬시는 듯했다.

  내가 한국을 방문했던 어느 여름방학 때였다. 친정어머니는 집안 채마밭에 야채 대신 내가 좋아하는 백합을 많이 심어 정원을 만들어 놓았다. 그 가운데쯤에 커다란 돌 반석을 가져다 놓고 등멱을 해주겠다 하셨다. 집안 샤워장만 사용하던 나는 백합꽃 속에 나부(裸婦)가 되어 어머니 앞에 엎드렸는데 어머니의 껄끄럽던 손과 어둑해진 사위(四圍)로 피어 있던 백합에게 내 자신이 부끄러웠다.

  그것도 잠시, 알몸으로 자연 속에 서게 되니 순박한 어머니의 사랑 앞에 저절로 어리광부리던 딸이 되는 것이었다. 뉴욕에서 몇십 년을 살았어도 그것이 내 본래 모습이었음을 찾아내었다.

  어느 해 여름, 나는 큰시누이가 살고 있는 웨스트 체스터의 깊은 숲속에 들어가 오랜 시간을 정적 속에 잠긴 적이 있었다. 이끼 낀 바위며, 계곡의 졸졸거리는 물소리를 들으며, 영혼의 맑아지는 숨소리를 듣기도 했고, 고산지대에서나 자랄 것 같은 고사리를 꺾어 바구니에 담고 유유자적하며 산골 아낙네가 되어 본 적이 있었다. 밤에는 뜰에

천막을 치고 우리 가족 네 식구가 캠프를 하며 알퐁스 도데의 「별」을 얘기했고, 목동이 느꼈던 고독과 적막 속에 떠 있는 깊은 밤 하늘의 별들과 스테파네트 아가씨에게 느끼는 한 목동의 사랑을 내 감성과 일치시켜 보기도 했다. 삶에 쫓겨 자연의 신선함을 멀리했던 날들에 대해 보상을 받듯 세상 근심을 잊어버린 벅찬 하루였다.

여고를 졸업하고 공부 욕심에 육 개월 정도 서울 생활을 했는데 나는 그때 자연이 인간에게 주는 고귀함을 알게 되었다. 거리에 나가서 한눈을 팔거나 한 발자국만 잘못 떼면 사람한테 부딪히고 갖가지 소음에 시달리고 푸른 하늘과 구름을 가리우는 높은 빌딩에 답답해 했다. 시골은 내 정신의 뿌리를 튼튼하게 해주는 안정감과 평화가 있는 반면, 도시는 물질문명의 물결이 휘황찬란하게 파도치고 있었기에, 이 두 개의 다른 모습 속에서 불안하기만 했다.

자연의 일부로 태어난 내가 콘크리트 벽 속에 잠겨 있다 보니 한 인간으로서의 존엄함을 느끼기보다 기계처럼 밀려가는 사람들 속에 흔들리며 살게 되었다. 시간만 나면 나는 고향 가는 기차를 탔고, 끝없이 펼쳐지는 평원과 높고 거룩하게 뻗은 산과 깊고 넓은 바다를 벗삼을 때 나는 비로소 내가 되어 나를 격려하고 붙잡을 수 있었다. 영원불변하는 자연의 침묵 앞에서 나는 정직해질 수 있고 풀 한 포기, 나무 한 그루 앞에서 정결한 마음이 되었다.

빗속에서

 비가 온다. 세상이 온통 빗속에 잠겨든다. 마음이 차분히 가라앉는다. 천년의 고독이 내려앉는 것 같은 천둥소리에 내가 지니고 있는 모든 시름을 엎어 버린다. 산다는 것에 대한 깊은 애착과 갈등이 억수같이 쏟아지는 빗속에 섞여 휩쓸려 간다. 꼭꼭 닫아 버린 창가엔 빗방울이 흐른다. 쉼없이 흐르고 흘러 작은 폭포수를 이룬다.
 영글지 못한 나의 영혼은 막막한 여름날의 대지 위에 비가 내리듯 빗속에 고개를 들고 세속의 광야를 달린다. 끝없이 빗속을 달리고 달려서 어디론가 정처없이 떠나게 된다. 잃어버린 생존의 의미들을 찾아서, 내 곁에 머물 수 없는 아름다운 감정들을 찾아서.
 현재는 미래로 치닫는 작은 빗줄기이다. 누구라서 그 빗줄기를 막을 수가 있을까. 비 오는 날 우산도 없이 걸어 보라. 머리 위에 얼굴 위에 몸 위에 사정없이 떨어지는 빗방울 속에 나는 아무것도 남지 않는다. 체면도 거짓도 내 것이 아니다. 나는 단지 빗속에 서 있는 자다. 피할 생각 같은 건 아예 할 수도 없는, 나는 단지 빗속을 걸어가는 자에 불과하지 않은가.

비가 오는 날이면 빗속에 서서 비를 맞듯이 생의 건반 위에서 초연히 걸어가리라. 아는 얼굴이 있으면 다정히 인사를 하고 모르는 얼굴도 반가운 마음으로 스쳐 가리라. 같이 걸어갈 영혼의 친구가 있어도 좋고 없어도 별 수 없는 일이다. 억지로 되는 일은 아무것도 없으니까. 우주의 질서가 내게 부여하는 만큼 안고 보듬으며 살아갈 수밖에 다른 도리가 없다. 그래도 나는 빗속에 서서 하늘을 보며 감사할 것이다.

한 살림을 책임져야 했던 내 어머니가 기다리던 비. 가뭄 끝에 내려주시던 그 생명의 비를 사람들은 얼마나 기다렸던가. 그들은 모두 울었다. 쩍쩍 갈라진 논바닥의 균열을 보며 통곡하던 농민들은 하늘을 향해 엎드리며 눈물을 흘렸었다. 어린 내 눈에 비친 어머니의 눈물도 생사의 마지막 고비에서 생명줄을 건져든 자의 형언할 수 없는 눈물이었다.

그 비는 감사의 비였다. 은혜의 비였다. 아무도 우산을 받고 서 있는 자는 없었다. 나는 빗속에 서서 빗줄기만큼이나 세차게 흐른 지난 세월을 바라다보며 그날을 기억해낸다. 그들은 다 어디 있을까. 두 팔을 벌리고, 빗속에 서서 환호하던 마른 땅의 주인들은 이곳에선 만날 수 없다. 이 도회지에서 그들만큼 순박한 마음으로 비를 기다리고 갈망하는 자들은 없을 것이다. 지금도 빗속에 서면 광복의 그날만큼이나 감격하던 사람들의 영상이 나래를 펴고 빗속에 흩어져 온다.

목마름에 뜨겁게 타오르던 입을 벌리고 헉헉거리던 대지를 바라보던 눈길로 오늘은 강변도로를 산책해 간다. 빗속에 서서 잔물결로 이랑지어 파문지는 물결 소리를 들으며 빗소리에 섞여 가는 자연의 음악 소리를 벗삼고 있다. 누군가와 꼭 와보고 싶었던 곳이다. 마음과 마음을 합해 볼 수 있는 사람이 있었다면 더욱 좋았을 것을. 고향의 낙숫물 같은 친구가 그리워진다. 말 한 마디 없이도 이해될 수 있는 코흘리개 친구들. 빗속을 뛰어다니던 잊혀지지 않는 모습들. 우산 속에 숨어 그들을 본다.

  나는 주어진 삶의 경건한 의지 앞에서 빗속에 비가 되어 흘러내리는 과거의 기억들과 현재 주어진 희·노·애·락(喜怒哀樂)의 단상(斷想)을 본다.

가을날의 소묘

가을은 나에게 특별한 일이 주어지는 계절이다. 낙엽을 모아 비닐 백에 담고 쓰레기차가 가져가기 좋도록 길 가장자리에 가져다 두는 일이다. 일치고는 좀 색다르고 향긋한 냄새가 난다. 가을이면 나는 분주하게 집 앞뒤를 다니며, 낙엽을 긁어 모으고, 그 위에 뒹굴어 보고, 가을과 낙엽과 나와의 삼각관계를 아름답게 엮어 나간다.

한국에는 집 안에 남아 살림만 하는 여성들이 많다지만 미국 이민 사회에는 여성들이 밖에 나가 일을 많이 한다. 집 안에 남아 있는 나 같은 여성들은 뭔가 부족한 계층이 된 것 같은 느낌에 젖게 된다.

경제대국에서 자라는 어린이들답게 엄마도 돈 잘 버는 엄마가 유능하다고 생각하는 것 같은 해린이 앞에서 당당한 엄마가 되고 싶어 큰 소리를 쳐본다.

"엄마가 집에 있으니 너희들이 얼마나 호강스럽게 크고 있는 줄 아니? 엄마가 나가서 돈을 못 벌어 이러고 있는 줄 아니?"

그렇지만 돌아서서는 슬며시 자조적인 웃음을 띠게 된다. 아이들이나 키우고, 글이나 쓰고, 학교나 다니고 하는 나의 입장을 '복 많은 마나님'이라며 언어의 말뚝 하나로 기를 죽이던 친구와 "엄마가 무슨 돈을 벌 수 있다고 그러세요. 그냥 집에 계세요"라고 딱해 하던 해린이 때문이다.

그런 열등감이 스멀스멀 내 안에 차 올 무렵, 넌지시 다가와 나를 위로해 주고 낙엽 냄새를 풍겨 주고 내 마음을 풀어 주니 고맙고 정다운 일이 아닐 수 없다. 갈퀴로 한참 동안 낙엽을 긁고 나면 온몸에 땀이 흐르고 정신이 맑아져 신선하다. 육체적 노동의 기쁨 하나를 얻은 듯 대견하고, "지구는 둥글게 돈다"는 갈릴레오의 발견보다 더 큰 것을 발견한 듯한 자기 희열에 빠진다.

가을과 낙엽과 내가 하나가 되는 철학적 순간도 이때 찾아온다. 우주와 나와의 일체감은 우리의 인생도 언젠가는 한 잎 가을의 낙엽처럼 떨어져 갈 거라는 겸손을 준다. 그 순간까지는 내 몸을 감싸고 돌 이 생동감은 없어지지 않을 것이라는 믿음과 자신감이 생기기도 한다. 그것들과 함께하여 나는 내게 주어진 인생을 자연의 섭리처럼 충실하게 살아갈 거라는 다짐과 약속을 해보는 것이다.

가을은 낙엽으로 와서 내게 무상의 보상을 가져다 주고 간다. 나는 맨발로 낙엽 위에 서서 가을을 향해 두 손을 흔든다.

바람에 흔들리고

1

　바람은 세월의 나무 사이에 추억의 옷자락을 걸쳐 놓는다. 과거로 가는 길목에 서 있는 바람. 그 미소는 선량하고 그것이 싣고 온 고향집 뜰 안은 다정하다. 화단에, 반짝이던 마루 위에, 주렁주렁 열리던 감나무 위에, 장독대와 앵두나무, 대나무 숲에 흔적 없는 발자국을 남기며 간다.
　어렸을 적 아버지의 궤연(几筵)에 모셨던 영정(影幀)은 꿈처럼 스쳐 간 바람이다. 뚜렷하지 않게 흔들리는 바람―단 한 번도 아버지가 그립다 언급해 본 적은 없었어도 그분에 대한 그리움은 바람으로 왔다가 바람으로 사라져 간다. 그 사진은 지금 어디 있을까. 내 영혼의 밑바닥에 가라앉아 바람이 불 때만 살짝 실눈을 뜨고 내 표정을 살피는가.
　27년 전에 떠나온 조국은 바람에 일렁이는 깃발이다. 펄럭―. 펄럭―. 어머니가 살아 계실 때는 뿌리 깊은 기둥이었는데 지금은 흔들리는 바람이다. 물결에 어른거리는 그림자. 그 바람이 지나고 말면 제 모습을 세우다가 또다시 흔들리는 조국. 내 정신을 그곳에 말뚝 박은 줄 알았더니 이제 보니 그것도 바람이라.

 이 세상에 바람 아닌 것이 있는가. 딴에는 제 의지대로 산 것 같지만 다 조물주의 의지대로 흘러온 바람인 것을.

2

 바람이 세차게 가을을 흔들고 있다. 간밤의 예보에는 눈이 온다고 하더니 바람이 분다. 기다리던 눈은 오지 않고 창문을 흔드는 소리가 세상을 뒤흔들고 있다. 보던 책을 덮고 창가에 서니 바람에 휘날리는 낙엽들이 소용돌이를 치며 아우성이다. 나뭇가지들이 쉬익쉬익 정신없이 흔들리더니 우두둑 아픈 소리를 내며 꺾어진다. 세상을 뒤흔들고 있는 바람은 사정없이 모든 것들을 쓸어가 버릴 것 같은 태세다.

 그때도 바람은 그렇게 불고 있었다. 아주 오래된 일이지만 어제처럼 기억이 된다. 눈이 수북이 쌓인 날 아침, 문풍지는 세차게 바람에 흔들리고 있었다. 차가워진 온돌방에 군불을 지펴 주신 어머니는 길 떠날 준비를 서두르고 계셨다.

 어머니는 지난 몇 년 동안 그렇게 소리 없이 새벽길을 떠나셨다가 돌아오시곤 했지만 바람이 불고 추운 날은 대여섯 살 된 내 어린 가슴에 동상이 걸리곤 했다. 저 추운 눈길과 바람 속을 어머니가 제대로 다녀

오실까 하는 걱정으로 세찬 바람 소리가 원망스럽기만 했다. 눈을 감고 누워 있어도 눈보라 속에 쓰러질 듯 걸어가는 어머니의 모습이 떠올라 사라지지 않았다. 제발 바람이 멎어야 할 텐데 하는 기도를 수없이 드렸다. 어머니가 돌아오셔서 하얀 한약 봉지를 내려놓으실 때야 살을 에일 듯한 바람도 우리 어머니를 어쩌지 못했구나 하는 자랑스러움이 가슴을 뭉클하게 흔들었다.

가정을 흔드는 바람은 아버지의 병마였고 어머니는 그 바람 속에 굳건히 서서 용하다는 의원은 몇 십리고 찾아다니셨다. 고난의 바람 뒤에 오는 건 평화임을 어머니는 우리에게 가르쳐 주고 계셨다. 인생을 살다 보면 언제나 바람은 불어오게 되어 있다. 틈새가 조금만 있어도 그 사이로 바람은 분다. 사랑의 바람, 경제의 바람, 관계의 바람. 그 바람 속을 걸어가는 사람은 바람으로 태어나 바람으로 사라져 간다.

겨울 바다

 겨울 바다는 대지의 차가움을 말하지 않는다. 불평하지 않는 출렁임으로 밤을 새우고 다음날을 맞이한다.
 그런 겨울 바다를 보고 싶어 찾아갔다. 피곤이 남아 있는 일요일 아침이었지만 바다에 가는 일은 가족의 일상이기도 했다. 부부만 가든, 온 가족이 가든, 바다는 언제나 같은 노래를 불러 우리를 멈춰 세운다. 지치지 않는 노래, 살아 있는 노래는 겨울의 차가움 속에서 더 웅장하고 더 깊게 울려 퍼진다. 자기만의 끈질긴 목소리로 자작곡을 부른다. 그런 겨울 바다 저편에 배 한 척이라도 있게 되면 그 아스라한 하늘과 맞닿은 수평선으로 인해 겨울 바다는 수채화 한 폭의 아름다움을 지니게 된다.
 지난 여름에 와본 존스 비치는 게 잡는 친구들의 환호 때문에 바다의 색깔을 잃고 있었다. 그때 나는 여름 바다는 올 곳이 못 된다는 생각을 하고 말았다. 고요를 만날 수 없는 바다는 이미 바다가 아니라고 억지를 부렸다.

 그러나 겨울 바다에는 하얀 눈이 내려 세상의 정적과 어우러져 바다의 모래 껍질을 덮고 있다. 찬바람이 옷깃을 여미게 하고, 은은한 회색 빛과 검은색이 곱게 섞인 물새들이 파도 위에 날개를 접고 앉아 있다. 점잖게 물 위에 흔들리고 있는가 하면, 퍼덕이기도 하고 날기도 하고 눈 위를 걷기도 한다. 제각기 다른 모습으로 겨울 바다를 만끽하는 여유를 보인다.

 세속에서 묻혀 온 더러움을 쏟아 버리고 싶어 크게 심호흡을 하면 상쾌한 바람이 목구멍을 통과하여 폐부 깊숙이 얼음 꽃을 실어다 준다.

 이 우주의 한곳에 흥분된 열정을 식히고 냉각된 이성으로 '나'를 찾게 해주는 겨울 바다가 있다는 것은 대자연의 지혜다. '철석! 철석!' 쉬지 않고 일하는 생명의 숨소리를 들으며 인간이 산다는 것은 저 의지를 내 살갗 밑으로 받아들이는 것이 아닐까 새겨 보기도 한다. 겨울 바다는 어떤 어려움과 고난도 소용돌이 안에 용해시켜서 더 큰 것을 만들어낼 것만 같다.

겨울날의 기도

올 겨울은 유난히 추운 것 같다. 밖을 보니 마음까지 시리다. 앙상한 나뭇가지 위에 걸린 바람까지도 냉기가 고여 있는 듯 차가운 소리를 낸다.

불경기 탓인가. 잔뜩 움츠린 채 아침 출근을 서두르는 사람들이 생기가 없어 보인다. 그 중에는 직장을 잃은 가장도 있을 것이고, 새로운 직업을 찾아 거리로 나선 사람도 있을 것이다. 고개를 숙인 모습들이 측은하게 보인다. 나는 그들 모두가 다행스런 하루가 되길 기도해 본다.

야채 가게 앞을 지난다. 마흔다섯쯤 되어 보이는 동양 여성이 나온다. 한국 여성일 것 같다. 무거워 보이는 오렌지 박스를 들고 있다. 파리한 얼굴이다. 처녀 때는 고왔을 얼굴 언저리에 잔주름이 엉겨 있다. 예전엔 누군가의 사랑스런 딸이었을 여인이 낯설고 물설은 미국 땅에 건너와 애쓰는 모습이 안쓰럽게 보인다.

문득 이민 초 야채 가게를 할 때의 내 모습을 한국의 부모님께 보여

드리지 않은 것은 다행이었지 싶다. 저 여성도 그런 심정이겠지. 나는 사과 두 개를 사면서 그녀의 남편이 그녀의 거칠어진 손이나마 부드럽게 위무해 주고 사랑해 주길 간절히 기도하였다. 그러다 보면 어려운 세월의 한 자락도 감사한 마음으로 살아가게 되지 않을까.

제일은행 옆을 지난다. 꽃을 파는 스페니쉬 남자를 만난다. 벙거지 모자를 깊게 눌러 쓰고 벽에 기대어 선 모습이 얼핏 희랍의 철학자를 연상케 한다. 아예 꽃이 팔릴 거란 기대를 거두어 버린 고독함이 짙게 풍겨 나온다. 카트 위엔 꽃이 만발해 있다. 울긋불긋한 꽃들이 곱고 아름답다. 카네이션, 장미, 국화, 글라디올러스의 향기가 코끝에 스며와 간지럽힌다.

나는 안개꽃에 섞여 있는 카네이션 네 송이를 고른다. 누구에게 선물하기 위해서가 아니다. 그저 맥없이 서 있는 꽃 파는 중년 남자가 무기력해 보여서다. 그런 모습이 싫어서다. 희망을 잃지 않고 살 수 있다면 최상의 기쁨이 될 것을……. 지치고 피곤한 어깨로는 생존을 지킬 수 없다. 나는 그 꽃 파는 남자가 인생을 좀더 활기차게 살기를 기도해 본다. 을씨년스런 추운 계절에 거리에 핀 화려한 꽃의 생명력처럼 우리의 인생도 그럴 가치가 있는 것이 아닐까.

꽃을 보고 있으려니 미숙이 엄마 생각이 난다. 꽃을 좋아하는 여자. 그녀는 감기로 누운 지 닷새째나 되었다. 올해 독감은 지독스러운지 신열이 나고 온몸이 쑤신다며 힘들어했다. 내가 보기에 그녀는 몸만 아픈 것이 아니고 마음도 아픈 것 같다. 그녀는 늘 고국을 그리워한다. 이른바 향수병이다. 미국에 온 지 사 년이나 되어 가는데 아직도 이곳에 정을 못 붙이다니 걱정이 된다.

　그녀는 꽃을 보더니 눈물이 글썽해진다. 작은 친절, 작은 사랑에도 감격해 하는 외로운 이국 생활. 친구야 어차피 인간은 혼자인 걸. 서러워하지도 괴로워하지도 말자. 나는 마음속으로 위로를 한다. 나는 그녀가 스스로를 굳게 세우며 자신의 인생을 걸어갈 수 있는 강한 여성이 되길 빌어 보았다.

　집으로 오는 길은 쓸쓸하였다. 하루 동안 바라본 인생의 줄기들이 나를 휘감아 힘들게 했고 희끗희끗 하늘에서 내리는 눈발이 나를 슬프게 했다. 미숙 엄마의 향수병이 나에게도 전염된 것일까. 머리를 비우려 애를 써본다. 잘되지 않는다. 나를 얽어매고 있는 것들이 의식의 문고리를 잡고 놓아 주지 않는다.

　"내 고향 남쪽 바다, 그 파란 물 눈에 보이네." 노래 '가고파'를 흥얼거린다. 고국이 그립고 어머니가 그립고 형제들이 그립다. 내가 서 있는 이곳이 현실인데 나는 무엇을 어찌할 수 있을 것인가. 오랜 세월 이곳에 살아도 미국은 나를 손님이라 할 것만 같고, 한국은 나를 떠난 이라 부를 것 같다. 그 중간 어느 지점에 표류해 버린 나의 생이 구름처럼 둥둥 떠다니고 있는 것 같다.

　나는 집과 가까운 길을 돌고 돌아 오래 걷는다. 거리엔 하얀 눈이 내리고 있다. 맑고 깨끗하다. 작은 티끌조차도 허용치 않을 나의 삶이 두 눈을 부릅뜨고 나를 가까이 오라 손짓한다.

　"방황하지 마. 너희 집은 여기야. 차디찬 네 두 손을 모으고 오늘은 나와 함께 기도를 하자. 네 영혼을 위하여."

6 책 속의 빛

좋아하는 책 | 노자와 21세기 | 문장왕국 | 골짜기의 백합 | 데미안 | 카프카 | 유토피아

좋아하는 책

좋은 책은 나에게 생명을 준다. 물이 되고 빛이 되고 양분이 되어 생명의 불꽃으로 피어 오르게 한다. 안병욱 교수께서 쓰신 에세이집 『지상에서 가장 아름다운 것』은 나에게 생명의 자양분을 주는 책이다. 1983년 5월 15일 초판이 발행됐던 이 책의 뒷표지에는 다음과 같은 글이 적혀 있다.

"적어도 하루에 한 번쯤은 높은 하늘을 쳐다보자. 별이 총총히 걸린 밤 하늘, 흰 구름이 시름없이 떠도는 푸른 하늘을 쳐다보아야 한다. 본래 인간은 자연의 딸이요 아들이다. 자연은 우리를 낳기 위한 어머니다. 인간이 자연을 떠난다는 것은 자기의 고향을 떠나는 것이다. 마음의 고향, 몸의 고향을 떠나는 것이다. 우리는 자연으로 돌아가야 한다. 달을 쳐다보고 별을 바라보고 밤 하늘을 우러러 볼 때 우리는 생명의 건강을 다시 회복할 수 있다."

한 권의 책이 사람의 영혼을 달래 주고 깨닫게 해주는 것은 참으로 감동스럽다. 한때 내가 의지하고 믿던 종교 산하에서 사람들끼리 갈등하는 모습을 보면서 모든 것을 잊고 산으로 바다로 찾아다니는 치유의 나날을 보냈는데 이 책의 도움이 컸다.

지금은 습관처럼 차를 몰고 자연 속에 묻히면서 나만의 시간을 만끽하고는 한다. 좋은 책 속에는 무지한 영혼을 깨우쳐 주고 정서적 마음 밭을 일구는 흥미로운 예화들과 철인들의 말씀이 쉽게 풀이되어 있다. 철인(哲人) 칸트는 이 지상에서 가장 아름다운 것의 하나는 별이 반짝이는 밤하늘이요, 또 하나는 자신의 가슴속에 있는 도덕률(道德律)이라 했다.

최근에 안 박사님의 책을 한 권 샀는데 『사람답게 사는 길』이다. 철학 정신편에 보니 소크라테스가 아테네 법정에서 시민들에게 말한 대목이 있었다.

"아테네의 사랑하는 시민들이여. 여러분들은 가장 위대하고 지혜와 위력으로 명성을 자랑하면서, 될수록 돈이나 많이 모을 생각을 하고 또 이름이나 명예에만 관심이 쏠려서 지혜와 진리와 자기의 인격을 깨끗하게 하는 일에 대해서는 조금도 마음을 쓰려고 하지 않는 것을 부끄럽게 생각하지 않는가."

그는 감옥에서 독배를 마시기 전에 사랑하는 제자 플라톤에게 이렇게 말했다.

"사는 것이 중요한 문제가 아니라, 바로 사는 것이 중요하다."

소크라테스에 의하면 첫째로 중요한 것은 진실(眞實)하게 사는 것이요, 둘째는 아름답게 사는 것이요, 셋째는 보람 있게 사는 것이다. 가장 중요한 것은 '바로' 사는 것이라 했다.

한 권의 좋은 책은 종교와 사상의 울타리를 뛰어넘어 철학자처럼 사색하게 한다. 거기서 자유가 풍성한 숲속의 합창이 들린다. 광명의 빛이 반짝이는 논밭으로 달리게 한다. 역사의 말발굽 소리가 창가에 머물게 한다. 농부처럼 일하고 예술가처럼 노래하고 그림 그리고 글 쓰게 하고 바람직한 인간이 되도록 손잡아 준다.

좋은 책을 만나는 건 또한 훌륭한 스승을 만나는 것과 같다. 바바하리 다스의 침묵과 깊은 명상이 마음의 평화를 일깨우는『산다는 것과 초월한다는 것』은 내 영혼에 빛을 주는 책이다. 삶의 초월과 진리의 세계가 자기의 내면에 있음을 깨닫고 '침묵의 수행'으로 외부에서 찾던 방황을 중단하고 혼자만의 길을 걷는다는 깨달음이 좋다.

장자의 책은 말한다. "현자는 빈 배와 같다"고. "그대는 하나의 장애물이다. 그대가 그토록 고집스럽게 많이 그대 자신으로 가득 채워져 있기 때문에 그대 속으로는 더 이상 아무것도 스며들 수가 없다. 그대는 어떠한 계급, 종교, 어떠한 율법에도 속하지 않는다. 그대는 어떤 이름에도 들어가 있지 않다. 형태가 사라진 상태, 이름이 사라진 상태로 되지 않으면 그대는 결코 온전하지 않은 것이다."

장자는 또 말한다. "그대는 저 남쪽 나라에 사는 한 마리 신비로운 새, 영원히 늙지 않는 불사조(不死鳥)에 대해 들어 본 적이 있는가. 이 불멸의 불사조는 어느 신성한 나무 위가 아니면 내려앉지 않고 가장 고결하고 희귀한 열매가 아니면 입 대지 않으며 오로지 가장 정결한 샘에서만 물 마신다. 그 남쪽 나라는 그대 안에 있다. 이 영혼, 그대 존재의 가장 깊숙한 정수는, 어느 신성한 나무 위가 아니면 내려앉지 않는다. 이 내면의 새, 이 새는 그대 존재이다."

나는 또 '크리슈 나무르티'의 『벌거벗은 자와 동행하고 싶다』를 좋아한다. "사랑을 지닌 사람만이 자신을 포기하고 자신을 완전히 잊음으로써 창조적 아름다움의 상태를 낳는다. 사람들과 지구 위의 모든 것들에 대해 당신이 진정한 사랑을 느낄 때에만 내면의 아름다움이 있다. 그 사랑에서는 엄청난 신중성, 주의력, 그리고 인내심이 나온다. 당신이 완벽한 기술을 지니고, 화가나 시인으로서 그림을 어떻게 그리고 말들을 어떻게 조합하는지를 아는지 모르나, 내면의 창조적 아름다움 없이 당신의 재주는 별 의미가 없다."

깊은 철학과 사색이 깃들인 좋은 책들은 영혼을 맑게 하고 샘물을 길어 올리게 한다. 내가 믿는 원불교 경전을 즐겨 읽을 때면 성인의 그림자를 밟은 듯 정신이 맑아지고는 한다.

인기에 영합하는 책이 잘 팔린다는 요즈음 세태에 안병욱 교수님의 저서처럼 인간의 근본을 깨우쳐 주는 좋은 책이 있음이 반갑고 까마귀 속에서 백로를 찾아내는 기쁨을 갖게 하니, 나도 그런 좋은 글을 써보고 싶다.

노자와 21세기

 2001년 2월 13일, 발렌타인 데이에 남편에게 무슨 선물을 할까 하다가 서점에 들러서 도올 김용옥 선생이 지으신 『노자와 21세기』를 샀다. 그 내용이 담긴 비디오 테잎이 뉴욕에 상륙하는 날 첫 번째로 달려가 산 사람이 나의 남편이었으므로, 그 책 역시 선물해 주면 좋아할 것 같았다.
 매일 저녁 퇴근해서 들어오면 도올 선생 강의를 듣는 게 남편의 일과처럼 되어 버려 은근히 도올 선생이 내 삶의 침입자처럼 여겨졌었다. 야구 시즌에는 야구 중계 보는 걸로, 풋볼 시즌에는 풋볼 보는 걸로 피곤을 달래더니 도올 선생 강의에까지 심취해 버리니 내 자리를 빼앗긴 듯하였는데, 남편이 좋은 말씀들을 경청한다는 데에야 존경심이 일기도 했다.
 내 방에 텔레비전을 한 대 들여 놓고 나 좋아하는 비디오나 다른 프로그램을 보는 걸로 해결을 보다가 나조차 도올 선생의 강의에 빠져

들게 된 것이다. 21세기의 3대 과제는 ① 인간과 자연환경의 화해(the Harmony between human and natures), ② 종교와 종교 간의 화해(the Harmony between Religions), ③ 지식과 삶의 화해(the Harmony between Knowledge and Life)라는 포괄적 주제들이 강의 내용이었다.

'노자'는 두 편으로 이루어졌는데 한 편은 도(道)라는 개념을 중심으로 해서 쓰여졌고, 한 편은 덕(德)이라는 개념을 중심으로 해서 쓰여진 도덕경(道德經)이라고 불려지는 지혜(智慧)의 서(書)다. 지난 40여 년은 배가 고파서 과욕과 과속, 과식과 과용의 부작용을 낳았던 시대였으니 만큼 21세기를 바라보는 우리 민족은 그 부작용들을 해소시켜야 한다는 것이다. 노자에게서 무엇인가를 배우거나 구하려 하지 말고, 분별적 지식을 뛰어넘어 우리의 몸으로 궁극적 실상을 있는 그대로 보고 느끼라는 것이었다.

강의를 들으면 들을수록 해박함에 놀라게 되고 내가 알고자 했던 의문들이 차근하게 정리가 되는 것이었다. 얼마만큼 공부를 해야 저 정도의 지식을 갖추게 되는 것일까. 한국에서 온 어떤 교수 부인은 "도올 선생이 한국의 교수들을 여럿 죽였다"고 한탄했는데, 자기와 비교할 수 있는 상대가 있다는 것은 감사할 일이지 지탄할 일은 아니지 싶다. 21세기에 해외에 나와 공부를 하고, 세계를 돌아보고, 내 나라를 위해 바른말을 할 수 있는 용기 있는 석학이 있다면 감사할 일이다.

몇 년 동안 시간만 나면 도올 선생 테이프를 듣는 남편에게 나는 농담 반 진담 반으로 "도올 서원에 후원금이라도 좀 보내지 그러세요"라는 말을 던지며 같이 강의를 즐겨 듣는다.

문장왕국

 이계향 선생께서 쓰신 『한국 고전문학에 핀 한문 수필』에 보면 조선조 때의 문신(文臣) 심의(深義 : 1475~)가 지은 「대관재몽유록(大觀齋夢游綠)」이라는 소설이 소개되어 있다.
 그는 하늘나라에 문장왕국(文章王國)을 건설하고, 그 천자(天子)에 최치원, 수상(首相)에 을지문덕(乙支文德), 좌상(左相)에 이제현(李濟賢), 우상(右相)에 이규보(李奎報)를 앉혀 놓았다. 물론 꿈속의 이야기지만 저승에까지 가서 그런 자리에 앉을 수 있는 문장가들은 얼마나 특출한지 나는 그 글을 읽으면서 몹시 궁금하였다.
 최치원은 신라 말엽 헌안왕(憲安王) 원년(856)에 신라의 수도 사량부(沙梁部 : 慶州)에서 태어났고, 12세에 당나라에 유학을 가서 18세(874)에 빈공과(賓貢科)에 급제하여 선천율수현위(宣川慄水縣尉)라는 지방관이 됐고, 이어 '승무랑시어사내공봉'으로 진급되고 '자금어대'를 하사받은 사람이다. 어린 나이에 벌써 대문장가의 재질을 나타내 보였던 그의 작품과 저서로는 『계원필경집』, 『중산복궤집』, 『석순응전』, 『사륙집』, 『제왕연대력』, 『시무십여책』 등이 전한다. 『계원필경집』은 한문학사상 최초의 대저서(大著書)인 동시에 신라의 고승(高僧)이 아닌 사람의 것으로 최고(最古)의 저서라 한다.

을지문덕 장군은 고구려 영양왕 23년(612)에 수양제가 113만의 수륙양군으로 침략해 왔을 때에 적장(敵將) 우중문에게 '중수 우익위 대장군 우중문'이라는 오언절구(五言絶句)의 시를 보냈고, 압록강에서 평양성 30리 밖의 살수까지 유인, 큰 승리를 거두었다. '여수장 우중문'이라 짧게 불리기도 하는 이 시는 『동문선』에 들어 있고, 최근에 방영되고 있는 '연개소문'에 이 시가 인용되니 짧은 내 식견에 흥미를 얹어 주었다. 재미있는 것은 작자 자신이 평소에 존경하던 인물을 뽑아 조각한 것 중에서 무신인 을지문덕을 수반으로 삼았다는 것이다.

이제현(李濟賢 : 1287~1367)은 고려 일대를 대표하는 시호(詩豪)요, 문단(文壇)의 종장(宗匠)이며, 기울어져 가는 고려 말기에 문장(文章)으로 보국(報國)한 문웅(文雄)으로 일컬어진다. 14세에 사마시(司馬試)에 장원 급제하고 이어서 16세에 충렬왕(忠烈王)이 친히 베푸는 과거에 병과로 급제했다. 충선왕은 지인지감(知人之鑑)이 밝은 주군(主君)으로서 일찍부터 이제현이 고려의 첫손 꼽는 준재(俊才)요, 사표(師表)요, 귀감적(龜鑑的)인 인물임을 알고 그를 상도(上都)인 연경으로 불렀다. 그곳에서 이제현의 학문은 국제적 수준으로 발전해 갔다. 이때 그의 나이 27세였다.

1316년 충선왕이 원제(元帝)의 명으로 명산대천(名山大川)에 제사 드리러 가는 길을 따라 서촉(西蜀) 아미산(蛾嵋山)을 바라고 수만 리 길을 수행하면서 이제현이 지은 시가 『동문선』에 들어 있는데 「제갈공명사당(諸葛孔明詞堂)」,「사귀(思歸)」,「노상(路上)」,「팔월십칠일방학방주향아미산(八月十七日放學方舟向峨嵋山)」 등이 있다. 이제현의 나이 33세, 충선왕이 원제의 명으로 절강에 있는 보타사에 불공 드리러 함께 가는 길에 지은 시로 「오호(五湖)」,「동정추월(洞庭秋月)」,「소상야우」 등이 역시 『동문선』에 들어 있다.

이제현의 시 속에는 역경 속에서 충선왕을 섬기던 충성심이 나타난 시와, 중신들의 억울함을 호소하는 글이 많이 있다. 그는 상국을 네 번씩이나 역임했고 만년에는 왕명으로 『실록(實錄)』을 편찬하기도 했다. 저서로 시문집(詩文集)인 『익재난고(益齋亂藁)』 10권과 『익재집(益齋集)』, 그리고 고려 말의 비평문학(批評文學)을 대표하고 그의 저서 중에서 엄지로 꼽는 수필집인 『역옹패설(櫟翁稗設)』 등이 있다.

이규보(李奎報 : 1168~1241)는 고려시대의 서사문학(徐事文學)을 빛낸 동방(東方)의 시성(詩聖)이요, 주필(走筆)의 명수(名手)인 동국(東國)의 대문호(大文濠)로 일컬어지며, 고려 5백년을 통해 가장 뛰어난 대문학자(大文學者)로서 영국의 세익스피어, 독일의 괴테, 러시아의 톨스토이, 이탈리아의 단테처럼 한국의 상징적인 문호라고 장덕순 교수는 말했다. 이규보의 초명은 인저(仁氐), 자는 춘경(春卿), 호는 백운거사(白雲居士), 시호는 문순공(文順公)이다. 저서로는 『동국이상국집(東國李相國集)』과 시화집(詩話集)인 『백운소설(白雲小說)』이 있다.

이계향 선생께서는 지난 30년간 무사독학(無師獨學)으로 마지막 한

방울까지 짜고 짜면서 절차탁마(切磋琢磨)한 고행으로 얻어진 글들로 신라·고려·조선조에 이르는 작가의 생애와 작품 이해에 많은 도움이 될 만한 것들을 기록해 놓으시니 후배들은 감사하기 이를 데 없다. 선생께서는 이규보 편에 "나는 툭하면 천상에 올라가 문장왕국 입구를 서성거리는 나를 보곤 했다. 그리고 누구든 문인 등록증만 들고 가면 쉽게 입국할 수 있으리라는 공상을 눈 감아 기분 좋게 해보다가 이제는 믿게 됐다"라고 쓰고 계셨다.

그 글을 읽는 나도 은연중 그런 기대를 해보게 되는 것이다. 열심히만 하면 문장왕국 주변을 두리번거리다가 먼저 가신 문호들을 만날 수 있겠구나 싶다.

"만약 선생님이 먼저 가시면 거기 가면 만날 수 있겠네요?"

"그렇고 말고, 거기 가면 다 만날 수 있지."

죽음이란 명제 앞에서조차 가볍게 웃으며 문학인이기에 갖게 되는 허심탄회한 기대를 꿈처럼 희망해 보는 것이다.

골짜기의 백합

1799년 5월 20일 프랑스 투르에서 태어난 오노레 드 발자크가 쓴 『골짜기의 백합』은 이루지 못한 사랑의 결정체를 담은 작품으로 기억된다.

쉽게 사랑하고, 쉽게 헤어지는 주인공들이 나오는 소설에서는 볼 수 없는 사랑의 고뇌가 읽는 동안 가슴을 아프게 했고, 사랑의 기쁨, 환희, 슬픔, 아픔, 절망 등 사랑의 감정 중에서 비극적인 쪽으로 고개를 돌리게 했다.

모친으로부터 지나치게 엄격하게 길러진 여주인공 모르소프 백작 부인에게는 25세나 연상인 괴팍한 남편과 중병을 자주 앓는 두 아이가 있다. 그녀는 모르소프가의 안정을 위해 애쓰는 안주인이자 아이들 교육에 심혈을 기울이는 충실한 어머니이다.

소설의 남자 주인공 펠릭스는 투르시의 대무도회에서 백작 부인을 보게 된다. 모성애를 모르고 자란 20세의 펠릭스는 순수한 충동으로 한쪽 구석 소파에 앉아 있는 그녀의 어깨에 키스를 하게 되고, 30세 중반의 모르소프 부인에게 사랑을 느끼게 된다. 모르소프 부인은 펠릭스에게 한 송이 백합 같은 존재다.

펠릭스가 정신과 육체의 끊임없는 갈등을 경험하는 동안 모르소프 부인의 마음에서도 같은 갈등이 생겨났다. 그러나 모르소프 부인은 마음의 동요를 느끼면서도 정숙함을 잃지 않으려 애쓴다.

몇 수억의 인구 중에서 단 한 사람과 만나게 되는 운명적 사랑 앞에서 "여자는 약해요. 그러니까 하느님보다 더 엄해야만 해요"라는 게 펠릭스를 향한 모르소프 부인의 태도다. 종교심으로 길들여진 신의 길, 아내의 길, 엄마의 길을 벗어나지 않으려는 그녀의 몸부림이 칼날 같다. 조금만 방심하면 스스로 찌르고 말 것 같은 형벌을 스스로 준비하고 있는 듯한 그 말 속에 스며 있는 그녀의 고통을 본다.

사랑은 왕관도 버리게 한다는 건 전세계적이고 전인류적인 것인데, "사랑은 자격으로 한다"는 현실 윤리를 그녀는 결코 저버리지 못한다. 하지만 사랑은 영원불변하는 것은 아닌가 보다. 아니면 남자의 본능은 사랑보다 더 강한 것일까.

파리로 떠난 젊은 펠릭스는 모르소프 부인을 사랑하면서도 육체의 유혹에 흔들린다. 펠릭스가 다른 여인과 환락을 즐기고 있다는 소식을 접한 모르소프 부인은 질투에 시달리게 된다. 그녀는 머리칼이 빠질 정도로 괴로워하지만 파리로 펠릭스를 찾아가진 않는다.

그녀는 육체적 지배에서 벗어나고자 몸부림을 칠 뿐이다. "나를 배신한 건 본능이지 당신의 마음이 아니라는 걸 알았을 때, 나는 살고 싶다고 생각했습니다. 그러나 이미 늦었습니다"라는 편지를 남기고 모르소프 부인은 죽어 간다. 톨스토이가 쓴 『안나 까레니나』의 여주인공이 젊은 연인과 사랑의 도주를 하여 불행한 길을 걷게 되고 죽음에 이르게 되는 것과는 대조적이다.

펠릭스는 청순하게 죽어간 그녀를 성녀로 여기며 변함없는 애모의 정을 바치게 된다. 죽은 모르소프 부인이 남긴 성스러운 힘은 살아서 펠릭스의 영혼에 드리워지고, 펠릭스는 어떤 여자에게도 눈을 돌리지 않겠다는 의지로 자신의 일에 매진하여 성공을 거둔다.

1936년에 간행된 이 책은 정신적인 사랑과 관능적인 사랑에 대해 이야기하고 있다. 정신에 의한 육체의 극복이 결국 죽음으로 끝나게 되는 모르소프 부인의 사랑은 애절함과 절망감을 준다. 영적이면서, 천상적 것을 향해 살아 왔던 모르소프 부인이 지금까지 살아 온 시간, 신념, 남편과 자식들을 위해 헌신해 온 모든 것, 펠릭스에 대한 순수한 사랑까지를 지켜야 함은 그녀에게 가혹한 시련이었을 것이다. 그녀가 잡고 있는 그 정절이란 끈을 놓아 버리는 순간 파도가 덮쳐 와 모든 것을 휩쓸어 가버릴 그 위태함을 이성적인 모르소프 부인은 잘 알고 있었던 것이다. 발자크는 그런 여성의 심리를 잘 직시했고 존중했으며, 여성이기 이전에 한 인간으로서의 존엄성을 잘 살려 주었다.

프로이드의 견해에 따르면 태어나서 죽을 때까지 이성간의 애정은 지속되는 것이다. 애정이 인간적 본능으로 흐르게 되면 애욕이 되고, 정신적인 방향으로 승화되면 필로스가 된다. 이성간의 사랑은 신체적 본성을 배제할 수는 없지만 그 단계를 넘어설 수 있는 정신적 고귀성 또한 가지고 있는 것이다.

  사랑에 빠진 연인들은 서로 빨려드는 것 같은 느낌을 갖게 되는데 그것은 암페타민, 도파민 PEA와 유사한 화학 물질의 세례를 받게 되기 때문이라고 한다. 그 열정은 4년 정도면 없어진다고 하는데 몇 년 이상 지속되는 사랑은 상대를 안정과 평화로 안내해 주는 엔돌핀이 생성되는 본질적 사랑이 가능하기 때문이라는 것이다. 발자크는 작품 속의 모르소프 부인이 펠릭스를 이성으로서가 아니라 한 인간으로서 사랑할 수 있는 경지로 끌고 가는 길을 차단시키고, 모르소프 부인을 죽게 함으로서 그녀의 품위를 지켜 주었다.

  살아 있음으로 모두를 사랑할 수 있는 높은 '사랑의 길'을 제시하지 못했으니, 부적절한 사랑의 갈등에 빠진 현 사회의 모르소프 부인들이 어떻게 그 갈등을 풀어야 할 것인지는 독자의 숙제로 남겨진 듯하다.

데미안

　독일의 서정 시인이자 소설가인 헤르만 헤세(Hermann Hesse)는 1919년 『데미안』을 싱클레어라는 가명으로 발표하였다. 당시 자기의 지명도에 힘입어 평가받는 일이 없도록 하기 위함이었는데 『데미안』은 토마스 만으로부터 대단한 호평을 받은 작품이 되었고, 무명작가인 싱클레어에게 베를린의 신인문학상 폰타네상을 수여하게 만들었다.
　그후 평론가 코로디에 의해 헤세의 작품임이 알려졌고 다음해부터 헤세 작으로 간행되었다는 『데미안』은, 내가 중학교 시절부터 관심 깊게 읽어 온 소설이고 읽을 때마다 감동을 받게 되고는 했다.
　처음 몇 번은 그 책의 주인공이 '데미안'인지 '싱클레어'인지 안개 속을 거닐 듯했지만, 작가 자신이 싱클레어와 데미안을 통하여 인간의 본질적 뿌리를 찾아가고 있음에 눈이 뜨였고 점차 놀라워했다.
　'우리의 생(生)은 무엇인가?'를 심각하게 고뇌할 무렵 책에서 만나게 된 데미안은 바람처럼 다가와 바람처럼 사라져 가기도 했고, 호젓한 길목에서 나를 기다려 주기도 했으며, 그의 휘파람 소리를 통해 내 작은 우주는 더 크게 열리곤 했다. 깊은 사색과 침묵으로 데미안을 대하기도 했는데, 데미안은 그럴 때마다 알 수 없는 미소를 짓곤 했다.

헤세가 책 속에 생산해 놓은 데미안은 높이 있는 초월자 같았다. 나는 데미안을 읽고, 데미안을 꿈꾸며 그를 그리워했다. 현실의 어딘가에 데미안이 있을 것 같아 막연한 기대를 갖기도 했다. 아무의 마음에나 들려고 노력하지 않는 사람. 주의 깊고, 냉정하고, 맑은 얼굴을 지닌 사람. 총명한 눈을 가진 탁월하고도 의지에 찬, 이상하게도 조용한 얼굴을 가진 사람. 아름답고, 석화 같고, 비밀스런 생명력으로 충만되어 있는 사람. 그런 사람이 내 앞에 나타나지 않을까. 그러면서 나는 데미안이 주는 잿빛 우울과 고독과 허무를 감싸 안았다.

돌이켜 생각해 보면 환영 같은 데미안을 너무 일찍 만난 것 같기도 하고, 데미안을 만났기에 인간에게 내재된 초월적 힘이 내게도 있지 않을까 하는 생각에 머릿속은 터질 것처럼 아프곤 했다. 때로는 모든 사물들 앞에서 철학자인 양 복잡해졌고, 종교가가 되어 봄직했는데 되지 못했다. 모든 것이 부질없는 허깨비 장난 같아서 그만두어 버리는 병이 도지곤 했다. 그럴 때마다 외부와 단절한 채 깊은 내 안으로 침잠해 버린 적이 많았다.

애벌레가 한 마리 나비로 탄생하기 위한 진통을 겪었던 것인가. 싱클레어가 그랬던 것처럼 나의 길을 찾아 헤맸던 세월들이 자각의 파편으로 내 가슴을 후벼 파 분말로 허공에 날아 가기까지 많은 세월이 필요했었다. 왜 그렇게 괴로워했는지 모른다. 죽음에 대해서는 심각했었다. 빈손으로 와서 빈손으로 가는데, 사람들은 왜 그렇게 악다구니를 쓰며 분주한 것일까. 결국 인간이 가고 있는 곳은 정해져 있는 것이 아닌가. 그 인생 속에 내가 알 수 없는 무언가가 꿈틀거리고 있는데 그것을 찾을 수 없다니 절망스러웠다. 그것이 무엇일까.

『데미안』은 나에게 많은 글귀들을 주며 그것을 찾으라 했다. 인간은 늘 질문을 하고, 언제나 의심을 가져야 한다는 것. 인간은 동물보다 더 많은 선택의 종류, 더 많은 관심들을 가지고 있지만 깨뜨려 나올 수 없을 만큼 상대적으로 좁은 영역에 제한되어 있다는 것. 인간이 이 세상에서 제일 싫어하는 것은 자기 자신으로 이르는 길을 가는 것이라는 것. 종교적 이야기를 좀더 자유롭고, 개인적이며 유희적으로, 좀더 상상력을 가지고 바라보고 해석하는 데 익숙하게 하는 것. 지구상의 어딘가에 틀림없이 존재하는 다른 사고나 개성의 교단이 있을 것이라는 것. 자기 자신을 잃는 것은 죄악이라는 것. 사람은 자기 자신 속으로 완전히 파묻혀 들어갈 수 있지 않으면 안 된다는 것 등의 글귀들이 나를 짓눌렀다.

『데미안』에 대해서 나는 지금까지 누구와 진지한 대화를 나눠 본 적이 없다. 딱 한 번, 처음으로 맞선 본 자리에서 데미안을 언급했는데 통하지가 않아 내 인연이 아님을 알게 되었을 뿐이다. 데미안에 대해서 쉽게 말할 수 없었던 것은 내가 데미안에 대해서 말을 꺼내는 순간, 그것들이 날개를 달고 어디론가 훨훨 날아가 버릴 것만 같이 불안해서였다. 비밀스러우면서도 아주 소중한 것을 간직한 사람처럼 나는 데미안과 함께 살면서 방황의 시간들을 함께 보냈다.

이제 나는 삶의 고갯길을 몇 고비 지나온 것 같다. 그러면서 싱클레어가 어린 시절에 경험했던 것들을 비슷하게 맛보아 왔다. 극과 극에 존재하는 서로 다른 두 개의 세계. 밤의 영역과 낮의 영역, 두 영역에 있는 밝음과 어둠. 그리고 청결과 사랑, 엄격, 정결한 의상, 공경, 예지, 평화와 질서, 고요와 양심, 빛의 저편에 있는 낯선 세계, 모험과 죄악, 위험과 공포, 프란츠 크로머가 싱클레어의 선량한 삶에 돌멩이를 던져 처음으로 맛보았던 불행과 고통, 열 살 나이에 생각했던 죽음, 순결한 영혼이 죽었다 살았다를 몇 번 거듭하는 삶의 변형, 새로운 탄생.

"새는 알을 까고 부화한다. 알은 세상이다. 태어나려는 자는 반드시 한 세계를 먼저 깨야 한다. 그 새는 신에게로 날아간다. 그 신의 이름은 아프락사스다."

나는 이 문장의 첫 구절들을 이해했고 어느 부분에서는 수없이 깨져야 하는 필연적 아픔도 알았으나, 어느 부분에서는 아직까지도 깰 수 없는 한 세계가 있어 그 세계를 꼭 깨야만 하나 하는 의문을 안고 웅크리고 있으며, 아직까지도 아프락사스라는 신에 대해서는 고민이 많다. '신적인 것과 악마적인 것을 결합시키는 사명을 가진 신'의 이름. 그 아프락사스라는 신에 대해서 나는 무어라 말할 수 있을 것인가. 어떻게 사람들은 임의적으로 분리된 절반의 세계—공인되고 인가를 받은, 밝음을 나타내는 신 외의 또 다른 신—악마의 신을 같이 숭배할 수 있게 되는가. 광명과 암흑의 세계를 동시에 함유할 수 있는 아프락사스라는 신의 정체를 완벽하게 사랑한다는 것은 얼마나 어려운 것인가.

인간이 생각해낸 온갖 신과 악마는 모두 우리 내부에 있으며, 가능성으로서 소망으로서 대체물로서 존재하고 있다는 것. 제 아무리 선한 사람도 일생에 한두 번쯤은 경건이니 감사니 하는 미덕과 충돌하는 경우를 모면할 수 없다는 것. 이 과정 중에서 어떤 것은 인간이 되지 못한 채 개구리나 도마뱀, 개미의 수준에 머문다 했고, 또 어떤 것은 허리 윗부분은 인간이고 그 아래는 물고기인 채 머문다 한다. 그 하나하나가 인간을 창조하기 위한 도박을 뜻한다는 것이었다.

단순하면서도 심오한 이 표현을 나는 아주 좋아하고 많이 생각한다. 그 깊은 심연 속의 실험물인 인간은 하루에도 몇 번씩 개구리가 되고, 개미가 되고, 반쪽 인간이 된다. 인간이 어느 방향으로 고개를 돌리느냐에 따라서 인간은 자기의 모습을 갖게 되는 것이다.

나는 그 중 어떤 모습으로 화하고 있는 것일까. 이 세상이 불변의 원칙에 의해서, 가장 저지르기 쉬운 보편적 죄 앞에서 선과 악의 기준을 삼고 따라간다면 거기에는 두 갈래 길이 있고, 그 한 길을 택할 수밖에 없는 인간의 운명으로서 아프락사스라는 신을 나는 어떻게 포용하고 있는가 하는 의문도 종종해 본다.

나의 고민은 언제나 사람과 사람 사이에서, 일과 일 사이에서 생겨났다. 데미안은 카인의 세계와 아벨의 세계를 다 알고 있지만, 둘 중 어느 하나에도 속하지 않고 참된 자기 완성의 길을 묵묵히 걸어가는 존재였다. 어떻게 그렇게 될 수 있을까.

"시를 짓는다거나, 설교를 하거나 하기 위하여 내가 있는 것은 아니다. 그런 모든 것은 그저 부차적인 것일 뿐이다. 사람마다 참된 천직은 하나, 자기 자신에게 도달하는 길을 찾는 것뿐이다. 각성한 사람으로서의 의무는 단 한 가지, 길이 어디로 통하는가를 상관치 말고, 자기 자신의 길을 찾고 탐구하는 각오를 단단히 굳혀 전진하는 일이다."

얼마나 멋진 말인가. 싱클레어가 그 높은 곳에서 얻게 된 깨달음은 내면의 풍랑을 잠재우고 얽매여 있던 것으로부터의 자유를 허용받는 것이었다. 그는 친구이며 스승인 데미안과 같은 자신의 모습을 만나게 되는 것이다.

자연과 인간, 평화를 사랑했던 헤세가 싱클레어로서 다가가고자 했던 경지는 데미안이 되는 것이었고, 나는 그 데미안을 사랑하여 그가 있는 곳으로 다가가기를 희원했다. 어떤 의미에서 보면 『데미안』은 헤세 자신과 유럽 문화가 새로 태어나기 위해 겪어야 했던 진통의 기록이 아닐까 싶기도 하다.

독일 낭만주의 작가들과 인도 힌두 철학의 영향을 받았던 청춘의 우상, 코스모폴리탄적인 평화주의를 지향했던 헤세는 1946년 노벨 문학상을 받았고, "헤세는 토마스 만과 함께 독일 문화유산을 현대문학에 유치한 가장 존경할 만한 후견인이다"라는 찬사를 들었다.

헤세는 『데미안』을 통해 나 자신을 끊임없이 바라보게 하였고 싱클레어와 데미안과 비슷한 고뇌를 나눌 수 있게 해주었으니 그의 문학에 대해 찬미할 수밖에 없는 것이다.

카프카

1980년 『카프카』는 내 이민 짐 보따리 속에 섞여 비행기를 타고 나와 함께 미국으로 왔다. 1979년 클라우스 바겐바하가 쓴 카프카의 전기를 서독 튀빙겐 대학에서 수학을 하던 전영애 선생이 『카프카』라는 제목으로 번역하여 홍성사에서 초판을 발행했던 책이다. 큰 가방으로 짐을 두 개만 만들자는 남편의 의향에 따라 아끼던 책들을 이 사람, 저 사람에게 나누어 주면서도 몇 권의 책들만은 애써 챙겨 왔는데 그 중의 한 권이 『카프카』였다.

그 즈음의 나는 그저 읽고 쓰는 걸 좋아해서 자연스레 뉴욕《한국일보》에 수기를 응모하여 우수작으로 당선되었을 뿐 장래 희망이 글만 쓰는 사람이었던 것은 아니다. 그래서인지 문학을 논할 때 카프카는 빠뜨려서는 안 되는 현대문학의 한 대명사처럼 그의 이름을 기억하려 했거나, 문학인이 되려면 카프카를 읽어 봐야 한다는 의무감 같은 것은 갖고 있지 않았다. 단지 그 책에 마음이 끌려 언젠가는 정독해 보리라 마음먹고 책장에 꽂아 두었던 것이다.

가끔 그 책을 펴보며 읽어 보려는 시도는 했었다. 겉표지에는 상반신만 드러낸 두 사람이 그림자처럼 그려져 있어 유령처럼 보였는데 나는 한동안 내 책들 사이에 그 유령이 스며 있는 듯한 착각을 하기도 했다. 첫 장을 넘기면 프란츠 카프카의 커다란 얼굴이 흑백의 음영 속에서 음울하게 나타나고는 했다. 마치 저승사자라도 뒤에 서 있는 것 같은 불안한 표정과 깊고 커다란 눈동자가 나를 심각하게 응시하였다.

나는 그럴 때마다 얼른 책을 덮고는 했다. 어둠의 골짜기에, 벼랑의 끝에 서 있는 듯한 카프카의 고뇌가, 그의 영혼을 휘감고 있는 듯한 무거움이 내게 전염될까 봐 겁이 났었나 보다.

헤르만 헤세는 "아무리 고통스럽더라도, 위대한 혁명의 예감이 창조적으로 표현되는 저 영혼들 가운데 카프카의 이름도 역시 영원히 불려지게 되리라고 나는 믿는다"라고 카프카를 찬양했으나 나는 그런 찬탄을 받을 걱정이 없으므로 행복할 만큼만 문학을 하자는 심산이었는지도 모르겠다.

그런데 차츰 카프카가 부러워지기 시작했다. 예술을 한다는 사람들은 그 예술에 미쳐야 제대로 예술을 했다고 말해지지 싶다. 어디에도 미쳐 보지 못한 사람. 아니 미치길 거부하는 사람. 나처럼 문학에도 공부에도 가정에도 사랑에도 철저히 빠지는 걸 피해 가고 있는 사람은 살아 있는 유령이 되고 마는 것은 아닐까. 요즈음 마흔한 살에 생을 마감한 카프카의 작품들을 읽으면서 그가 문학에 쏟았던 정열에 희열을 느끼곤 한다.

카프카(체코어로 kavka, 까마귀라는 뜻)는 1883년 7월 3일 유럽의 가장 아름다운 도시의 하나라 일컬어지는 프라하에서 태어나 1924년 6월 3일 프라하에서 생을 마감하였다. 태어나서 죽을 때까지 프라하를 별로 떠나 본 적이 없이 짧다면 짧은 생애를 살았지만 많은 작품들을 남겼다.

카프카를 연구하는 사람들은 카프카가 외면상으로는 아무런 파란도 없는 평범한 일생이었지만 내면으로는 극히 불행했다고 한다. 유태인으로 태어났으나 전통 유태인이 아닌 유럽화한 서방 유태인이었고, 기독교 세계에는 영원히 속할 수 없었고, 독일어 사용자로서 체코인은 아니었고, 독일어를 사용했다고 해서 보헤미아계 독일인도 아니었으며, 보헤미아 태생이라 해서 오스트리아에 속하지도 않았고, 변호사로서 노동자재해보험국의 관리였으니 서민 계급은 아니었고, 공장주의 가문에서 태어났으니 노동자 계급도 아니었으며, 스스로를 작가로 자처했으니 철저한 관리도 아니었고, 자신의 힘을 아버지가 관리하는 가정에 쏟았으니 완전한 의미에 있어서의 작가도 아니었다. 이렇듯 세계에 조금씩 속하면서 그 어느 것에도 완전히 속하지 않는, 태어나면서부터 '이방인'이었고, 그것이 바로 그의 숙명적인 탄생이어서 그는 일생 동안 이 상처에 시달렸다고 한다.

나는 독문학자가 아니어서 카프카에 대해 섣불리 말할 수는 없지만 카프카가 누리고자 했던 문학에 대한 자유, 끊임없이 갈망하고 그 길로 나설 수 있는 용기와 열정에 대해서만은 흠모의 정을 가지고 있다.

1907년 법학박사 학위를 받고 직업을 결정하고 8시간씩의 업무에 시달리면서 카프카는 이렇게 쓰고 있다.

"계획을 짜기에는 너무 피곤해. 어쩌면 나는……. 손가락 끝에서부터 위쪽으로……. 점점 나무토막으로……. 굳어 가고 있다……. 그러나 그것은 게으름일 뿐만 아니라 공포, 쓴다는 것에 대한 전체적인 공포이다. 쓴다는 것, 이 엄청난 작업, 지금은 그걸 하지 않고 지내야만 한다는 것이 내 불행의 전부이다."

나는 부동산 일을 하면서 이런 고민에 종종 젖고는 한다. 이생에 와서 자기가 좋아하는 것만을 하다가 죽는 사람은 몇이나 될까. 약혼을 세 번이나 했고 모두 파혼하면서까지, 생과 문학 사이에서 단연 문학을 택했던 카프카는 그런 면에서는 행운아였을지도 모른다.

두더지처럼 끝없이 자신을 헤집고, 엄격하게 자기를 분석하고, 가볍고 단순하게 인생을 향유할 수 없는 결벽을 지녔던 '고독한 원의 고독한 중심'이라는 클라이스트의 카프카에 대한 표현이 적절하기는 하지만, 카프카만큼 그 고독한 원의 근원을 놓지 않고 세속화되지 않는 소박함으로 그 자신만의 세계에 대해 끊임없는 자기 성찰을 섬세하게 글로 표현해낸 작가는 드물 것이다.

나는 카프카가 쓴 「변신」을 카프카의 전기보다 먼저 읽었는데 카프카를 좀더 일찍 알았더라면 내 문학에 도움이 되었을 텐데 하는 아쉬움이 크다. 카프카만의 고립된 자아, 카프카만의 폐쇄된 세계 속으로 일치해 들어가서 그의 숨소리, 기침 소리, 심장에 흐르는 피 소리를 들으며 그의 깊은 사색의 창에 기대어 삶과 죽음, 희망과 절망, 진실과 허위, 죄와 무죄, 자유와 속박, 존재와 비존재, 신념과 회의, 지와 무지, 현세성과 내세성 등 여러 대립의 부단한 긴장 속에 놓여 있는 인간

존재 그 자체가 이미지와 정신적인 언어 속에 형상화되어 작품을 이루고 있음을 미리 알았다면 좋았을 거라는 생각을 한다.

카프카가 쓴 문장들은 비록 한두 면의 짧은 글이더라도 부호 하나하나에 이르기까지 자세히 읽고 그 행간을 읽으며 스스로 생각해 보는 독서 방식을 취해야 거기에 배어 있는 고통과 슬픔 같은 것을 같이 읽어낼 수 있을 것 같다. 하늘 위에 떠 있는 태양이나 달이나 별빛 속에서조차 카프카는 그 안에 숨겨진 본연의 것들을 찾아내어 "우리가 읽는 책이 단 한 주먹으로 정수리를 갈겨 우리를 각성시키지 않는다면 도대체 무엇 때문에 우리가 책을 읽겠는가?" 하는 물음에 답을 줄 것 같다.

솔직히 「변신」을 처음 읽었을 때는 아리송하고 건조하고 그로테스크한 작품이라고 스쳐 지나갔지만 『카프카』를 읽고 난 뒤에 읽게 된 「변신」은 한 가정의 선량한 아들로서 사회적으로 모범적인 시민으로서 살고 있던 주인공 '그레고르 잠자'가 자기의 삶과 자기의 본래성을 찾아가고자 하는 자각을 다룬 소설로 이해되었다.

카프카 문학 자체의 특수성으로 본다면 '존재한다'는 것은 '거기에 있다'는 의미뿐만 아니라 '거기에 소속한다'는 의미를 함께 지니고 있다. '거기에 소속한다'라는 것은 인간과 거기, 인간이 소속하고 있는 세계와의 약속 관계를 의미하고, 그 세계의 약속과 도덕 등을 지키고 그 대가로서 그 세계로의 소속이 허락되는 것이다. 따라서 잠자가 그 율법을 깨는 생각을 했을 때 그는 한 마리 '벌레'로 변하게 되는 것이다.

주지해야 될 것은 이 동물이 우리의 주변에서 흔히 육안으로 볼 수 있는 딱정벌레로 이해되어서는 안 된다는 것이다. 카프카는 자신의 작품을 출판하는 쿠르트 볼프로부터「변신」을 위한 삽화를 제작 의뢰했다는 소식을 듣고 볼프에게 다음과 같이 편지를 썼다고 한다.

"곤충 그것이 묘사되어서는 안 됩니다. 암시적으로 묘사되어서도 안 됩니다."

이 독충은 인간의 경험적인 사고 영역의 밖에 있는 것으로서만 이해되어야 하는, 즉 이해 불능의 것, 감각에 의해서도 포착할 수 없는 것, 별난 것으로서만 파악이 가능한 것임을 강조했다. 이 '벌레'는 인간의 의식적 무의식적 표상의 피안을 구현하고 있으며 표상의 피안은 인간의 외부에 있는 것이 아니라 인간의 내면에 자리잡고 있기 때문에 카프카의 피안에 대한 비유는 현세적인 동시에 비현세적인 형상으로서 표출되고 있다는 것이다.

모두가 잠든 한밤중에 창작하는 것을 이상으로 여기고 있던 카프카가 단 한 차례 프라하를 멀리 떠나 뮌헨에서 공개 낭독회를 가진 바 있는데, 그때에 낭독한 작품이「유형지에서」였다.

낭독회의 반응은 좋지 않아서 "어떤 예술적인 감명을 주기 위해서는, 소재가 보다 간절하게 다루어져야 했고, 기술적인 재능은 인정할 수 있었지만 고문 기구의 상세한 묘사와 병적인 애정을 갖고 이 기구를 위해서 전력을 다하는 장교의 정신 상태는 소재로서 매우 혐오감을 느끼게 했다"는 비평을 받았다.

여기서 주목할 것은 카프카 자신은 매우 만족스런 창작으로 애착을 가져 '14일간의 훌륭한 작업'이라고 했다고 한다. 작가라면 어떤 평가에 좌초되기보다는 자기 세계를 구축하는 발판으로 삼아 봄직한 경험이었을 것이다.

「아버지께 드리는 편지」에서는 냉정한 시선으로 바라본 부모의 이기주의—부모면 원래 가지는 감정—에 대해서 어릴 적 체험을 객관적으로 써놓았다.

이외에도 『휘페리온』지에 실렸던 소품집 『어떤 투쟁의 기록』이 있고, 「관찰」, 「시골의사」, 「단식 수도자」, 「선고」, 유고집 『시골에서의 혼례준비 및 기타 유고 산문』 등이 우리가 카프카와 만날 수 있는 작품들이다.

사후 40년이 지나서야 비로소 인정을 받기 시작한 카프카에 대해서 토마스 만은 "카프카는 몽상가였고, 그리고 그의 작품들은 자주 꿈의 성격 속에서 완전히 구상되고 형상화되어 있다. 그의 작품들은 비논리적이고 답답한 이 꿈의 바보짓을 정확히 흉내냄으로써, 생(生)의 기괴한 그림자 놀이를 비웃고 있다. 그러나 만일 그 비웃음, 보다 높은 동기에서 나온 비애의 그 웃음이, 우리가 가진, 우리에게 남아 있는 최상의 것임을 생각해 본다면 카프카의 이 응시들은, 세계 문학이 산출해낸 가장 읽을 만한 작품으로서 평가될 것이다"라고 했다.

알베르 카뮈는 "우리들은 여기에서 인간 사고의 한계에 옮겨진다. 정말, 이 작품에 있는 모든 것은 말의 진정한 의미에서 본질적이다. 어쨌든 이것은 모순의 문제를 전체적으로 묘사하고 있다. 모든 가능성을 제공하고 있으면서 어떤 것도 확증해 주지 않는 것은 운명이며 아마도 또한 이 작품의 위대성일 것이다"라고 했다.

라이너 마리아 릴케의 "나는 이 작가의 글에서 가장 고유한 방식으로 나와 관계되어 있지 않거나 놀라지 않았던 글은 한 줄도 결코 읽어 본 적이 없다"라는 말도 카프카를 아는 데 도움이 될 것이다.

 카프카—어느 누구도 모방할 수 없는 독창성, 탁월함. 쓴다는 것은 달콤하고 경이로운 보수라고, 쓸 때만이 행복할 수 있었던, 조용함 속에서 상실되지 않는, 밖의 세계를 외면한 것 같지는 않지만 자신을 내면의 독립적인 존재로 지켜 나갔던 강한 개성의 소유자. 자유, 무엇보다 자유를 택하여 글을 썼던 카프카에게 경배(敬拜)를 드린다. 내 가난한 문학 세계의 한 자리에 그를 앉히며 애정을 보낸다. 카프카를 사랑하는 세계적 문인들, 문학 지망생들 틈에 내가 끼일 수 있는 자격이 있는지는 모르겠지만 나는 카프카에게 조금 더 가까이 다가가 그를 보고 싶다.

유토피아

　여학교 시절 토마스 모어가 쓴 『유토피아』를 읽고 감동을 받았었기에 다시 한 번 그 책을 읽으며 인간이 꿈꾸는 것, 그 이상향에 대해서 생각해 봤다.
　유토피아(Utopia)란 언어 자체는 라틴어로 '어디에도 없는 나라', 그리스어로도 'U(없다)'와 'topos(장소)'의 복합어로서 '어디에도 없는 땅'이란 의미를 지녔다고 한다. 책 제목만 보면 이 세상 어디에도 이상국(理想國)은 없다고 단언하고 있는 듯하고, 현실에는 존재하지 않는 것, 인간이 영구히 달성할 수 없는 것, 지상에는 영원히 있을 수 없는 사회를 그리고 있는 듯하다. 하지만 원제는 '사회 생활의 최선의 상태에 대해서의, 그리고 유토피아라고 불리는 새로운 섬에 대해서의 유익하고 즐거운 저작'으로 저자는 이 책 속에 자신이 이루고 싶었던 꿈의 사회를 멋지게 설계해 놓고 있다.
　내용을 살펴보면 대서양 한복판에 '유토피아'라는 섬이 있고, 사람들은 출렁이는 푸른 바다를 보며 욕심을 던져 버리고 열심히 일하고 똑같이 나누고 신분이나 계급의 차별 없이 존중과 사랑이 넘치는 평등한 세계를 이루고 있다.

"건강한 사회의 필수적 조건은 재산의 균등한 분배"라거나, "사유 제산이 존속하는 한 인간 생활의 만족스러운 조직을 실현시킬 수 없을 것"이라고 하는 대목이 공산주의 사회를 연상시키지만, 유토피아에 살고 있던 사람들은 유물론을 배척하고 도덕적이고 종교적인 삶을 살았기 때문에 그것과는 다름을 고려해야 할 것이다.

한 개인이 소유할 수 있는 돈이나 토지의 한도를 법으로 규정하는 것이 좋다는 책 속의 제안은 부자는 자꾸만 부자가 되고, 가난한 사람은 자꾸 가난하게 되는 자본주의 사회에서 한번쯤 고려해 보면 어떨까 한다.

유토피아의 왕은 남에게 폐를 끼치지 말고 자기 자신의 재산으로 살아야 하며, 수입과 지출의 균형을 맞추어야 하고 즉위식 때는 금 또는 이에 상응하는 은 천 파운드 이상은 그의 금고에 결코 간직하지 않겠다는 엄숙한 서약을 해야 한다는 내용 또한 그 시대의 저자로서는 엄청난 용기를 필요로 했을 것이다. 토마스 모어가 『유토피아』를 쓴 것이 1516년이었으니 왕이 곧 법이었던 그 시대에 그의 도전은 대단했던 것이 아니었을까.

『유토피아』에는 몇 사람의 존경할 만한 인물들이 나오는데 그들의 성격 묘사를 통해서 인간의 됨됨이가 어떠 해야 하는가에 대해서 간접적인 교훈을 받을 수 있었다. 모어가 안트와프에 갔을 때 그를 종종 방문해 주던 그곳 출생의 청년 '피터 자일즈'는 주민들로부터 훌륭한 학자로서 훌륭한 사람으로서 많은 존경을 받고 있었다. 그의 친절과 성실, 겸손, 진지함, 소박함, 남의 감정을 상하지 않고 이야기를 이끌어 가는 재치 때문에 사람들은 그를 좋아한다고 했다.

또 한 사람, 몰턴 추기경은 높은 신분 때문에 존경받는 인물이 아니라 지혜와 미덕 때문에 추앙받는 인물이라고 쓰여 있다. 실지로 모어는 열두 살에 켄터베리 대주교 겸 대법관이었던 존 몰턴의 집에 입주하게 되었는데, 당시 정계 및 종교계에서 최대의 존경을 받던 존 몰턴으로부터 인격적 감화를 일생 동안 계속 받았다고 한다.

존 몰턴의 전기를 보면 추기경은 모어의 기지와 싹싹함을 좋아했는데, 그 때문에 귀족들과 식사를 할 때 여러 번 그에 대해서 이렇게 말했다. "지금 시중을 들고 있는 이 아이는 우리들 중의 누구든 그때까지 살아 있기만 한다면 훌륭한 인물이 되는 것을 볼 수 있을 거야"라고 칭찬했다고 한다.

『유토피아』에서는 죄수들의 족쇄나 사슬을 금이나 은으로 만들어 채우고 귀와 손가락에 금귀고리와 금반지를 끼워 주고 목에는 금목걸이를 매어 주며 머리에는 금관을 씌워 준다고 한다. 식기나 컵은 유리나 토기와 같은 값싼 재료를 써서 만들고, 가정이나 공동 식당에서 쓰는 요강과 같은 불결한 일상용품은 금이나 은 재료를 사용해서 만든다고 한다.

현실 사회에서 인간이 금과 같은 물건을 인간보다 더 가치가 있다고 여기는 데 대한 아이러니가 아닐 수 없다. 금이나 은을 소중하게 여기는 인간의 모습을 『유토피아』는 그런 방식으로 꼬집어 주며 물질에 대한 집착을 해소시켜 주는 것 같다. 그런 사회에 엄청난 보석과 물질을 가진 부자가 간다면 웃음거리가 될 법하지 않은가.

종교적으로는 어떤가. 모어는 이 책에서 '종교적 관용'이란 말을 쓰고 있다. 그는 기독교인이면서도 어느 종교가 옳다고 단정하지 않았다. 신은 여러 가지 다른 방식으로 숭배받기를 원하므로 사람에 따라서 믿는 바가 다를 수도 있다고 생각했다. 특정한 종교를 믿도록 다른 사람에게 협박하는 것은 어리석고 오만한 행위라고 믿었다. 하지만 유토피아에서도 영혼은 육신과 함께 죽는다든지, 우주는 섭리의 지배를 받지 않고 맹목적으로 움직인다든지 하는 인간의 존엄성과 양립될 수 없는 일을 믿는 것만은 엄격하게 금지했다.

모든 영혼은 영원불멸하며 자비로운 신에 의해 창조되었고, 신은 모든 영혼에게 행복을 약속했던 것이다. 인간은 현세에서의 선행 또는 악행에 따라 내세에서 포상 또는 처벌을 받는다는 것이다. 유토피아인들은 이를 받아들이는 데 있어서 합리적 근거를 마련한다. 이러한 원리를 받아들이지 않고 사후에 포상과 처벌을 받는다는 것을 확신하지 못한다면 누가 덕을 쌓으려 노력하고, 인생의 쾌락을 거부하며, 일부러 고통을 자초할 것인가. 그들의 견해에 따르면 이와 같이 생각하지 않는 사람은 자신의 불멸의 영혼을 짐승의 신체와 동일한 것으로 격하시켰으므로 인간으로 대우받지 못한다. 내세(來世)에 대한 희망을 전혀 갖지 못한 자는 자기 자신의 개인적 이익을 도모하기 위해 언제나 그 나라의 법망을 벗어나거나 법률을 침해하려고 획책할 것이 당연하기 때문이다.

내가 이 책을 정독하면서 가장 관심을 갖게 된 것은 유토피아의 교회다. 유토피아의 교회는 웅장하다. 교회가 몇 개 되지 않기 때문에 많은 인원을 수용할 수 있도록 짓는다. 교회 안은 어둠침침한데 너무 밝으면 사람들의 주의력이 산만해지기 때문이다. 만인에게 공통되는 종교는 없지만 여러 갈래 길로 가더라도 결국 목적지는 같은 것이므로 그 교회 안에서는 모든 종교에 보편적으로 적용될 수 있는 의식과 설교만 행한다. 개별적인 종파의 특별한 의식은 집에서 개인적으로 행하며, 공동예배는 이러한 개인적 의식을 손상시키지 않는 범위내에서 행한다.

같은 원칙에 따라 교회에는 어떠한 신상(神像)도 비치해 놓지 않으며, 따라서 각자는 자기 나름대로 신의 모습을 상상하고 자기가 속한 종교가 최상이라고 생각한다. 신을 특별한 명칭으로 부르지도 않는다. 신은 단지 미트라스라고 불리는데, 이 말은 어떠한 신을 믿든 간에 최고신을 나타내는데 각자가 사용하는 일반 명칭에 지나지 않는다.

내가 알아본 바로는 미트라스는 페르시아의 빛의 신이다. 태양신 숭배는 기독교와 유사점이 있으니, 곧 그 의식에는 세례 및 밀가루와 물의 혼합물을 마시는 관례가 포함되어 있다. 또한 이것은 로마 군대 사이에 널리 퍼져 있었다. 미트라스의 사원은 노덤랜드 주에 있고, 최근에는 런던에서도 발견되었다고 한다.

유토피아 사람들처럼 종교를 가진다면 세상에 종교로 인한 싸움은 없을 것이다. 내가 종교가라면 이런 교회를 세워 보고 싶다. 종교로 갈라지는 이웃과 민족, 나라들이 서로의 다름을 받아들이고 인정하는 아름다움이 그 안에 가득 차게 될 것이고 내 종교, 네 종교라는 갈등이 없어질 것이다. 9·11 맨해튼의 트윈 빌딩이 무너지는 참상을 보면서 그런 바람은 더욱 간절해졌다.

나는 평소에 죽음에 대해 많이 생각해 왔는데, 유토피아인의 죽음은 무한한 행복이 기다리고 있는 곳으로 간다는 낙천적이고 쾌활한 것이다. 슬퍼하기는 하더라도 죽음을 비탄하는 사람은 하나도 없다고 한다. 죽음을 싫어하는 것은 그 영혼이 자신의 죄를 알기 때문에 막연하게나마 닥쳐올 처벌을 예감하고 죽음의 공포에 싸이기 때문이라고 한다.

유토피아에서는 불치병이나 질병으로 극심한 고통을 받는 사람에 한해 안락사를 허용한다고 한다. 미국에서 대학교 과정을 공부하면서 영어 외에 처음으로 택했던 과목이 철학이었는데 숙제로 받은 제목 중에 '안락사에 관해서 논하라'는 것이 있었다. 그때는 나이가 젊었었기에 살아 있는 사람을 죽게 한다는 데에 거부감이 있어서 "예스"라는 대답을 할 수 없었다. 죽음을 먼 곳에 두고 있지 않은 지금, 식물 인간이라도 된 사람이 있다면 그렇게 죽게 해주는 것이 그 사람을 위해서 좋지 않을까 싶다.

사랑하는 사람이 죽음에 이르러 고통받는 모습은 참으로 가슴아픈 일이다. 어쩌면 모어도 그런 경험이 있는 것일까. 자살, 또는 자살 방조를 엄금하는 기독교 신자인 모어가 안락사를 긍정하였다는 것은 대단한 일이다.

소크라테스, 플라톤, 스토아 철학자들은 안락사를 긍정하였다는데, 모어는 이러한 고대 철학자의 영향을 받은 것 같기도 하다.

유토피아에서는 혼전(婚前) 성교에 대해서는 엄중한 처벌을 받아야 한다고 쓰여 있다. 혼전 성교가 발생한 가정의 가장 부부는 그들의 의

무를 다하지 못했으므로 공개적으로 망신을 당한다고 되어 있다. 만일 결혼 이외의 성관계를 신중히 방지하지 않는다면 동일한 사람과 일생을 보내며 결혼 생활에 따르는 온갖 불편을 참는 것을 원하는 사람은 없을 것이기 때문이다.

  행복한 가정을 꾸리려면 그런 시간이 필요할 것이다. 성의 자유가 범람하는 요즘 젊은 세대들에게 인간의 육체가 쾌락의 도구가 아니라 신성한 삶을 위한 신의 선물이라는 가르침을 주기에는 어려울지 모르나, 모어는 결혼의 무거움을 미리 짚어 주고 있는 것 같다.

  결혼이 결정되면 존경할 만한 부인의 입회 아래 장래의 신랑, 신부가 서로의 나체를 보여준다고 한다. 결혼 생활에 지장이 될 만한 신체적 결함을 미리 알게 한다는 지혜로운 풍속인 듯하다. 얼굴도 보지 못하고 시집갔던 우리 어머니 시대의 여성들보다는 나은 것 같다.

  모어가 쓴 『유토피아』를 한 페이지 한 페이지 넘기면서 얼마나 많은 사람들이 유토피아를 꿈 꾸었을까를 생각해 봤다. 어떤 이들은 단지 마음속에서, 어떤 이들은 자신의 삶 속에서 유토피아를 꽃 피우려 했을 것이다.

  법학자였던 모어가 글로써 휴머니즘에 의한 평화와 사회정치 실현을 추구하였고 왕위 계승법에 반대하여 사형 선고를 당하면서까지 유토피아를 실현하고자 했지만, 그는 결코 이 땅 위에 자기의 유토피아를 실현하지는 못하였다. 오히려 대법관 시절에 그의 종교관과는 판이하게 이교도에게 사형을 선고해 불태워 죽였다는 기록들이 있다.

  그래도 그는 『유토피아』를 쓰면서 많은 이상적 세계를 꿈꾸었을 것이다. 자기가 못 다 이룬 꿈을 후세대의 누군가가 이루어 줄 거라는 희망이 아니었을까. 유토피아는 결코 이룰 수 없는 '공상의 세계'가 아니라 인류가 이루어야 하는 '염원의 세계', '실현의 세계'임을 알게 해주려 했던 것 같다.

기회가 오면 그가 죽기 2년 전에 썼다는 『변명』을 읽어 보고 싶다. 그가 뼛 속 깊이 전일(죠一)한 모습으로 유토피아를 실천할 수 없었던 이유는 무엇이었을까. 가족이었을까, 권세였을까, 명예였을까.

7 빛과 어둠의 명상

닫힌 문 | 저녁 풍경 | 시아버님의 병환 | 2004년 9월 14일의 어둠 | 빨강색 | 죽음의 창

닫힌 문

아침 산책에 나서노라면 연한 창가의 불빛들이 시선을 끈다. 인간의 체온이 그 빛에 섞여 다정한 말을 들려 주는 듯하다. 그 안에 살고 있는 누군가가 그리워지며 불현듯 닫혀 있는 문들이 막막하게 느껴진다. 내 이웃과 나를 단절시키고 있는 불가항력적인 힘이 있는 듯하다. 나는 그 문을 향하여 소리치고 싶어진다.

열려라 문. 그 문을 열고 밖으로 나오라.

아무도 응답하지 않는다. 닫힌 문은 잠시 몸을 흔들어 아는 척을 하지만 열릴 줄을 모른다. 오랜 습관으로 굳어진 자신의 위치를 숙명처럼 지키고 있다.

수없이 많은 영혼들과 육신들이 닫힌 문을 파수꾼으로 삼아 편안한 잠을 누리고 있다. 누구도 침범할 수 없는 영역이 닫힌 문과 인간 세상에 존재한다. 상생(相生)과 은화(恩化)의 관계다. 공존(共存)과 불변(不變)의 원칙이 성립한다. 어느 집에선가 작은 소음이 있기는 하나 개인의 삶은 그 안에 길들여진 붙박이 인생이다.

지구상에 머물게 된 인간의 씨앗들이 저마다 자기 굴레를 갖기 위해 닫힌 문을 만들고, 자신들의 형체와 비슷한 누군가를 경계하고, 욕망의 그릇 몇 개쯤을 간직해 둔다.

내 것이라 하는 그것. 분류의 문 안에서 키우고 있는 소유는 작은 연필 한 자루일지도 모르고, 값비싼 보석함일지도 모른다. 내 남편, 내 자식일지도 모르고, 내 민족, 내 종교, 내 문화, 내 지식이라 하는 모든 것까지도 포함돼 있을 것이다.

닫힌 문은 어디에나 있다. 내 마음에도 있고, 네 마음에도 있다. 거기에 기대어 스스로의 위대성을 축소시킨 인간의 미약함이 위안을 받는다. 자기 키에 알맞은 문을 만들어 그 사이로 오락가락 들고 나는가 하면, 그만큼만 바라보는 잣대로 자기 밖의 시야를 잰다. 더 넓은 세상에 대한 불안과 두려움을 그 안에 감추고 안심을 얻는다.

문 안의 새는 그 세계가 전부다. 그 안에서 자유로움을 찾는다. 스스로에게 의지를 부여하고, 주어진 운명을 거역하고자 할 때 새의 고독은 시작이 된다.

비상(飛翔)의 날개를 퍼덕이며 날아온 이 땅에서 언어 사이에, 인종 사이에, 문화 사이에 장엄하게 서 있는 닫힌 문들을 보았다.

나에게도 닫힌 문이 몇 개 생겼다. 그 문을 열기 위해 책가방을 들고 학교로 간다. 미국 영화를 본다. 얼마만큼의 노력이 더 필요한가. 스쳐 지나가는 바람의 향기로 문을 열 수 있을 것인가. 고국의 향수가 묻어 있는 푸르른 하늘의 빛깔로 문을 열 수 있을 것인가. 새들의 노래, 반짝이는 햇살, 달님과 별님의 목소리로 그 문을 열 수 있을 것인가.

거리를 지나며 바라보는 문들이 오늘도 거인 같아 보인다.

저녁 풍경

1992년 9월 10일.

 침대에 누워 안약을 넣으려다가 창 밖을 보니 둥그런 달이 푸른 밤하늘에 밝게 떠 있다. 오! 예쁘다. 밤 하늘이 저렇게 청명하고 아름답다니. 새삼스런 감탄이 저절로 나와 나 자신도 모르게 환호를 지르자 옆에 누워 있던 영우도 덩달아 "잇츠 풀 문!" 하며 침대 위에서 벌떡 일어난다. 영우의 뿌연 얼굴이 별빛 아래 환한 달덩이로 변한다. 시계를 보니 정확히 7시 30분이다. 혼자 감상하기엔 너무 아까워 넋을 잃고 바라보고 있는데 침대 곁을 스치는 벌레 소리에 가슴이 쿵 내려앉는다.

 찌— 찌— 찌지지지—.

 벌레 소리에 티미가 그 뒤를 잽싸게 쫓아간다.

 카펫 위에 누워서 뒹굴뒹굴하며 전화를 받던 해린이가 기겁을 하며 내 침대로 뛰어 올라온다.

"오 마이 갓! 아휴, 징그러워. 고양이가 또 매미를 잡아먹고 있나 봐."

해린이는 어쩔 줄 몰라 잔뜩 찡그린 얼굴로 울상이 되어 소리친다.

난생 처음으로 결막염이라는 눈병을 앓고 있는 나는 가나마이신 연고를 눈에 잔뜩 바른 뒤라 두 눈을 딱 감고 불쌍한 매미 한 마리가 내 곁에서 처절하게 죽어 가는 비명 소리를 듣고 있었다.

한 생명이 이 달 밝은 저녁에 그렇게 죽어 가고 있었다.

이 세상의 우주 만물은 아주 조그만 생명체일지라도 고귀한 것을……

해린이와 영우는 거실로 나가지도 못하고 침실 문을 꼭 닫은 채 내 침대에 쭈그리고 앉아 슬픈 얼굴로 말한다.

"나쁜 고양이, 벌써 세 마리나 잡아먹어 버렸어. 엄마, 티미 어디로 보내 버려. 누구 주면 안 돼?"

영우는 땀이 송글송글 맺힌 얼굴로 누나와 나를 번갈아 보며 애원을 한다.

왜 매미는 그 좋은 곳을 다 놓아 두고 하필이면 내 침실로 들어와 죽임을 당해야만 했을까.

열어 놓은 침실 문 사이로 달빛은 더욱 고요한데 한순간에 일어난 죽음이란 명제가 내 뇌리를 어둠으로 물들인다.

시아버님의 병환

　시아버님께서 위독하시다는 국제 전화를 받았다. 갑자기 당한 일이라 가슴이 철렁했다. 남편이 퇴근해서 돌아오면 무슨 말을 어떻게 해야 할지 망연자실하였다. 그는 몹시 상심할 것이다. 다행히 남편은 침착했다. 그는 식후에 딱 한 대씩만 피우던 담배를 테라스에 나가 연거푸 피우는 것 외에는 평소의 행동 그대로였다.

　그러나 그것은 내 오산이었을 것이다. 그는 동쪽 하늘을 바라보며 가슴으로 울고 있었을 것이다.

　그가 대학 3학년 때 시부님은 인체에 해롭지 않은 과실주를 개발하려고 큰 투자를 했다가 실패를 하셨다고 들었다. 거기다가 많은 돈을 빌려 간 친구가 현금 대신 가게가 몇 딸린 땅 문서를 주는 바람에 내가 살고 있던 소도시까지 내려오시게 됐고, 전에 안 해 보셨던 쌀가게, 탁구장, 농협 창고, 음식점 등을 경영하시느라 고생이 많으셨던가 보았다.

　아마 남편에겐 그런 부모님에 대한 연민과 고통이 되살아나고 있는

지도 몰랐다. 그가 남다르게 효심이 깊은 것은 그 이유 때문이 아닐까 싶다.

나는 그의 스산하고, 쓸쓸해 보이는 뒷모습을 바라보았다. 늘 희망과 자신감 속에 서 있던 그도 저런 모습이 될 때가 있구나 싶어 가슴이 찡했다. 남편의 새로운 모습이었다. 밤늦도록 응접실 소파에 앉아 눈을 감고 있는 그의 얼굴이 백지장처럼 창백해 보였다.

나는 아무 말도 할 수 없었다. 그의 심연 저 깊은 곳으로부터 걷잡을 수 없이 치밀어 오르는 슬픔의 빛깔들을 짐작하며 안타까워할 뿐이었다.

"아무래도 한국에 다녀와야겠어. 돈 좀 빼다 놓지."

마지막 선언을 하듯 그가 말했다. 그가 사업체를 밀쳐 놓고 서울에 간다는 건 오케스트라의 지휘자를 잃는 것과 똑같은 일이었다. 걸프 전쟁과 함께 몰아닥친 불경기에 남편이 떠나면 여기저기 벌려 놓은 사업체는 어떻게 하나 걱정이 되었지만, 남편의 마음속엔 시아버님의 병환 외에는 아무것도 들어오지 않으리라. 십삼 세 미만의 어린이들은 어른의 보호 아래 있지 않으면 법적 제재를 받게 되는 미국인지라, 아이들을 두고 내가 사업체에 뛰어들 형편도 못 되니 걱정만 산더미 같아졌다.

시아버님께서 이런 내 모습을 아시면 얼마나 서운해 하실까 싶어 얼른 알았다는 말을 하고 내 침실로 건너와 한숨을 몰아 쉬었다. 하얀 병실에 누워 계실 시아버님의 초췌한 모습이 떠올라 울먹여지기도 했다.

사업체가 몇 개가 되어도 인벤토리로 쌓이는 가구 사업은 현금의 수

난을 겪게 될 때가 많다. 오더 했던 물건값이 제때에 들어가지 않으면 거래에 지장이 오고 만다.

엊그제 에퀴터블 생명보험회사에서 비상금을 준비해 놓느라 돈을 융자해 왔는데 마치 시아버님의 병환을 예견하고, 미리 서둔 기분이었다.

미국 온 지 십여 년 동안 남편은 열심히 일을 했다. 새벽마다 눈을 비비고 일어나 헌츠 포인트 야시장에도 나갔고, 옷 가게나 운동기구점으로 전업을 할까 하여 그 계통의 일도 해봤으며, 경험과 자본 부족에도 불구하고, 미국 생활 3년 만에 가구점 경영에 온 심혈을 기울여 이만큼이나 기반을 닦아온 것이었다. 이 모든 고난과 역경을 이겨낸 힘은 다름 아닌 "젊어 고생은 돈 주고도 못 산다"는 시아버님의 강한 신념이 만들어낸 결정체가 아니었겠는가.

우리 부부를 미국까지 보내며 돈 한 푼 쥐어 주시지 않던 그분의 냉철하고 깊으신 뜻을 이제야 헤아리게 되었고, 감사한 마음도 갖게 되었다. 멀리서나마 우리를 지켜봐 주시고 격려해 주셨던 시아버님의 선견지명과 은혜가 아니었던들, 이 어려운 미국 생활을 어떻게 감당했을까. 매일 바쁘다 보니 생신도 훌쩍 뛰어넘어 음력을 양력으로 계산을 하고, 소동을 피우면 "괜찮다. 신경 쓰지 말고 너희들 일이나 열심히 하거라" 하시며 아무렇지 않게 안심시켜 주시던 은공과 자애로움이 우리 행복의 원동력은 아니었을까.

나는 부랴부랴 서둘러 위를 절개하실 시아버님을 위해 죽을 끓일 재료로 잣과 파리나도 사고 크림, 우유 가루, 소금기 없는 쿠키, 핫 패드 등등 여러 가지를 준비했다. 나의 조그만 정성이 시아버님의 병환에 조금이라도 도움이 되길 간절히 바라면서 한국으로 떠나던 남편을 배웅했다.

내 마음속엔 "부디 하루빨리 아버님이 완쾌하셔서 미국 구경을 하실 수 있게 해주십시오"라는 간절함으로 가득 찼다. 그때는 시아버님께 빨간 넥타이와 중절모와 스틱을 선물하고 싶다. 한층 젊어지신 시아버님 팔짱을 끼고 맨해튼 거리를 활보해 보면 어떨까.

2004년 9월 14일의 어둠

2004년 9월 14일, 4시 11분. 갑자기 덮쳐온 어둠이 무거운 철창 같았다.

멀티 패밀리 하우스를 찾는 고객에게 집을 보여주러 아스토리아에 갔던 나는 온 사방이 갑자기 정전 상태가 되어 길을 헤매게 됐다. 그 어둠은 나를 덮고, 주변을 덮고, 롱아일랜드 시티의 작은 골목길조차 덮어 버렸다.

전쟁이 일어난 것일까. 아니면 무슨 일이······.

그 짧은 순간에 내 뇌리를 스쳐 가는 무수히 많은 상황 탐사의 분주함. 그러면서도 내 육신은 반사적으로 이 길 저 길을 피해 달아나려고 안간힘을 쓰고 있었다. 그런데도 어둠은 질기게 나를 쫓고 쫓아왔다.

어디로 가야 하나.

거리의 어둠은 이미 지상의 모든 이름들과 신호등을 삼켜 버렸다. 밤의 어둠을 찬양하던 환상은 깨지고, 만물의 영장이라며 거만하던 인간의 자존심이 여지없이 무너지던 순간이었다.

　문명이라는 것이 결국은 빛의 반사 작용에 불과했던 것인가.

　다행히 헤드라이트 불빛들은 살아 있어 껐다 켰다 신호를 주며 큰길로 빠져 나올 수가 있었다. 거리의 여기저기에서도 성난 다른 차들의 불빛들이 불쑥 불쑥 내 차 앞으로 달려와 심장을 놀라게 했다. 조그만 실수에도 다른 차와 부딪는 사고가 날 것 같은 위태로움을 주었다.

　이런 어둠이 며칠만 계속된다면 밤의 도시는 얼마나 달라질 것인가를 상상하기에 충분하였다.

　전깃불이 들어오기 전, 사람들은 천상의 달과 별을 향해 내일을 묻고, 기도하고 혼탁해진 영혼들을 그 빛으로 말끔히 씻어내며 살았었는데……. 그로부터 우리는 얼마나 먼 거리에 와 있는 것일까.

　큰길로 간신히 빠져 나오고 보니 앞차는 아주 조금씩 움직이고 뒤차는 긴 장례 행렬을 따라가듯 어둠 속을 느릿하게 움직였다. 이대로 가다가는 퀸즈 블러바드를 통과하는데 몇 시간이 걸릴 것 같았다. 더구나 일본에서 온 여성 고객이었으므로 아무데나 내려줄 수도 없었다. 엘머스트 90가에 데려다 주고 밤새도록 운전해 가야 롱아일랜드 집에 당도하는 게 아닐까 염려스러울 정도였다.

　그때였다.

　어둠의 적막강산을 넘어 귀에 익은 징글 소리가 들렸다. 한여름의 낭만을 실어 나르던 아이스크림 차가 길 건너편으로 다가오고 있었다. 어둡고, 참담한 시간에 경쾌한 음률을 싣고 그 차는 인파 속에 유유히 멈추어 섰다. "모든 사람들이여, 이 어둠은 잠시 지나가는 바람이오니 아무 걱정 마시고 아이스크림이나 한 개씩 드시면서 긴장을 푸십시오" 라고 크게 말하는 듯하였다. 오지 않는 버스를 기다리고 있던 사람들은 소풍 나온 학생들처럼 차례차례 줄을 서서 아이스크림을 사먹기 시작하였다. 벌써 밤 열한 시가 넘은 시간이니 일터에서 돌아오는 그들은 배도 고팠으리라. 초조하고 불안한 마음으로 차 속에 앉아 있던 나도 아이스크림콘의 달콤한 맛이 내 혀끝에 닿는 듯 침을 꿀꺽 삼켰다.

이 밤, 어둠 속의 저쪽 풍경이 현실 같지가 않았다. 길거리의 사람들은 만약에 있을지도 모를 정전 사태를 대비해 연습하고 있는 군중들처럼 보였다. 그들의 침착함이 '호랑이한테 물려 가도 정신만 차리면 산다'는 속담을 잊지 않으려 노력하고 있는 듯했다. 그들은 느긋하게 아이스크림을 먹으며 혼란한 상황을 혼란하지 않게 즐기고 있는 듯했다.

그 광경을 바라보던 나도 온몸이 느슨해지며 슬며시 웃음조차 나왔다.

2001년 9월 11일, 트윈 빌딩이 무너지던 사태를 처음 목격했던 뉴욕 시민들의 일부는 영화 속의 한 장면을 바라보는 것처럼 현실감을 느끼지 못했다 한다. 사이버, 디지털 시대가 빚어낸 가상과 현실의 경계가 모호해진 이 시대의 모습이었고, 그 사건은 뉴요커들을 성숙시켜 주었던 듯하다. 미국의 8개 주와 캐나다의 일부가 어둠으로 막막해졌던 그날 밤의 상황 또한 이런 비상 사태를 미리 대비케 하려는 신의 계시가 아니었을까. 그런 새로운 비전을 향하여 퀸즈 블러바드를 집단으로 걷던 많은 사람들, 지하철을 타지 못한 그들은 아예 걸어서 집에 가기로 결정한 듯 질서가 있었다. 후에 들으니 맨해튼에서부터 걸어서 퀸즈보로 브리지를 통과하여 온 사람들도 있다 하였다.

얼마간의 시간이 지난 지금, 그때를 돌이켜보니 아이스크림 차에서 울려 퍼지던 어둠 속의 음악 소리는 새 희망의 나팔 소리였다.

이 세상이 멸망한다 할지라도 "나는 내일 한 그루의 나무를 심겠다"고 부르짖던 힘찬 북소리였다. 내일을 예비하는 그 목소리. 하루를 벌어 하루를 살아가야 하는 누군가의 상술어린 절규였다 할지라도 내일이 있음을 믿고, 내일을 예비하는 힘찬 생의 찬가였다. 어둠과 투쟁하며 미로를 헤매듯 차를 운전하던 내 절망감조차 쓸어가 버린 멋진 밤의 행진곡.

기계 문명을 의지하고 살아온 우리를 새로운 깨달음으로 인도해 주던 악마 같던 어둠도 의연한 인류의 행진을 보며 놀랍기만 했을 것이다. 인간에게 어둠이 있음으로 밝음의 가치가 드러나고 있음을 확인하게 해주었던 밤이었다.

그 어둠을 벗어나 집으로 돌아왔을 때 창가에 비치는 희미한 불빛을 보았다. 너무 반가웠다. 문을 열자 쏟아지던 촛불의 광채가 예전에 그처럼 밝아 보였던 적이 있었던가.

빨강색

 "빨강색은 섹시한 색깔이지요. 그래서 오늘 저녁 저는 빨강색 옷을 입지 않았습니다."

 노골적인 내 표현에 "빨강색은?"이라는 서두를 꺼내던 K 교수는 말문을 닫고 말았다. 무례하긴 했지만 비싼 생선 요리와 곁들인 안주로 야한 표현들이 오갈까 봐 미리 겁을 낸 내 간접적인 의사 표현이었다.

 풍만한 몸매에 착 달라붙는 빨강색 옷을 한 벌로 입고 나온 소설가 L 여사의 화려한 분위기가 주변을 압도하고 있었다. 남성들은 시각적인 것에 민감하다는데……. 그 빨강색이 은근히 걱정이었다. 다행히 내 앞에 앉아 있는 K 교수는 술을 자제하고 있어 안심이었지만 L 여사 앞에 앉아 있는 U 교수는 '천년약속'을 몇 병째 겁없이 들이키고 있었다. 아마 빨강색에 취해 술을 마시지 않을 수 없는 것 같았다.

 몇 년 전이었다. 해린이와 영우를 데리고 업스테이트로 말을 타러 간 적이 있었다. 나는 오랜 만에 남편과 같이 하는 야외 외출이라 처음으로 위아래 화려한 빨강색을 입고 있었다.

　길들여진 말이라 해서 안심을 하고 탔는데 말을 타자마자 말이 정신없이 달리는 바람에 모래 사장에 낙마하는 위기를 맞게 되었다. 뒤쫓아오던 사람들은 빨강 옷자락을 휘날리며 말을 타던 내 모습이 영화의 한 장면처럼 멋있었다며 박수를 쳤다. 그 중 누군가가 말하기를 내가 빨강색 옷을 입어 말이 놀란 것이라 했다. 나는 빨강색에 혼미해진 말의 성정을 짐작해 보았다.

　빨강색은 본능적으로 열광하게 하는 색일까.

　팬톤 색상 연구소 레아트리스 아이즈먼 소장은 빨강색은 인간의 가장 원초적인 감정과 본능을 휘저으며 아드레날린을 분비하게 만든다고 했다. 빨강색은 불, 생존, 피 흘림, 섹스, 정열의 불꽃, 위험, 욕망, 용기, 열정, 사랑을 상징해 왔다는 것이다.

　2006년도 터키인 오르한 파묵이 쓴 노벨 문학상 수상대표작 제목은 『내 이름은 빨강(my name is red)』이다.

　　나는 빨강이어서 행복하다! 나는 뜨겁고 강하다. 나는 눈에 띈다. 그리고 당신들은 나를 거부하지 못한다.

　내게 빨강색은 반항의 색깔이다. 나를 움켜쥐고 있는 에고에서 벗어나고 싶은 날, 철저히 나만을 존중하고 싶어지는 날, 나는 빨강색을 입고 싶어진다.

　언젠가 백화점에서 빨강색 옷을 한 벌 샀다. 금색의 더블 단추가 눈

길을 끌고 있어 입으면 멋지게 보일 것 같은 코트 스타일이었다. 그런데 밖에는 입고 나가지 못했다.

오랫동안 내 안에서 잠재 되었던 빨강색에 대한 거부감. 서울에서 시집온 집안 오빠의 아내였던 여자가 바르고 나오던 빨간 립스틱, 빨간 손톱, 그 천박하다는 느낌이 내게서 떠나지 않았고, 나를 오래 지배하고 있음을 알게 되었다. 빨강색에 대한 내 편견은 단단히 굳어 있어서 과거의 기억을 떨쳐내지는 못했고, 그 옷은 오랫동안 내 옷장에서 세상 구경을 하지 못했다. 몇 번 거울 앞에서 입어 보는 것으로 만족하고는 했다.

그런데 무슨 용기가 났던 것일까. 주립대학교인 스토니브룩 한국학회 이사회가 열리는 날, 나는 그 옷을 입고 모임에 갔다. 여성들은 몇 명밖에는 참석하지 않았고, 남성들은 20여 명이 넘게 출석을 했다. 총무이사였던 나는 종횡무진으로 맡겨진 일을 하며 오갔는데 많은 시선들이 내 몸에 와 박히는 듯한 착각에 더 이상 그 장소에 머물 수가 없었다. 여자가 빨강색을 입으면 멋져 보이고, 특별해 보인다는데 그러고 싶어서 입었던 것은 아니었다.

나는 일찍 집으로 돌아와 그 옷을 훌훌 벗어 버렸을 때 비로소 내가 된 듯했다. 빨강색이란 색깔이 가두고 있는 나의 한계를 벗어 버리고자 시도했던 것이 객기가 된 사건(?)이었다.

그 뒤로 다시 그 빨강색 옷은 비가 오는 날, 우울한 날, 거울 앞에서 나를 위로해 주는 색깔이 되었을 뿐이다. 요즘은 그것도 귀찮아져서 빨강색을 입은 사람들을 구경하는 것으로 만족해 본다.

지난해 11월, 서울 방문중에 초등학교 총동창회 비슷한 '내 고향 감곡'이라는 출판기념회에 참석하게 되었는데 같은 고향 출신인 영화배우 Y가 나타났다. 단지 고개를 살짝 숙이고, 애교스런 미소를 지어 보였을 뿐인데 상대방을 뇌살시키는 듯한 태도가 온몸에서 젖어 나왔다. 같은 여성이라도 어머! 소리가 나옴직했는데 남성들이 그 앞에서 어떨지 상상이 되었다. 영화배우가 그냥 영화배우가 아니구나. 내게 없는 그 끼라는 것을 나는 그녀에게서 발견했다.

그녀는 검정색 정장을 입고 있었는데 온몸에서 빨강색 끼가 발산되고 있었다. 끼란 타고 나는 것이지 억지로 가지려해서 가져지는 것은 아닌 듯하다.

빨강색은 '끼'라는 특별한 재능을 가진 사람들이 입으면 어울리는 색깔이 아닐까 싶었다.

대중이 모이는 장소에 가면 구석자리를 찾아가야 마음이 편한 내가 빨강색을 입고, 좌중의 환호에 희열을 느낄 끼를 타고나지 못했으니 나는 빨강색을 가까이 해봄이 좋을 듯하다. 아니, 어쩌면 끼가 없다는 이유로 내 안에 있는 열정조차 스스로 구속하여 빨강색처럼 뜨거운 정열을 태워 볼 일, 사랑, 기회를 놓쳐 버렸던 것은 아닐까. 그런 아쉬움으로 내가 빨강색을 입고 활보하는 날, 나는 둥지 위를 나는 한 마리 새가 될까. 친언니 한 분은 "빨강색이 잘 어울린다"며 더 늦기 전에 빨강색을 한번 입어 보라는데, 너무나 야해 보이던 여자의 빨간 입술, 빨간 손톱이 아직도 용납해서는 안 될 색깔 같기만 하니 어찌할까.

'단지 바라보기만 하라.' 빨강색은 나에게 이렇게 말한다. 무채색을 즐겨 입는 나는 그 고상한 척하는 이면에 슬픈 빨강색 연정을 숨기고 있는 것이다. 빨강색에 대한 연민은 어쩌지 못하는 나 자신에 대한 동정으로 화하여 빨강색 광기가 될 수도 있을 법하다. 나는 그것을 조심해야 할 것이다.

서울에서의 디너 모임에 우중충한 갈색 블라우스에 검정색 여행용 조끼와 바지를 받쳐 입고 나타난 나를 바라보며, K 교수는 빨강색에 관해 무슨 말을 하고 싶었던 것일까.

죽음의 창

지상을 떠나는 발자국 소리

새벽에 전화가 왔다. 잠결에 그 소리에 놀라 잠을 깼다. 눈을 감은 채로 거실까지 나가 그 전화를 받을까 말까 뒤척이는데 의식의 저편에서 갑자기 부싯돌 부딪는 소리가 났다.

한국에 연로한 어머님이 생존해 계시다는 숨겨진 불안이 푸득 날개를 털고 일어나 내 심장을 사정없이 후려치며 침대에서 벌떡 일어나도록 했다.

"어머님이 많이 편찮으신데……. 아무래도 처제가 이번엔 나와 봐야 될 것 같아서……."

태평양을 건너오는 넷째 형부의 전화 목소리가 마치 이웃집에서 하는 것처럼 가깝게 들렸다. 아무렇지 않은 듯 침착한 억양이었지만 형부가 전화를 내게 했다는 자체만으로 상황의 심각성을 알 것 같았다.

"잘 알았어요, 형부. 바로 나갈게요."

나도 마치 지나가는 바람 소리에 귀를 기울였던 것처럼 이것저것 길게 묻지도 않은 채 전화를 끊었다. 마음속으로는 이제 올 것이 오고야 말았구나 하는 막막한 공포를 느꼈다. 인간의 생이 유한하고, 누구나 가야 하는 길. 그 마지막 골목길로 향하는 어머니의 하얀 장옷을 내가 어떻게 잡을 수 있을 것인가. 한 걸음, 한 걸음 숨가쁜 호흡 소리가 들려오는 듯했다.

"제발 고통 없이 돌아가셔야 할 텐데……."

감수성이 예민했던 나이에 아버지의 죽음을 맞이했던 나는 죽음의 실체를 정면으로 바라보는 걸 무의식중이나마 거부해 온 듯하다. 그런 일들은 인간의 삶 속에 자연스레 오고가는 순리라는 것을 기꺼이 받아들이고 싶어하지 않았던 듯 싶다. 죽음은 나와는 상관없는, 먼 이방의 일처럼 무심히 살고 싶었는지도 모른다. 하나 내가 원하든 원하지 않든 나와 가까운 인연들은 한 사람, 한 사람씩 이 지상을 말없이 떠나 버리고 있다.

두 번째로 한국에 나갔을 때는 나를 아껴 주었던 셋째 형부의 세상 떠남을 들어야 했고, 그 슬픔이 컸다. 운동화 끈 매는 법, 넥타이 매는 법을 친오빠처럼 자상하게 가르쳐 주던 그분에 대한 좋은 기억들이 떠올라 가슴이 저렸다. 세상에 법 없이도 살 수 있는 사람이라면 그 형부 같은 사람일 텐데……. 세 번째 방문에서는 다섯째 형부의 가심을 서러워해야 했다. 막내 처제를 위해 직접 의상실까지 동행하여 옷을 맞춰 주곤 하던 그 정성과 사랑을 받기만 했지 보답을 못 했던 허망함이 컸다. 젊은 사업가로서 대단한 야망을 지녔던 생전의 모습이 떠올라 애통하였지만 어쩌겠는가. 죽음의 길목을 바라보며 슬픔을 내색하지 못하는 한 마리 사슴처럼 고개를 숙이고 있다가 언니들 앞을 떠나오니 허탈하기만 했다.

"내가 빨리 가야 하는데 이렇게 오래 살아서 자꾸 못 볼 것을 보게 되는구나" 하시던 어머니의 말씀도 가슴에 와 박혔었는데, 그 어머니께서 이제 평안한 나라, 죽음의 창 저 너머로 떠나려 하는 것이다. 뉘라서 그 발자국 소리를 막을 수 있을 것인가.

돌고 돌아 다시 오는 길

한국으로 갈 수 있는 비행기 표가 다음날 있어 다행히 출국을 했다. 바쁘게 서둘렀던 탓으로 슬픔에 잠겨 있을 시간이 없었는데 좌석에 앉자마자 초조와 불안이 몰려왔다. 나는 마음속으로나마 부디 어머니의 임종을 지켜 보게 해달라고 간절히 빌었다. 힘겹게 낳아서 진자리 마른자리 갈아 뉘이며 곱게 키워 준 지고한 어머니의 사랑을 받고 자랐으면서도 미국으로 떠나와 살게 된 불효가 너무 컸다.

남편과 자식에 대한 사랑으로 세월이 유수(流水) 같다는 말을 잊고 살았던가.

지난 이십여 년 동안 어머니를 찾아뵙기 위해 고국을 방문한 적이 몇 번이나 되었던가. 그것이 새삼스레 가슴을 아리게 했다. 밖을 내다보니 뭉게구름이 눈 아래로 한가롭게 보였다. 나는 평화로운 나라에서 비행기를 타고 날아가고 있는 것인데 자꾸 눈물이 났다. 마음은 두둥실 떠 가는 게 아니라 내가 병원에 도착하기 전에 어머니가 숨을 거두고, 저 먼 나라로 훌훌 날아가면 어떡하나 하는 착잡한 안개 속으로 빠져 들고 있었다.

  사람이 이 세상에 나서 결혼을 하고, 자식을 낳아 키우고, 인생의 고개고개를 넘어 무덤까지 가는 동안 그 사람이 겪어내야 하는 희로애락이 몇 섬이나 될까. 어머니라는 한 여성이 살아내야 했던 지난날을 딸인 나는 무엇으로 표현해야 하는가. 고통과 슬픔이 기쁨보다 많았을까. 지난날을 되돌아보니 어머니는 우리에게 웃음과 감사를 말해 준 적도 많았던 것 같다. 겉으로야 딸들 자랑을 하는 분이 아니었지만 속으로는 어머니의 딸들이 이 세상 누구보다 자랑스럽다는 것을 슬쩍이라도 내보일 때면 나는 가슴이 뛰도록 행복했었다. 그 어머니에 대한 기억은 얼마나 아름답고 귀한 것인가. 해린이와 영우에게 해주고 싶은 말은 무엇인가.

  외할머니는 동화책 몇 권의 분량이 될 만한 옛날 얘기를 많이 알고 계셨지. 그 책 속의 주인공들은 별빛과 함께 먼 하늘나라에서, 구름 속에서, 산 넘어 언덕 넘어 살고 있었지. 엄마는 그 이야기들 때문에 무척 행복한 어린 날을 보냈지. 그 풍요로운 들판을 거쳐 거센 물살을 만난 사춘기는 폭풍이었어. 나이 육십이 될 무렵의 할머니는 자주 아프셨지. 딸 여섯을 키우고 결혼시키느라 혼자 애쓰셨던 고통이 한꺼번에

몰려온 듯했어. 할머니 스스로도 오래 못 살 것 같다며 "막내인 너만 시집 보내고 나면 훨훨 날 것인데……"라고 입버릇처럼 말씀하셨지. 엄마는 언제부턴가 내가 빨리 결혼을 하는 게 최상의 효도라고 생각하는 버릇이 생겼지. 할머니가 갑자기 돌아가시면 어떡하나 하는 걱정 때문이기도 했지. 입시 준비를 하던 엄마는 그럴 때마다 인간에게 죽음이 있다는 게 절망스러웠지. 그것을 피하여 달아나듯 내가 읽고 싶은 책을 마음껏 읽었어. 무슨 글인지도 모르고, 장르 없는 낙서 같은 글도 많이 썼었는데 그때는 그것이 구원의 길이었어. 성적은 가을날 갈색 낙엽처럼 뚝뚝 떨어졌는데 나는 정말 죽고 싶었지. 그렇다고 영화 〈죽은 시인의 사회(dead poets society)〉에 나오는 닐처럼 자살 같은 건 생각해 본 적이 없었는데 왜였을까. 그것은 순전히 내 어머니의 깊은 사랑 때문이었다고 말할 수 있어. 가장 중요한 것은 내 어머니는 자식을 향해 야망과 돈과 사회적 성공이라는, 머리가 셋 달린 괴물은 아니었다는 것이야. 항상 사람다운 사람이 되라는 것뿐이었으니까. 또한 엄마를 사랑해 주었던 형제, 선생님들, 친구들. 그리고 엄마가 사랑했던 많은 사람들을 생각하니 죽을 수가 없었지. 외할머니는 그로부터 이십오 년을 더 넘게 살아 주셨으니 그때 죽지 않았던 게 얼마나 잘한 일이었을까. 목숨을 스스로 끊는다는 것은 죄악이며, 확실히 죽는 것보다는 사는 게 행복한 일이었음을 깨닫고 있지.

여기까지 생각하다가 나는 비행기 안을 살펴보았다. 살아 있는 사람들. 따듯한 영혼과 살갗을 가지고 있는 사람들. 그들은 모두가 행운아들처럼 보였다. 살아 있다는 것만으로도 그들은 누릴 것을 다 누리고 있는 것이다.

어머니가 노년에 지녔던 그 건강과 평온은 순전히 종교에서 온 은혜였던 것 같다. 전생에 지은 죄로 이생에 와서 고생을 많이 했으니 현생에 덕을 많이 지어야만이 다음 생에 잘 태어날 수 있음을 어린애처럼 굳게 믿으셨다. 그래서인지 작은 것이나마 함께 나누기를 좋아하였고, 어머니의 주변에는 언제나 웃음이 넘쳤다. 어머니는 남들을 즐겁게 해 줄 수 있는 웃음 보따리를 항상 준비해 둔 듯했다. 나는 그런 어머니의 유머 감각을 좋아하였는데 나는 그것을 물려받지 못한 듯하여 아쉽기만 하다. 내가 한국을 방문하여 어머니 집에 머물 때면 아래채에 세들어 살거나 주변에 사는 젊은 부인들이 맛있는 음식을 많이 해 가지고 와 담소하고 가고는 했다. 내가 고마워하면 할머니가 평소에 친정어머니처럼 잘해 주신 답례라며 겸손해 했다.

"죽어서 뿐만이 아니라 살아서도 이 세상 모든 것은 돌고 도는 이치가 있다"는 진리를 힘들이지 않고 실천하고 있는 어머니의 순수한 믿음이 부러웠다.

프로이드가 말한 대로 인간에게 종교란 신앙이라는 적극적인 행위로서가 아니라 견딜 수 없는 회의로부터 도피하기 위한 것이고, 신앙에서가 아니라 안심을 구하는 데서 그런 결단을 내린다고 했지만 내 어머니에게 종교란 다음 생에 대한 강렬한 희망이었음을 어찌하랴.

어머니에게는 업(業)이었을지 모를 딸들을 온갖 정성을 다해 키워주었던 그 수고와 희생이 어찌 모성애로만 가능했을 것인가.

어머니는 다음 생에 돌아오기 위한 준비를 철저히 해둔 듯했다.

극락과 천당

극락과 천당은 어디에 있는가.

어머니는 초록색 고무로 된 호흡기를 양 콧구멍에 끼고 전주병원 하얀 침대에 누워 나를 반겨 주었다. "오느라 수고 했다"며 반가워하는 모습을 보니 안도의 숨이 쉬어졌다. 겉으로는 정신이 맑아 보여 빨리 죽음의 저편으로 향할 것 같지가 않았는데 의사는 곧 돌아가실 테니까 자리를 비우지 말라 하였다.

어머니께 서울의 시모님이 주신 돈 오십만 원을 드렸더니 좋아하며 입고 있는 파자마 주머니에 넣어 달라 했다. 그 속에는 벌써 많은 돈이 들어 있어 불룩하였다. 불편할 테니까 꺼내놓자 했더니 어머니는 물론 언니들까지 만류하였다. 그 돈은 어머니가 저승 가는 노자 돈으로 써야 된다는 것이었다. 어머니는 저 세상 가는 데에 티켓을 사려고 그 돈이 필요한가 보았다.

기계를 오래 쓰면 낡아서 열을 뿜듯 어머니의 노구에서도 열이 솟는 듯했다. 가슴에서 자꾸 열이 난다며 차가운 물수건을 요구하였다. 나는 아예 얼음을 사다가 수건을 차갑게 하여 대드렸더니 시원하다 하였다. 자식들에게 살과 뼈와 그 영혼까지도 다 바쳤던 내 어머니의 죽음에 대한 한 가지 염원은 "자는 것처럼 편히 가게 해주십사" 하는 것이 없는데 저승 가는 데에도 저승차를 돈 주고 타야 하는 어머니는 눈을 감으면 어디로 가고 싶어하는 것일까. 극락으로? 천당으로? 다음 생에 대한 어머니의 그 간절한 소망이 내게는 너무 진지하게 느껴졌다.

"사람은 누구나 한 번은 죽는 것이다. 그러니 너희들은 내가 죽더라도 절대로 울지 말고, 천도 법문만 열심히 해야 헌다. 너희들이 너무 울면 이생에 대한 애착으로 내 영혼이 무거워져서 훌훌 떠날 수 없어 구천을 헤매게 될 것이니 내 말을 명심해야 헌다"고 몇 번이나 당부했음을 상기하고 있는데 귀에 익은 음성이 들렸다. 둘째 언니의 장남인 철승이 목소리였다. 서울에 있는 종합병원에서 치과 의사로 있는데 친구와 함께 기도하러 전주까지 내려왔다는 것이었다. 너무 예뻐했던 조카였던지라 반가웠지만 어머니는 두 손을 내저으며 못 들어오게 하라는 것이었다.

아무리 타일러도 계속 찾아와 "하나님을 믿겠다"는 한마디를 해야 천당에 간다며 졸라댄다는 것을 국제 전화로 들은 적이 있어 어머니의 뜻을 이해할 것 같았다. 둘째 언니는 "그냥 하나님을 믿겠다고 말하면 될 것이지 저렇게 손자하고 똑같이 고집을 피우시는지 모르겠다"며 아들과 어머니 사이에 끼어 속상해 했다.

외할아버지가 교회 장로였고, 친외숙이 목사, 두 이모가 권사, 이모부들이 장로였지만 어머니를 깊이 사랑하고 잘 아는 그분들은 "나이 많은 내가 이 종교 저 종교 옮겨 다니는 것이 싫다"는 어머니를 억지로 교회에 나오라고는 하지 않았다. 그분들의 깊은 사랑과 배려 때문이었는지 나는 교회 다니는 사람은 무조건 착한 사람이라는 등식을 적용하는 버릇이 있었다. 어릴 적 외가에 가면 모두 성경책을 들고 찬송가를 부르고 하나님, 예수님 얘기를 했다. 나는 외톨이가 된 듯한 어머니가 불쌍하여 왜 저들은 내 어머니가 좋아하는 법문 한 구절, 찬불가 한 곡 불러 주지 못하는 것일까 의문스럽곤 했었다. 그렇다고 어머니는 어머니의 종교를 바꾸거나 어머니가 좋아하는 종교를 믿으라고 나에게 강요해 본 적은 없었다. 나는 단지 장하게 살아 왔던 어머니의 삶을 바라보았을 뿐이다. 그 경건함 속에 자신의 인생을 송두리째 맡겨 버리고, 자기에게 주어진 길을 불만 없이 걷던 한 여인의 모습을 알고 있을 뿐이었다.

"다 저 지은 대로 받고, 저 지은 대로 가는 것이니 세상만사를 억지로는 할 수 없는 것이니라" 하였다.

새벽이면 어렴풋이 잠이 깨어 어머니의 심고(心告) 드리는 모습을 보면서 자란 나는 지금도 새벽이면 그 모습이 그리워진다. 맑은 물에 목욕을 하고, 하얀 옷을 입고, 선녀처럼 방 윗목에 서 있던 어머니의 뒷모습. 나는 어머니의 기도가 끝날 때까지 숨을 죽이고 자는 척 누워 있고는 했다. 때로는 나도 모르게 흐르는 감동의 눈물로 두 볼을 적시기도 했다.

그런 어머니가 돌아가시기 전에 "하나님을 믿는다"는 말을 꼭 해야 천국에 간다며 내 조카는 병실을 찾아들고 만 것이었다. 영리하고 심성이 착했기에 사랑하는 외할머니를 위해 당직까지 바꾸어 가며 서울에서 전주까지 병실을 찾아온 조카가 대견해야 되는데 나는 그런 대접을 해주지 못했다. 조카가 친구와 함께 기도하고 있는 그 짧은 시간이 내게는 참으로 암담하였다.

　어머니는 침대에서 일어나 달아나고 싶어도 그것조차 하지 못하고, 본인의 의사와는 상관없이 강요당해야 하는 상황이 되어 버렸다. 그런 어머니가 딱하여 견딜 수가 없었다. 병원에서 이삼 일 치료하면 나을 줄 알았다가 일주일이 넘었으니 막바지 고비에 이른 듯 기력이 많이 쇠약해져 거부할 힘도 더 이상 없는 듯했다.

　이생에 와서 어머니가 짊어져야 했던 그 많은 시련들을 기쁨으로 바꿀 수 있었던 어머니의 종교를 막무가내로 바꾸라고 떼를 쓰듯 하는 조카는 당연한 권리를 행사하려는 듯한 제사장 같았다.

　프로이드는 종교가 '환상'이며 위험한 것이라 했다. 종교는 사람들에게 환상을 믿어야 한다고 가르치기도 하고, 비판적 사고를 금함으로써 지성을 빈곤하게 만든 책임자라고 했다.

　내게는 조카의 종교적 열성보다는 마지막 가실 내 어머니의 영혼과 염원하신 뜻이 더 소중하여 조카를 병실에서 내보내고 나니 큰 슬픔이 파도쳐 왔다. 내가 저를 어이없게 생각하듯 저 또한 이모를 미련하게 생각할지니 우리 사이는 종교적 갈등이 교차되고 있는 것이 아니던가.

　이 지상에 왔다 간 성인들은 인류의 평화를 위해 살다 갔건만 그 후손들은 그분들의 말 몇 마디를 붙들고 각기 종교라는 이름으로 깃발을 흔들고 내 것이 옳다고 몸부림치고 있는 형상이 아닌가. 그렇게 되면 종교란 이 지상 위에 평화의 적이 되는 것이 아닌가. 아랍과 이스라엘과의 종교 싸움만 싸움이던가.

　남북 전쟁 이후 미국 역사상 최대의 재앙으로 기록된 9·11테러의 주

모자인 모하메드 아타는 이집트 카이로시의 유복한 가정에서 자란 외아들이었다. 아버지는 변호사였고, 두 명의 누나는 모두 의사였다. 아타 또한 카이로 공대를 거쳐 독일 함부르크 공대서 도시계획학을 전공한 모범 엘리트였다. 그러던 그가 극단적 이슬람 원리주의자로 변신했던 것이다.

그는 자신이 믿는 알라신만이 이 세상을 구원할 수 있는 유일신이라고 굳게 믿기에 죽음도 불사한다는 것이다. 그러나 우리는 그를 알라의 노예라 부르지 않는가. 복종하고 외경하는 이유가 신의 도덕적 특성이나 사랑이나 그 정의에 있는 것이 아니라 신이 지배력을 지닌다는 점, 인간을 초월한 그 힘이 인간에게 예배를 강요할 권리를 가지고, 복종하지 않는 것은 죄를 짓는 것이라고 가르치고 있는 권위적인 종교에 빠진 사람들은 신의 이름으로 인간을 지배하려 드는 것이 아닌가.

방금 전까지도 "멍청한 놈, 멍청한 놈" 하며 독백처럼 중얼거리던 어머니는 평정을 되찾은 얼굴로 고요히 누워 있었다. 마음속의 모든 사념을 잠재우고, 놓아 버린 편안한 얼굴이었다. 참으로 다행이었다.

창문으로 휘영청 밝은 달이 가득히 비추고 있는 밤. 저 달은 유유히 공중에 떠 있는데 그 달을 가리키는 손가락을 붙들고 우리는 한참 동안 시비이해(是非理解)에 빠져 있었구나 싶었다.

아, 사랑하는 나의 조카야!

참 열반

나는 그동안 잠을 못 자고 어머니를 간호했던 언니들을 집에 가서 잠시나마 쉬도록 했다. 한바탕 회오리바람이 휘몰고 간 듯한 병실은 아무 일도 없었다는 듯 잠잠하였다. 나는 병실을 혼자 지키며 어머니의 안정과 평화를 위해 밤새 기도하고 싶었다. 내가 못 다한 효도가 잠시의 병간호로 다 될 것은 아니었지만 그렇게나마 어머니와 단 둘이 있고 싶었다.

영적인 삶은 영원하고, 죽고 사는 일이 둘이 아닌 하나라고 믿고 살지만 육신의 죽음 또한 본능적인 두려움이 아니던가.

나는 어머니가 고통 없이 참 열반에 들기를 간절히 발원(發願)하였다. 어머니, 제발 편히 가소서! 이생에서 못 다한 꿈 저생에 가서 다 이루소서!

어머니는 그 밤이 지난 다음날 아침을 지나 정오가 가까워 올 무렵 "이제는 그만 자고 싶다"더니 조용히 눈을 감았다. 마치 미국에서 올 나를 기다려 주었던 듯, 내가 한국에 도착하여 하룻밤을 간호하게 해 주더니 본인의 소망대로 잘 가신 듯했다. 어머니의 영혼은 한 마리 하얀 나비가 되어 이생과 저생의 경계선을 넘어 죽음의 장가를 지나 허공으로 하염없이 날아가고 있었다. 나는 울지 않았다. 죽음을 너무나 곱게 맞이해 준 어머니의 죽음 앞에 기쁨과 감사를 드렸다.

"어머니, 감사합니다. 노후의 고통스런 모습을 남기지 않으신 어머니, 감사합니다. 그 아픔조차 아껴 주신 어머니, 감사합니다."

나는 염(殮)을 하는 장소까지 내려가 어머니의 차디찬 손과 발을 만져 보았다. 따듯한 피가 흐르지 않고, 숨을 쉬지 않는 냉동된 어머니의 주검 앞에서 죽음의 실체를 똑바로 바라보았다. 조금도 무섭지가 않았다. 인간은 그렇게 가는 것이었다. 매일 지나가는 일상처럼 죽음은 죽음 자체의 색깔을 지녔을 뿐, 그 이상도 그 이하도 아닌 것이었다. 남에게 특별히 잘못한 일이 없고, 자식들 잘 키우려 한 세상 바치며 보통으로 살다 간 그 인생이 얼마나 위대한 것이었던가. 자신의 욕망을 위해 세상을 한바탕 휘저어 놓고 떠나는 사람보다 더 값진 것이 아니던가. "평범한 것이 세상에서 가장 좋은 것이다"는 평소의 신념대로, 죽음조차 마음대로 할 수 있음을 증명이라도 하듯, 조용히 눈을 감았다. 항상 두렵고 무서웠던 그 죽음 앞에서 나도 조금은 초연해질 수 있을 것 같았다.

죽음의 이편에서

공수래 공수거(空手來 空手去) ─ "사람은 빈 손으로 왔다가 빈 손으로 간다"는 것을 죽음과 많이도 결부시켰던 나였다. 인간이 목적을 가지고 무언가를 성취하려 안간힘 쓴다는 것이 참으로 바보스럽고, 부질없고, 헛되고, 헛되다 싶었는데 그게 아니었다. 이 세상의 모든 싸움은 그 욕심 하나로 아귀다툼의 시장통보다 더한 인간 시장이 되고 있지 않은가 싶었는데 그것도 아닌 것이었다.

어제, 오늘, 내일이 돌고 돌아 영겁의 세월을 만들고, 인간은 피할 수 없는 그 사슬에 감겨 돌아가므로 인간은 분명히 빈 손으로 와서 빈 손으로 가는 것은 아니다. 각자의 업(業)을 짊어지고 와서 그 업을 풀다가 또 지은 만큼 그 업을 가지고 가는 존재가 아니던가. 과학적인 측면에서 본다 해도 부모의 유전자를 받고 태어나서 그 자식들에게 유전자를 물려 주고, 그 자식은 그 다음 세대에게 그 유전자를 물려 주고, 죽고 태어나고 하는 것의 반복이 아니던가. "그 부모에 그 자식"이란 말이 있고, "성격이 운명을 좌우한다"고도 했다. 그 유전자 속에 이미 한 사람의 성품이 깔아 있어 이생에 태어난다는 것이다. 돌연변이나 후천적인 노력에 의해서 어느 정도의 변화는 가능한 것이겠지만 유전자를 통해 계승될 것이니 그것이 얼마나 무서운 윤회이며 업인가. 자자손손(子子孫孫) 대대로 그 업은 가고 오고, 오고 가고 할 것이다.

인생무상(人生無常)—죽음이란 내게 허무한 것이었지만 나는 그 허무를 넘어서 열심히, 착하게 현생을 살아야 하는 분명한 이치를 알게 된 것 같다. 다시 오지 않는 인생이라 해서 함부로 산다면 어떻게 될 것인가.

어머니의 장례를 마치느라 2주 동안 한국에 머물렀던 나는 미국행 비행기에 오르자마자 눈을 감았다. 머릿속에서는 아직도 원불교 교무님들의 독경 소리와 목탁 소리, 천도 법문 소리가 들려오는 듯했는데 눈이 자꾸 감겼다. 잠이 안개처럼 스멀스멀 몰려오는데도 내가 맞이했던 어머니의 죽음 위에 하나의 질문이 수면 위로 떠오르는 하얀 꽃송이처럼 내 머릿속을 떠 다녔다.

강물이 모두 바다로 흐르는 그 까닭은

언덕에 서서

내가

온종일

울었다는 그 까닭만은 아니다.

밤새

언덕에 서서

해바라기처럼 그리움에 피던

그 까닭만은 아니다.

언덕에 서서

내가

짐승처럼 서러움에 울고 있는 그 까닭은

강물이 모두 바다로만 흐르는 그 까닭만은 아니다.

  천상병 시인은 이 시를 쓰면서 무덤 앞에서 절하며 우는 사람들을 보며 '사람은 죽게 마련이구나' 하는 근원적 슬픔 외에도 죽은 이와 나누었던 정과 추억, 이별 등이 어우러져 빨강, 노랑, 파랑의 색색이 펄럭이는 그들의 만장(輓章)을 보았던 것일까.

  이 시를 읊조릴 때마다 모든 것을 놓고 떠나야 하는 인간의 공동 운명과 고인들과 함께 묻혀 가는 사연들, 그것들을 마음속에 넣고 되새김

해야 하는 살아 있는 자들의 몫에 대해서 숙연한 슬픔을 느끼곤 한다.

그러면서 "슬프면 슬퍼하자. 그리우면 그리워하자"라고 자신에게 말한다.

그렇게 오랫동안 죽음의 그림자에 끌려 다녔다는 것에 대해서, 너도 가고 나도 가는 그곳에 대해서 두려움을 갖고 있었던 자신은 겁쟁이였다. 어렵게 수수께끼를 풀려다가 너무 쉬운 답을 알고 난 후 같은 이 기분에 대해서 나는 무엇이라고 해야 하나. 팔십 생을 넘긴 어머니의 죽음 앞에서 생에 대한 의문 부호 하나를 떼어 버린 듯 홀가분하다. 아버지의 죽음으로부터 받았던 무거웠던 유산(遺産)을 어머니가 가볍게 거두어 가 버린 것인가.

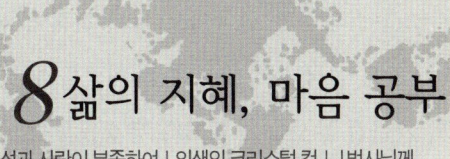

8 삶의 지혜, 마음 공부

족외 결혼 1 | 족외 결혼 2 | 문화의 힘 | 정성과 사랑이 부족하여 | 인생의 크리스털 컵 | J법사님께

족외 결혼 1

올 봄에 나는 몇 장의 청첩장을 받았다. 평소에 알고 지내던 분들의 자제들로서 이민 1.5세와 2세들의 결혼식 통보였다. 한동안 한국인 사윗감들을 찾느라 분주하던 분들이었기에 반가운 마음으로 결혼식 참석도 하고, 축하 인사도 보냈는데 그들 중 두 쌍이 타민족과 결혼하는 것을 보고 동포 사회의 결혼 풍토가 국제화되어 가고 있음을 실감하였다. 한 사람은 중국인과, 다른 사람은 미국인과 했는데 결혼식에 참석한 사람도 한국인, 중국인, 미국인 등등 다양한 민족적 분위기를 형성하고 있어 다채로웠다.

족외 결혼하는 사람들을 처음 보는 것은 아니어서 당황하거나 어색할 필요는 없었지만 나도 자녀를 키우는 입장이라 타민족과의 결혼에 대해서 생각해 보지 않을 수 없었다.

조사에 의하면 한국에서 국제 결혼이 시작된 것은 1950년부터였으며, 많은 한국 여성들이 주한 미군들과 결혼해서 미국으로 왔다. 한국의 가난한 부모들을 돕거나 동생들을 초청하여 공부를 시킨 예도 있지만, 많은 여성들이 문화적 차이로 인한 갈등과 수난을 겪었으며, 불행한 삶을 살고 있다고 한다.

현재 미국에서 거주하는 한국인 1.5세나 2세들의 타민족과의 결혼은 그 세대의 국제 결혼과는 여러 가지 조건에서 다를 것이다. 우선 교육 정도가 다를 것이고, 언어 소통 면에서도 다를 것이며 경제적인 입장도 다를 것이다. 그렇다 해도 이민 1세대인 부모에게서 한국적 문화를 배경으로 자란 동포 자녀들은 무의식적으로나마 다른 민족과는 다른 가치관과 의식 세계를 갖고 있을 것이다.

내가 만난 이곳 동포 부모들 역시 자녀들의 족외 결혼에 대해서 여러 가지 의견들이 많았다.

"내 아들이 데려온 며느리가 시부모와 의사소통이 안 된다고 생각해 봐요. 생각만 해도 아찔해요. 손자 손녀를 낳아도 우리와 다를 것 같고, 마음껏 귀여워해 줄 수가 없지 않겠어요? 나는 아예 대학교 다니는 아들과 딸에게 타민족과는 데이트 하지 말라고 단단히 일러 두었어요" 하는 사람도 있고, 다른 한 어머니는 "나는 내 딸이 고루한 한국 시부모를 만나서 어려움을 겪게 될 거라면 미국 남자에게 시집가는 게 차라리 나을 거라고 생각해요" 하더니 그 두 딸이 독일인과 중국인을 남편으로 맞이하였다.

결혼은 인생의 가장 큰 모험이요, 도박이라고 하고, 사랑은 결혼의 가장 중요한 조건이라고 한다. 다른 민족 사이의 결혼이라 해도 거기에 사랑만 있으면 되는 것이 아니냐고 한다. 그런데 "남녀간의 사랑이 뭐냐? 결혼이 뭐냐? 왜 결혼은 하느냐?" 하는 질문 앞에서 부모된 이가 얼마만큼 충실하고 성숙한 대답을 자신 있게 할 수 있을 것인가가 문제다.

족외 결혼 2

　부모는 자식을 위해서 목숨까지도 버릴 수 있는 존재라고 한다. 그런 부모의 입장에서 자녀의 행복을 바라지 않는 부모는 없을 것이다. 내가 만나 대화를 나눈 대부분의 부모들은 타민족과의 결혼에 있어서도 "같은 민족끼리 결혼을 해도 행복하지 않은 부부가 많은데 타민족이라니 절대로 안 되지요" 하는 부모가 있는가 하면, "그렇게 한국인 중에서 선택해 보라고 했는데도 안 되고 결국은 다른 나라 사람을 데리고 왔는데 부모가 어떻게 하겠어요" 하며 받아들이려는 마음 준비를 하고 있는 부모를 만나기도 하였다. 민족의 순수성이나 혈맥의 보존을 위해서 같은 민족끼리 결혼을 해서 행복하게 살 수 있으면 좋으련만 그 일이 마음처럼 안 되고 있으니 안타깝다는 분들도 많았다.
　자녀들의 입장에서도 할 말이 전혀 없는 것은 아니었다. "부모님은 계속 한국 사람과 결혼해야 된다고 하시는데 그게 어디 제 맘대로 되는 일입니까" 하는가 하면 "방학 때 집에 내려가면 계속 한국인과 결혼해야 된다는 말씀만 하시니 집에 가는 게 싫고, 두려워요" 하는 미혼 남녀도 만나 보았다.

결혼 적령기를 맞이한 1.5세, 2세들의 부모와 자녀들의 고민은 당사자가 되어 보지 않으면 진정으로 이해하기 어려운 문제인 것 같다.

그러면 이민 1세인 나는 어떤 부모가 될 것인가 생각해 본다. 내 자녀들이 타민족과 결혼하기보다는 한국인과 결혼해서 행복하게 사는 모습을 보고 싶은데 어떻게 하면 좋을까. 다 성장한 뒤에 타민족과 결혼하지 말라고 하는 것보다는 나이가 어렸을 때부터 자녀들의 정신 속에 확고부동한 민족정신이나 조국애를 심어 주면 좋을 것 같고, 조국의 이미지를 나쁘게 할 만한 말들은 자녀들 앞에서는 조심해야 되겠다는 생각을 한다. "한국은 기름도 안 나면서 무슨 차가 그렇게 많은지 원" 한다든가 "요새 한국 정치는 말이 아니야"라는 단순한 한마디가 "나는 자랑스런 한국인이다"는 자부심을 갖지 못하게 할 수도 있을 것 같다. 사랑이라든가 결혼에 대한 분명한 사고 개념을 확립시키고, 한국인인 부모의 삶을 좋아하고 존경할 수 있는 가정 분위기로 이끌고 싶다. 결혼은 신성한 것이니까 결혼할 때까지는 순결한 몸과 마음으로 미래의 삶을 준비시키도록 하겠지만 한국인들과 건전한 이성 교제가 이루어질 수 있도록 부모로서의 배려도 해보고 싶다.

그렇게 노력했는데도 타민족과 결혼하겠다고 한다면 나는 또 어떻게 할 것인가. "너는 부모 말을 따르지 않았으니 내 자식이 아니야"라며 쫓아 버릴 것인가 아니면 감싸 안을 것인가. 나는 아직 내 자녀들이 어려서인지 이 부분에 있어서는 답을 잘 내릴 수 없다.

문화의 힘

미국 생활에 적응하여 살아 가면서 나는 종종 '장님과 코끼리' 얘기를 떠올린다. 장님 여섯이 코끼리를 만져 보고 제각기 하는 말에서 여러 가지 의미를 찾게 된다.

"와우, 꼭 벽처럼 생겼구나."

"호, 대단한데……. 여기 이렇게 둥글고, 부드럽고, 날카로운 걸 보니 작살처럼 생겼군."

"코끼리는 꼭 뱀처럼 생겼구나."

"무슨 말들을 하는 거야. 이 코끼리는 꼭 나무처럼 생겼다."

"으음, 코끼리는 분명히 부채처럼 생겼어."

"코끼리는 꼭 밧줄처럼 생겼구나."

하나의 사물을 보고 많은 견해 차이를 가져올 수 있는 인간들의 표현을 잘 나타내 주는 예화여서 나의 거울로 삼고는 한다.

미국에 오기 전 나는 백인과 흑인을 보면서 우리와는 전혀 다른 사람들이라는 생각을 많이 했다. 눈은 깊숙이 들어가고, 광대뼈는 불쑥 나오고, 피부는 검거나 하얗고, 눈은 파랗고, 다른 게 너무 많아 보였다. 그런데 지금은 그 사람들도 우리와 똑같은 인간이라는 차원에서 그들을 이해하고자 하는 나를 발견하게 되고는 한다. 내가 친절히 대해 주면 백인들도 흑인들도 나를 좋아하였고, 내가 찌푸리면 그 사람들도 나를 향해 야유하고 불쾌하게 대한다는 사실이었다.

  중학교 때 서울 언니네 집에 가는 기차 속에서 흑인을 처음 보고 놀랐던 기억을 가지고 미국에 왔으나 '오프라'와 '코스비' 쇼를 보면서 그들에게 친밀감을 느꼈고, 폴리시아나 덴젤 워싱톤 같은 흑인 배우에게서 매력을 느끼게 되었다는 것은 타민족에 대한 이해의 폭이 넓어졌음이다.

  국가와 문화가 다른 사람끼리 만나서 일해야 되는 기회는 이곳에서는 얼마든지 있다. 남편의 사업체에서 일하는 사람들만 해도 몇 개국 사람들이 모여 판매와 운송을 담당해 준다.

  인도인인 샌디가 손으로 음식을 먹는 걸 보고 처음에는 깜짝 놀랐다. 평소의 그는 다섯 나라 말을 하는 멋진 신사였다. 지성인이라던 인식이 뒤바뀌는 순간이었다. 손으로 음식을 먹는 사람은 야만인이라는 내 선입견이 강하게 작용했던지 내 마음은 당황했고, 얼른 지하실로 내려가 큰 숨을 몰아쉬었다. 나중에야 인도인들의 식생활 습관이 그렇다는 걸 알고 아무렇지 않게 되었다.

  뉴욕 타임스의 셰릴 우던 기자는 한국인들이 개고기를 식용으로 한다는 것에 혐오감을 느낀다는 듯한 글을 쓴 적이 있다. "10리만 떨어져도 물과 바람이 다르다"고 한다. 힌두인들이 우상으로 섬기는 쇠고기를 매일 먹고 사는 미국인의 잣대로 우리 문화를 비판받는다는 게 자존심은 상하지만 우리 문화가 그만큼 세계적으로 친밀하지 못하다는 것도 고려해 보아야겠다. 고기가 귀하던 가난한 시절, 한국인의 보양식이 되었던 그 개는 서양인들이 집 안에서 키우는 앙증맞은 개와는 분명 종류가 다르다는 것을 미리 알게 해줬어야 했다. 애정을 주어 가족처럼 키우는 개를 식용으로 하는 한국인은 요즈음 많지 않을 것이다.

일본은 자국 문화 홍보를 위해 엄청난 재정을 투자하고 있다고 한다. 그래선지 내가 알고 있는 미국 대학 교수들과 학생들은 일본 문화에 친밀감을 많이 느끼는 듯하다.

왜 우리는 이 정도밖에 우리 문화를 보여줄 수 없었던 걸까. 우리 문화가 타국인들에게 잘못 인식되어서는 안 될 것 같다. 백범 김구 선생께서는 "나는 우리나라가 세계에서 가장 아름다운 나라가 되기를 원한다. 문화의 힘은 우리 자신을 행복하게 하고, 나아가서 남에게 행복을 준다. 인류가 현재에 불행한 근본 이유는, 인의가 부족하고 사랑이 부족하기 때문이다. 이 정신을 배양하는 것은 오직 문화뿐이다"라고 하셨다.

본국에서는 문화유산의 해를 정해서 한복 입기를 권장했고, 외국인 학자들의 한국학 연구를 위한 영어 책자들을 많이 펴냈다고 한다. 반가운 일이다. 남의 문화를 이해하는 것도 중요하지만, 나의 문화를 남에게 제대로 이해시켜 주는 것도 중요하다 싶다.

정성과 사랑이 부족하여

 지난해는 많은 카드를 보냈다. 그리고 많은 카드를 받았다. 그 카드를 전부 벽에 붙여 놓고, 아주 흐뭇했고 행복했다.
 그 속에 있는 내용들도 다 각기 달랐다. 그 카드 속에는 사랑과 감사, 기쁨과 축원하는 내용들이 가득하게 들어 있었다. 잊혀졌다가 새삼스레 기억해 보는 이름들도 있었다. 가슴 두근거릴 만큼 반가웠다.
 그 카드를 보고 있으려니 삼 년 전에 돌아가신 이종술 선생님 생각이 났다. 그분은 나에게 많은 사랑을 주셨던 중학교 1학년 때 담임 선생님이셨다. 전주고등학교와 서울대학교, 대학원을 수석으로 졸업하셔서 수재라 알려진 분이셨다.
 내가 중학교 2학년 때 선생님께서는 서울 창덕여고로 가시고 후에는 경복고등학교에서 교편을 잡으셨는데 "꼭 좋은 대학에 가라"시며 그 학교의 시험 문제지를 여고 졸업할 때까지 보내 주셨다. 여고를 졸업하던 해, 선생님께서는 예쁜 사모님을 맞이하셨다. 전주에서 결혼식이 있었으므로 나도 노란 원피스를 입고 참석했는데 선생님은 참 행복해 보이셨다.

미국에 이민 와 살면서 선생님과 헤어진 지 삼십 년이 넘어서야 비행장에서 전화를 드렸는데 대번에 "명순이냐?" 하시며 내 목소리를 단박에 알아맞추시던 선생님. 나는 너무나 감격해서 선생님이 곁에 계셨다면 한바탕 '엉엉!' 소리내어 울었을 것이다. 그 다음 대화는 "나 암으로 아프다"는 말씀이었는데 나는 찾아뵙고 올 수가 없었다. 한국을 떠나기 위한 비행장에서 드린 전화였으므로 미국행 비행기를 타야 했고, 비행기 속에 앉아서 한참을 울었다. 생에 대한 허무가 몰려왔다. 왜 사람들은 아프고, 죽고 해야 되는 것일까.

2002년, 한국을 방문했을 때에야 선생님과 사모님을 댁으로 찾아뵈었는데 서울 화곡 교당에 두 분이 다니신다는 것이었다. 선생님께서는 소녀에서 두툼해진 중년 여인이 된 내가 몹시 생소하셨을 것이지만 반가워해 주셨고, 사모님은 멸치며 꿀을 주고 싶어하셔서 미국까지 가지고 왔다.

그때 선생님께서는 딱 한 가지 부탁을 하셨는데 더도 말고 일 년에 연하장 한 장만 꼭 보내달라는 간청이셨다. 첫 해는 그 말씀을 기억하며 열심히 연하장을 써놓고, 우체국에 가야 하면서 시간을 놓쳤다. 다음 해에는 시간을 충분히 잡아 연하장과 뉴욕문학 책을 보내 드렸다. 되돌아오지 않았으므로 잘 받으셨으리라 짐작했다.

그 다음 해 한국을 방문하여 전화를 드렸더니 사모님께서 받으셨다. 선생님께서 7월에 열반하시어 책과 연하장은 사모님께서 받아 놓으셨다는 것이었다.

  절망스럽고 슬펐다. 부족했던 정성에 대한 회한이 사무쳤다. 카드를 볼 때마다 그 카드 한 장을 보내지 못했던 게으름이 내 마음을 쓰리고 아프게 한다.

인생의 크리스털 컵

백화점에 가서 쇼핑을 끝내고 시간이 남으면 나는 지하로 내려간다. 그곳에 가서 크리스털 컵들을 구경한다. 말갛고 선명한 크리스털 컵들을 바라보고 있노라면 너무나 깨끗한 세상에 온 듯 마음이 서늘해진다. 그 크리스털 컵들을 보면서 나는 내 친구, 정아를 떠올린다. 감정보다는 차가운 이성을 느끼게 하는 그녀. 중고등학교 육 년 동안 친한 친구였던 정아를 졸업한 뒤에는 세 번밖에 만나지 못했다. 성악을 전공했던 그녀는 대학을 졸업하자마자 결혼을 했고, 나는 미국으로 와 버렸으니 자연히 멀리 떨어져 살게 되었다. 미국에 온 뒤 두 번째로 한국을 방문했을 때 대전에 살고 있던 그녀를 찾아간 적이 있었다.

아버지가 교회 장로였던 집안에서 자랐던 친구여서 그랬던지 검소함이 몸에 배인 그녀가 호화롭게 살 거라고는 기대하지 않았지만, 가구가 없는 텅 빈 집 안에 들어서자 놀라웠다. 남편이 카이스트의 박사가 아니었다면 소파를 장만할 수도 없었을 듯한 그녀의 경제 상황에 마음이 아렸을 것이다.

　정아는 개구쟁이 사내아이만 둘을 두었는데 그 아이들이 놀기 좋게 집 안의 공간들을 온통 비워 두고 있는 것 같았다. 외적으로 보여지는 것에 커다란 의미를 두지 않는 내 성격 탓도 있겠지만 워낙 담백한 성품을 가진 친구라서 그렇게 사는가 보다 싶어 묻지도 않았다.

　그래도 너무 신기하여 부엌을 들여다보니 부엌에도 그릇 하나 밖으로 나와 있지 않은 것이었다. 아무것도 눈에 잡히지 않으니 참으로 깔끔한 살림살이가 아닌가. 나는 호기심어린 기분으로 물 컵을 찾으러 부엌 캐비넷 문을 열어 보았다. 그곳에 눈부시게 반짝이는 크리스털 컵들이 가득 모여 있었다. 식당을 차려도 될 만큼 많은 크리스털 컵들이 진열되어 있는 것이었다. 얼마나 강렬한 인상을 받았던지 크리스털 컵을 볼 때마다 정아가 떠오른다. 유달리 곱고 희던 피부가 크리스털 컵과 어울려 맑고 투명하게 반짝이던 것도 잊혀지지 않는다. 정아가 크리스털 컵들을 깨지 않기 위해 조심스럽게 움직이는 동작들이 내 눈에 선하다.

　그 뒤로 나는 크리스털 컵들을 정아처럼 좋아하게 되었고, 기회만 있으면 사오곤 한다. 온 집안 식구들 또한 그 컵들을 너무 사랑하여 곧잘 깨 버려서 내 찬장은 여러 가지 그릇들로 잡다하게 되지만 나는 또 크리스털 컵들을 사오는 것이다.

　조금만 조심성 없이 다루어도 쨍그랑! 깨져 버리는 그 크리스털 컵들을 보면서 우리의 인생도 크리스털 컵과 같은 것이라 긴장해 본다. 일심(一心)으로 두 손을 받쳐 들지 않으면 금방 깨어져 버리고 말 크리스털 컵!

J 법사님께

　가을이 예쁜 옷을 입고 창가에 찾아와 손을 흔들며 웃고 있습니다. 법사님께서는 그동안 건강하게 잘 지내셨는지요?
　무더운 여름이 지난 탓인지, 아니면 여름방학동안 해린이와 영우를 데리고 한국을 방문하려던 계획이 마음대로 되지 않았던 탓인지, 요즘에는 더욱 고국에 계신 인연들이 그리워지곤 합니다.
　종종 법사님 생각도 많이 했습니다. 뉴욕에 오시자마자 운전을 배우시고, 영어 학원에 다니시고, 아침이면 키세나파크에 나가서서 조깅을 하시던 모습이 떠오를 때마다 참으로 성실한 분이셨구나하는 감탄을 새삼 하곤 합니다. 그런 법사님 모습이 참으로 좋았습니다. 몸이 건강해야 마음먹은 일을 잘할 수 있는 것이기에 저도 열심히 운동도 하고, 마음속에 병이 될 만한 잡념은 갖지 않으려 노력합니다.
　지난 겨울엔 심한 불경기로 진통을 겪었고, 그 후유증이 여전하지만 밝고 명랑하게 삶을 유지할 수 있는 건 정말 다행스러운 일입니다. 이 모든 것이 다 법신불 사은님의 은혜가 아닌가 합니다. 늘 감사하고 감사하는 마음뿐입니다.

다행히 뉴져지에 새로 옮긴 가게 아래로 한아름 마켓이 크게 문을 열어 가구점에는 많은 도움이 되고 있다고 합니다. 남편은 늘 걱정 없이 말하는 사람이니 그렇게 믿고 삽니다.

저는 법사님께서 가신 뒤 『참』이라는 잡지를 창간하여 4호째 만들려고 하고 있습니다. 뭔가 보람 있는 일을 하고 싶어 시작은 했습니다만 돈이 많이 드는 일이라 편집부터 컴퓨터 일을 혼자 다하자니 어려움이 있습니다. 가끔 원고 청탁이 들어와 글을 쓰다 보면 하루가 너무 빨리 가버리는 것 같습니다. 오늘 새벽에야 코리안 라이프에서 부탁한 「가을의 멋」이라는 제목의 글을 마무리지었습니다.

엊그제는 해린이가 라과디아 커뮤니티 칼리지에서 큰 공연을 했습니다. 국악원 10주년 기념 공연이었는데 해린이 춤이 많이 늘었다고 선생님들이 자신들의 대열에서 같이 춤을 추도록 해주었습니다. 작년에는 이곳 미주 국악원 국악예술경연대회에서 승무로 1등 상을 받기도 하였는데 유수열 교감님, 양진성 교무님, 박인선 교무님께서 참석하셔서 많은 축하를 해주셨습니다.

얼마 전 신태인 어머니께 전화했다가 법사님께서 다녀가시면서 안부를 주셨다는 말씀을 듣고 감사했습니다. 그렇게 챙겨 주시니 제가 얼마나 감사한지 모르겠습니다. 어머님께서는 여든이 넘으신 나이에도 전화 목소리가 쩌렁쩌렁 하셔서 젊은 사람 못지않은 기백을 느끼게 합니다. 저희 딸들에게 부담을 주시지 않기 위해서 진지 잡수시는 것이나 건강에 얼마나 주의를 하고 계시는지 눈에 선합니다.

  그리고 보니 영우 얘기가 빠진 것 같습니다. 워낙에 두리둥실한 아이라 걱정 근심 없이 잘 먹고 잘 크고 있습니다. 어찌나 많이 컸는지 법사님께서 보시면 놀라실 것입니다. 그림 공부는 여전히 하고 있고, 미국 학교에서는 풋볼 선수로 활약하고 있습니다. 요새는 집안 부처님들 불공에 공을 많이 들이고 있습니다.

  법사님을 종종 뵐 수 있었으면 좋겠지만 그러지 못하니 한국에 가면 찾아뵙겠습니다.

  항상 건강하시고, 부처님 사업이 순조롭기를 기도드리겠습니다.

뉴욕에서 김태영 드림

9 문학 기행문

꿈꾸는 백마강 | 마크 트웨인의 집 | 잉카를 찾아서 | 신화의 나라, 그리스

꿈꾸는 백마강

　최정자 시인께서는 『몬탁의 등대불』이라는 시집에서 나를 '꿈꾸는 백마강'이라 이름 붙여 주셨다. 그 시집이 나올 무렵의 나는 그분과 정신적 교분이 별로 없었던 때라 왜 그런 이름을 나에게 붙여 주었을까 의아해 했다. 그러다 잊어 버렸는데 세월이 되돌아오는 건지 그 백마강이 내 눈앞에 펼쳐지면서 푸른 물결이 달빛에 출렁이었다.
　지난날 방탕한 백제의 마지막 31대 의자왕이 남긴 슬픈 전설 같은 역사도 내 가슴에 다가와 백마강과 겹쳐지기도 했다.
　김정구, 배호, 남인수, 차창호 등이 부른 '꿈꾸는 백마강' 노래도 골고루 들어 보았다. "백마강 달밤에 물새가 울어, 잃어버린 옛날이 애달프구나. 낙화암 그늘 아래 울어나 보자", "백마강에 고요한 달밤, 고란사에 종소리가 들리어 오면, 구곡간장 찢어지는 백제 꿈이 그립구나. 불러 본다. 삼천 궁녀를······"이라는 구슬픈 가사가 심곡을 울려 주었다. 찬란한 문화를 자랑했던 660년의 백제 역사가 나당연합군에 패하여 무왕의 맏아들, 백제의 임금이 당나라에 압송되어 병사했던 아픔이 그 노래 속에 곁들어 있는 듯했다.

그런 이유로 한국을 방문할 때마다 백마강을 보고 싶었는데 가보지 못하고 돌아와 아쉬움이 컸다.

백제의 고도 충남 부여의 부소산성에는 의자왕의 충신들이었던 성충, 흥수, 계백 장군의 위패를 모신 사당이 있다고 들었으므로, 황산벌 전투에서 오천 명의 결사대를 이끌고 신라의 대군과 싸우다 전사한 계백 장군을 거기 가면 만날 수 있을 것 같기도 했다.

금년 3월, 한국을 방문하면서 전주에 사는 넷째 언니, 조카 진명이 부부, 그들의 두 자녀를 동행하고 드디어 꿈꾸던 백마강에 가게 되었으니 오랜 소원이 풀린 셈이었다.

백제의 수도로 123년간의 영화를 누렸던 부소산성. 백제의 성왕이 국가의 부흥을 꿈꾸며 도읍지로 옮겼다는 곳. 거친 싸움에 피멍이 들었을 그 숲속 길을 걷자니 부드러우면서도 아름답고 찬란한 백제문화의 향기가 솔바람을 타고 솔솔 불어오는 듯했다.

한편으론 현대인의 손길로 잘 다듬어진 오솔길이 편리한 산책로로 변한 것 같아 옛 정취를 찾을 수 없는 아쉬움이 컸다.

백마강이 부여의 진산이라는 부소산을 감싸고 돌아 흐르고, 흘러 내려온 넓은 평야를 넉넉하게 안고 있다는 천혜의 지형. 그 기름진 땅에서 백제가 허망하게 망했다 함은 안타까운 일이었다.

백제의 왕들이 계룡산 영천봉 위로 떠오르는 태양을 맞이하며 하루 일과를 계획하였다는 영일루. 그 누각에서 나는 아침 해를 바라보고 싶었는데 우리가 도착했을 때는 한낮이었으므로 그것은 가능하지가 않았다.

휘돌아 가는 백마강변 위로 뾰족한 바위들이 많았는데 그 작은 봉우리에 날아갈 것처럼 앉아 있는 육각 백화정. 그곳이 쓸쓸한 낙조를 안고 서 있는 모습은 가히 천하의 절경이라 했지만 그 시간대에 그 모습을 볼 수 없었으니 그 또한 유감이었다. 그 절벽 밑을 흐르는 백마강의 아름다운 풍경과 강물 위를 떠 가는 유람선을 바라보며 백마강의 꿈을 엿보았을 뿐이다.

삼천 궁녀가 한 떨기 꽃잎처럼 백마강에 몸을 던져 지조를 지켰다는 낙화암에 이르러 그 옛날을 상상해 보니 백마강 사연이 서러움으로 되살아났다.

적에게 유린당했거나 칼로 죽임을 당하는 것보다 백마강에 뛰어내려 죽음을 택했던 것이 백 배 나았다 싶기는 하지만……. 논개처럼 한 사람씩 적을 안고 백마강에 뛰어들었다면 한은 덜 남지 않았겠나 싶다. 바위 위에서 강물을 내려다보니 그들의 순결한 혼백이 백마강 물결 위에 머리를 풀고 흐느끼고 있는 듯했다. 나도 모르게 고개가 숙여졌고, 눈을 감았다. 그들의 영혼이 위안받기를 바랐다.

의자왕이 아주 형편없는 왕이었다면 그 많은 궁녀들이 목숨을 버려 자기의 절개를 지키고, 백제의 자존심, 왕의 자존심을 지켜 주었을까. 의자왕은 주무왕의 맏아들로서 한때 해동증자라는 칭호를 받을 만큼 부모에 대한 효성이 지극하고 형제간의 우애가 두터웠다고 한다. 왕권을 강화하고 나제동맹을 깨뜨린 신라의 많은 성들을 빼앗아 국토를 넓히기도 했던 왕이었다고도 한다. 일국의 흥하고, 망하는 것은 하루아침에 오는 것은 아닐진대 당대의 의자왕이 모든 잘못을 안고, 신라의 후세 사가들에 의해서 폭군으로, 탕자로 쓰여져 있다고 하는 것을 나는 믿고 싶었다.

한 사람의 잘못으로 그 많은 처자들이 죽어 갔다면 너무 참혹하고, 그 자리에 서 있다는 것조차 괴로워질 것 같았다.

백제의 한과 삼천 궁녀의 설움, 왜곡된 역사의 진실까지도 침묵 속에 지키고 있을 백마강. 그 감춰진 고뇌의 깊이를 내 어찌 짐작이나 할 수 있을 것인가. 하나 백마강은 모든 진실을 알고 있을 것이다.

고란사 입구에서 기념 사진을 한 장 찍고, 그 뒤로 돌아가니 고란정이라는 샘이 바위 밑에 있었다. 시원한 생수를 여러 잔 마시면 무병장수하고, 오래 산다고 하였는데 나는 한 잔만 마셨어도 신비한 약수가 온몸 안에 흘러든 듯 상쾌하였다.

샘터 앞에 놓여 있는 유리상자 속을 들여다보니 '숨어 살고 숨어 꽃이 핀다'는 고등 은화식물인 고란초의 초록색 잎들이 마른 나무 등걸 사이로 자꾸만 숨고 있었다. 약수를 임금에게 받칠 때 약수의 진위 여부를 가리기 위해 그 잎사귀를 띄웠다 하는 고란초.

세상을 위해서도 해악을 가려낼 수 있는 고란초 같은 인재가 많았다면 백제의 운명은 달라졌을 것이다.

고란사의 뒤 벽에는 임현상이 썼다는 「고란초의 독백」이라는 긴 시가 죽 적혀 있었는데 그 마지막 부분이 가슴을 서늘하게 했다.

사시상청 푸른 절개

천추에 전한 삼천 궁녀 넋이 다 내 맘이라오.

무명(無名) 무상(無想) 무일체(無一切)도 내 맘이라오.

약수에 내 몸 띄워 임께 바쳐온

백제의 그 정신이 내 맘이라오.

　백제의 후예로서 지난 역사의 현장이 어제 일처럼 가슴에 담겨 오니 시간은 결코 흘러간 것도, 없어진 것도 아니었다. 거울처럼 지난 일들을 내 앞에 비추어 비련(悲戀)의 현장을 만들어 주었다. 나는 점점 비감에 젖어 들었다.

　선착장으로 내려가 유람선에 오르니 '꿈꾸는 백마강' 노래가 계속하여 들려 왔다. 30분 정도를 똑같은 목소리, 똑같은 음악을 듣고 있었는데 그 안에 탔던 어느 누구도 불평하는 이가 없었다. 마치 오랜 세월 마르지 않고 흐르는 백마강에 진혼곡(鎭魂曲)을 바치듯 모두 경건한 자세로 앉아 있었다.

마크 트웨인의 집

 351 파밍톤 에비뉴. 하트포드, 커네티컷에 있는 마크 트웨인 집을 두 번째로 방문하게 된 것은 2005년 11월 16일이었다. 미동부한국문인협회 문우들과 10월 14일부터 17일까지 3박 4일의 몬트리올, 퀘벡 문학기행 중 들렸던 날로부터 꼭 한 달이 되는 날이었다.

 한국에서 초빙되었던 경희대학 김종회 교수의 유창한 차 속의 강연이 고국의 언어, 한국의 시, 한국문학에 대한 깊은 향수를 불러와 문인으로서의 감성이 최대한 발휘되었던 가을 여행이었다. 여행 도중 계속 비가 내렸던 터라 물씬한 낙엽 냄새에는 취해 보지 못했었고, 여럿이 다니다 보니 충분한 관찰이 되지 않았음이 아쉬워져서 나 혼자 다시 가보고 싶어져 손수 차를 몰고 갔다.

 낙엽이 우수수! 가을날의 함성을 외치며 떨어지는 95번과 91번 하이웨이를 달려 2시간 반 정도면 갈 수 있는 그 집을 4시간이나 걸려 가게 된 것은 가을날의 노랗고 붉은 아름다운 단풍숲을, 그 안에 잠겨 있는 호수와 멀리 보이는 바다를 바라보고, 마음껏 만끽하며 갔기 때문이었다. 잎이 성긴 가을 나무 사이로 빅토리안 스타일의 마크 트웨인 집에 도착했을 때는 오후 늦은 시간이었다.

마크 트웨인 박물관 주차장에 차를 세우고 자기의 족적을 분명하게 남겨 놓은 한 작가의 집을 올려다보니 몹시 쓸쓸하고 적막해 보였다. 가을날, 을씨년스런 날씨 탓이기도 했겠고, 사람들의 거동이 보이지 않는 뿌연 불빛과 침묵하는 나무들 때문이기도 했을 것이다. 텅 비어 보이는 그 박물관의 계단을 한 계단 한 계단 오르면서 왠지 그 집이 마크 트웨인의 풍자와 해학이 넘쳐나는 글보다 더 풍부한 환상적 실체로 나를 맞아 주고 있음이 신기하였다.

정다웠던 많은 사람들이 함께했던 한 달 전의 시간들은 스산한 바람처럼 스쳐 지나가 버렸지만, 추억의 그림자가 사람의 온기처럼 남아 나를 기다려 주고 있는 듯했고, 문우들의 웅성거림이 그들의 얼굴과 함께 다가왔다 사라져 갔다.

박물관 안으로 들어가니 금발의 나이 지긋해 보이는 여자 안내원이 앉아 있었는데 명찰 이름을 보니 샤론이었다. 그 큰 건물 안에 둘이만 있다는 고립감을 떨쳐 버리려 나는 샤론에게 사담을 던졌다.

"나는 한국계 미국인인데 당신 이름이 참 예쁘군요. 내 모국의 국화는 무궁화인데 영어로는 더 로우즈 어브 샤론이랍니다"라고 했더니 샤론은 "그러냐"며 아주 기뻐했다.

샤론이 나를 커튼이 쳐진 방으로 안내하여 디비디를 보여주었다. 어두컴컴한 조명 속에서 희고 검은 화면에 마크 트웨인의 일대기가 흥미롭게 전개되었다.

  마크 트웨인(Mark Twain)은 1835년 11월 30일, 미주리 주 플로리다에서 태어나서 1910년 4월 21일, 75세로 세상을 떠났다. 본명은 새뮤엘 랭혼 클래멘스(Samuel Langhorne Clemens). 19세기 대표적인 소설가로 미국 현대문학의 아버지라 불린다.

  7명의 형제 중 여섯 번째로 태어났다는 그가 형제들과 같이 살았다는 생가는 아주 작고 초라했다. 그가 4살 때 가족이 미시시피 강변의 소도시, 한니발(Hannibal)로 이사를 갔고, 강 주변의 웅장한 숲은 그의 유년기에 깊은 인상을 남겼다고 한다. 그가 작품 배경으로 삼았다는 미시시피 강가와 벌거벗은 채로 물장구를 치는 아이들의 생동감 넘치는 풍경을 화면으로 보니 마치 동화 속의 한 장면 같았다. 12세 때 아버지의 사망으로 그는 가족들의 생계를 돕기 위해 지방 신문사의 견습 식자공으로 일했다. 브라질을 탐험하고, 미시시피 강을 누비는 증기선의 키잡이 일도 했다. 마크 트웨인이란 이름은 물 깊이를 잴 때 두 길(Mark Two)이라는 뜻의 뱃사람들이 쓰는 용어이기도 하다. 남북전쟁으로 금광 찾기 열풍에 휘말려 곳곳을 떠돌기도 하는 등 다양한 직업을 전전했다. 가난과 그로 인한 삶의 고단함을 일찌감치 경험했음에도 낙천적이고, 자유분방한 기질을 잃지 않았던 그는 버지니아 주 한 신문의 통신원으로 일하기 시작하면서 마크 트웨인이란 필명을 세상에 알리기 시작했다.

그는 학교에서보다 자연 속에서 풍부한 감성을 얻게 되었고, 소설을 쓸 수 있는 역량과 자원을 일찌감치 자기 안에 비축해 두었다 싶다.

그가 지은 책, 미시시피 강가에서 겪은 생활의 체험을 소재로 한『톰 소여의 모험』,『허클베리 핀의 모험』등의 작품들이 그런 생활 환경에서 탄생된 작품들이다.

마크 트웨인이『톰 소여의 모험』머리말에 쓴 것을 굳이 인용해 본다면 "책 속에 있는 대부분의 모험담은 실제로 있었던 이야기들이다. 이 중 한두 개 정도는 내가 직접 겪었던 것들이고, 나머지는 나의 친구들이 경험한 것들이다. 헉 핀은 실제 인물을 모델로 했다. 그리고 톰 소여 역시 마찬가지이긴 하지만 한 개인을 본 뜬 것은 아니다. 내가 알고 있는 세 명의 소년들의 특징을 모아 혼합한 것으로 건축에서 말하는 복합 양식에 속한다"고 했다.

현학이나 편협적인 것을 멀리하고 형식에 얽매이기 싫어했던 그의 성격은『톰 소여의 모험』속의 등장인물 톰이나『허클베리 핀의 모험』속의 자연아인 허크에게 잘 나타나 있다.

『톰 소여의 모험』과『허클베리 핀의 모험』은 내가 좋아하는 작품들이기도 하다. 그 두 책을 읽으면서 나는 종종 좋은 동화를 써보고 싶다는 꿈을 꾼 적이 많았다.

『톰 소여의 모험』줄거리를 요약해 보면 주인공 톰은 그야말로 개구쟁이인 데다 골치만 썩이는 문제아다. 학교를 가지 않고, 물장난으로 시간을 보내는가 하면 울타리에 페인트칠을 하는, 재미없는 일을 재미있는 것처럼 속여 친구들로부터 대가를 받고 일을 시키는 재주를 부리기도 한다. 부모를 일찍 여읜 후 마음씨 좋은 폴리 아주머니에게 의탁해 살지만, 톰은 용감무쌍하고 활달하고 조금도 그늘진 구석이 없다. 같이 사는 매리 누나, 이복동생 등을 괴롭혀서 야단을 맞기도 하지만, 그는 싹싹하고 천진무구한 면이 있기 때문에 항상 미움만 받는 건 아니다. 집도 절도 없이 배회하는 허클베리 핀은 모든 아이들이 말만 걸어도 부모에게 야단을 맞는 아이다. 톰은 여기에 개의치 않고, 허크와 친구가 되어 신나는 일대 모험을 전개한다.

"『허클베리 핀의 모험』은 미국 문학의 출발점이다"라는 찬사를 받은 작품답게 미국의 토속적 방언으로 쓰인 일대 서사시다. 줄거리를 요약해 보면 『톰 소여의 모험』에서 허크는 톰과 함께 도적들이 숨겨 놓은 보물을 찾아내는데 『허클베리 핀의 모험』은 바로 이러한 얘기부터 시작이 된다. 여태껏 한 번도 안정된 집에서 살아 본적이 없는 허크는 하루 아침에 바뀐 안락한 생활을 못 견디어한다. 깨끗한 새 옷, 침대, 맛있는 음식보다는 천성적인 떠돌이 생활이 좋다. 그리하여 허크는 마침내 도망친 노예를 돕게 되고, 미시시피 강을 무대로 무수한 에피소드가 전개된다. 역경과 고난을 헤치고 자유를 찾아 나서는 이들의 여정은 피부색에는 상관없이 인간은 참 자유를 똑같이 나누어야 한다는 것을 시사해 주고 있다.

마크 트웨인의 작품들을 읽다 보면 부와 명예라는 미국의 꿈(American Dream)에 대한 동경과 그에 대한 갈등을 사회 비평적 성향으로 다루고 있음을 알게 된다. 그가 쓴 글 속에는 세상을 살아가는 데 적절한 활력소가 되는 위트와 유머가 있다. 인간적인 따스함과 따뜻한 인간애, 여유와 진실이 있고, 이야기에 애정이 깃들어 있으므로 읽는 사람들의 마음을 곧바로 사로잡게 된다. 정치적으로는 북부와 남부, 흑인 노예문제를 심각하게 바라보게 하고, 급속한 공업화의 물질적 번영과 인간의 가치, 인간의 정신적 활력이 물질적인 데에 집중해 가고 있음에 대한 깊은 성찰을 하게 한다. 또한 그의 작품이 미국 소설에서보다 미국 해학의 위치에서 더욱 높이 평가받게 되는 이유를 이해하게 되는 것 같기도 하다.

초기 단편인 「백만 파운드짜리 수표」, 「해들리버그를 타락시킨 사나이」 등은 미국 국민의 생활과 정신 속에 숨쉬고 있는 미국 문명을 무엇보다도 중요하게 다루고 있다. 역사 소설로는 「잔 다르크 소고」가 있다는데 아직 읽어 보지 못했고, 그 유명한 「왕자와 거지」는 오래 전 읽어 보기는 했지만 영어를 잊지 않을 겸 원어로 다시 한 번 읽어 보기 시작했다. 여행기로는 「시골뜨기 외유기」, 「외국 여행」 등이 있다. 그 외에도 「아더왕 궁정의 커네티컷 양키」, 「인간이란 무엇인가」, 「이상한 타관 사람」 등등의 작품이 있고, 그는 아동문학 작가로 알려져 있지만 정치, 경제, 사회 다방면에도 식견을 갖고 있었다고 한다. 그의 작품 세계는 미국의 도전정신과 창의성이라는 '미국의 개척정신'을 이끌었다는 평을 받고 있는 데에도 주목하게 됐다.

특히 1867년, 그의 나이 서른네 살에 유럽과 이스라엘 성지, 이집트로 떠나는 여행 프로그램에 참여하게 되면서 쓰게 된 「시골뜨기 외유기(Innocents Abroad)」는 작가 특유의 유머와 재치가 가득한 '즐거운 여행기'로 유명하다. 이 기행문 속에는 낯선 환경 속에서 보여주는 자연 지리적 설명과 묘사, 만난 사람들의 겉모습과 행동, 심리까지도 구체적으로 쓰여 있고, 함께 여행했던 미국인들의 속물 근성과 위선 또한 반전과 위트로 나타나 있어 읽는 이로 하여금 웃음을 자아내게 한다. 트웨인은 이 여행 도중 유람선 속에서 장래 그의 처남이 된 찰스를 만나게 된다. 그를 통해 마크 트웨인의 아내가 된 올리비아의 사진을 보게 되었고, 첫눈에 자신이 그리던 꿈의 여인이라 생각했다고 하는데, 뉴욕의 부유한 집 딸이었던 그녀를 얻기까지는 어려움이 많았다고 한다. 마크 트웨인은 그녀를 얻기 위해 소설가다운 기발한 방법까지 생각해냈다. 어느 날 마크 트웨인은 올리비아의 집에서 열리는 파티에 초대되었다. 파티가 끝나고 집에 돌아가려고 마차를 탈 때 그는 일부러 마차에서 심하게 굴러떨어져 의식을 잃고 쓰러져 버렸다고 한다. 놀란 올리비아의 가족들은 그를 안으로 옮겨 침대에 뉘였고, 간병 차 올리비아가 그 방에 들르게 되고, 끈질긴 사랑의 청혼을 17번이나 한 뒤에야 1970년 올리비아 랭던(Olivia Langdon)과 결혼할 수 있었다는 얘기다.

75세까지 살았던 마크 트웨인의 일생을 나는 20분 정도의 시각적 화면으로 다 공부해 버렸고, 그의 소설 못지않게 열정적이고, 진한 사랑의 역사를 간직한 마크 트웨인 집으로 발걸음을 옮겼다.
안내자인 샤론은 '물 두 길'이라는 의미를 지니고 있는 '마크 트웨인'이라는 필명보다는 '사무엘 랭혼 클레멘스'라는 본명을 자주 부르며 여러 가지 설명을 친절하게 해주었다.

그 집은 1873년, 누크 팜을 사서 뉴욕의 유명한 건축가 에드워드 터커맨 파터가 설계했고 1874년에 완공되었다는데, 대단히 고급스럽고 건축이 예술임을 분명하게 증명이라도 해주려는 듯 귀족 같은 분위기로 나를 맞아 주었다.

트웨인 가족은 그해 10월, 이사를 했는데 그때까지 방 몇 개는 예산 부족으로 완전히 끝내지 못한 상태였다고 한다. 후에 그 방들은 그 집에서 쓰인 『톰 소여의 모험』과 몇 작품들의 성공으로 인테리어 디자이너 루이스 캄포트 티파니, 락우드 데 포레스트, 캔덱 터버 우일러, 사무엘 콜맨에 의해서 완공될 수 있었다.

그 집은 겉에서 보면 벽돌의 방향과 각도를 변화 있게 쌓아올린 1870년대의 '스틱 스타일'의 복합적 형태로 벽이 견고하고 아름답게 지어져 있다.

1950년대, 빈센트 스쿨리 건축 역사가에 의해서 이름 붙여진 '스틱 스타일'의 건축 형태는 1860년에서 1880년 사이에 인기 있었던 건축 양식이다. 고딕 복고풍 건축 양식에서 1880년에서 1910년 사이에 유행했던 퀸 앤 건축 양식을 중간에서 연결해 주고 있다.

나비나 릴리, 물 속의 파란 잎들의 장식 문양들이 벽에서 자연의 숨결을 느끼게 하기도 한다. 1층 홀로 들어서면 네오 튜더 스타일의 우아한 실내가 한 문학가의 집이라고 하기에는 중후한 화려함을 지니고 있다.

은판을 덧대어 만든 판벽과 천정은 인디언들의 직물 무늬 비슷한 모양들을 하고 있는데 유명한 티파니에 의해서 디자인되었다고 한다. 소개 책자에는 천정과 벽이 빨간색(Red Paint)이라고 쓰여 있지만 나는 그 색을 붉은 황토빛이라고 부르고 싶다. 어린 시절, 우리 집 마루를 물들여 주던, 원색적인 빨간색을 벗어난, 튀어나지 않는 따뜻함과 열정을 품고 있는 듯한 그 붉은 흙의 정감이 그 속에 살아 있었다.

현관으로부터 오른편 쪽으로는 은으로 스텐실된, 그 위에 연어 빛깔로 치장된 접견실이 있는데 결혼 기념으로 받았다는 커다란 거울이 이 집안을 지키는 영롱한 영혼처럼 실내를 비추고 있다. 왼쪽으로는 기품이 넘치는 손님방인데 황동으로 된 문 손잡이, 벽에 부착된 법랑의 은재 램프걸이, 드레싱 룸의 멋진 타일과 놋쇠를 두른 벽난로 등이 그 방에서 잠을 잔 사람은 누구나 품위를 갖추게 될 것 같은 고급스런 방이다.

건너편에는 포말 식당이 있는데 첫 번째 방문에서 보지 못했던 '키친 윙'을 두 번째 방문에서 볼 수 있었다. 부엌에서 일하던 하인들은 주인들의 생활에 방해가 되지 않도록 그들이 다니는 출구나 계단, 식사하는 곳이 뒤쪽으로 따로 되어 있었다. 오직 우두머리 하인이었던 죠지만이 식당에 나와 손님 접대를 하였다고 한다.

도서관에는 그의 책들이 무게를 잡고 점잖게 방문객을 맞이해 주고 있었고, 실내 분수와 온실의 수목들이 피곤했을 여행객의 심신(心身)을 한결 부드럽게 달래주고 있는 듯했다.

그 집의 이층에는 세 개의 침실과 손님방, 공부방, 하인방이 따로 있어 하인들 수장이었던 죠지가 특별히 바쁜 날에는 그곳에서 잠을 자며 집안일을 보살폈다고 한다.

3층, 꼭대기 방에는 홀과 당구장, 손님방이 있는데 집 안에서의 소음을 단절시키는 조용한 곳으로서 마크 트웨인은 이곳에서 글을 주로 썼다고 한다. 이 천정에는 그가 즐겼던 당구대의 큐와 파이프가 그려져 있어 그의 취미를 엿보게 했다. 그가 자신을 방문한 손님들과 피운 담배는 하루에 20개피에서 40개피 정도였다고도 하는데, 그 방 안은 온통 담배 연기로 자욱했다고 하니 그는 폭연가(暴煙家)였던 것 같다.

창가에는 조그만 책상이 놓여 있는데 마크 트웨인은 그곳에서 자연 경관을 즐기며 글을 쓰곤 했다고 한다. 나는 샤론의 안내 말을 들으며 마크 트웨인의 글 쓰는 모습을 눈앞에 보고 있는 듯했다. 더욱이 『톰 소여의 모험』과 『허클베리 핀의 모험』이 탄생된 곳에 내가 서 있다는 것이 감동스러웠다.

첫 번째 방문에서 예술가들이란 가난과 계약을 맺고 살아가는 존재들이 아닐까 싶었던 내 편견 하나가 달아났다. 한 문학인이 이루어낸 문학과 현실의 부가 성공의 거울로 비춰졌었다. 두 번째 방문에서는 그것이 가난을 안고 태어났던 마크 트웨인이 1870년 뉴욕 엘미러 출신의 올리비아 랭던을 만나 결혼한 얼마 후 강연자와 작가로서의 명성을 얻게 되고, 1874년 미시시피로부터 천 마일이나 떨어진 곳에 그의 아내가 받은 유산으로 멋진 집을 짓고, 시종들을 여섯, 일곱 명씩 거느리고 살다가 새로 개발된 식자 인쇄기(Paige)에 대한 재산 투자와 Charles L. Webster 출판사의 사업 실패로 빚더미에 올라앉게 되었다는 것이 나를 우울하게 했다.

그 빚을 갚기 위해 세계를 무대로 강연 여행을 떠도는 트웨인의 모습이 눈앞에 어른거리기도 했다. 그의 말년은 병고로 죽은 두 딸과 1904

년, 34년을 해로한 그의 아내의 죽음으로 우울한 생애였고, 그의 후기 작품들 속에는 그런 색채가 많이 나타나 있다.

다행히 그가 그 집에서 20년을 살면서『고난을 넘어』,『금박시대』,『미시시피 강의 생활』,『톰 소여의 모험』,『허클베리 핀의 모험』 등의 훌륭한 작품들을 남겼다는 것이 그나마 그 집에 걸맞는 영광이 되어 돌아온 게 아닌가 싶다. 아내의 부가, 그에게 베푼 경제적 안정과 호화로움이 마크 트웨인을 사장(死藏)시키지 않고, 그의 능력을 발휘하게 했고, 생산적 삶을 살게 한 셈이니 그 집의 영화로움이 거기에 있을 것 같다.

안내를 맡은 샤론의 밝은 미소와 친절이 마크 트웨인의 사후에 빛나는 후광으로 그 집에서 반짝이고 있는 걸 본 것도 다행이었다.

멋진, 고급스런 벽난로가 유달리 많은 마크 트웨인 집을 떠나오면서 나는 마크 트웨인이 가난을 결코 두려워하지 않았을 것이란 생각을 했다. 자신이 누리고 있던 부에 엄청난 가치를 두었다면 그는 결코 새로운 도전과 창작적인 것에 과감한 투자를 시도하지는 못했을 것이다. 그는 마크 트웨인답게 그의 소설만큼이나 흔쾌무비(欣快無比)한 인생을 살고 갔다 싶다.

마크 트웨인의 그 넓은 잔디밭을 가로질러 77 Forest St.에는 반 노예주의 소설,『톰 아저씨의 오두막집(Uncle Tom's Cabin)』을 써서 일대 파란을 일으켰던 해리엇 비쳐 스토우(Harriet Beecher Stowe)가 은퇴해서 살던 집이 보인다. 마크 트웨인보다 25세가 많았던, 미국의 역사를 바꿨다는 유명한 여류 소설가가 살았던 집은 마크 트웨인의 집에 비하면 대단히 단순하고 평범하게 보이는 빅토리안 고딕 양식이다.

그 두 소설가가 세상을 떠난 1920년 후반기에 두 집이 학교나 다른 용도 사용으로 헐리게 될 위기에서 스토우 부인의 조카딸, 캐더린이 스토우 부인의 집을 사서 위기를 모면했고, 1년 후에 마크 트웨인이 살던 집도 함께 사서 보존하게 되었음은 참으로 다행스러운 일이었다.

잉카를 찾아서

2002년 11월 3일, 밤 11시 45분. 크리스마스 전야제 같던 뉴욕의 휘황찬란한 불빛들을 아스라이 먼 밤 하늘 아래 남겨 두고, 미동부한국문인협회 회원들—소설가 박요한 회장, 시인 윤석진 고문, 소설가 임혜기 선생, 이전구 이사장 부부, 시인 천취자 선생과 윤영미 선생, 수필가 김민정 선생, 샌프란시스코에서 에피포드 문학상을 받게 되었다는 소설가 정권수 선생, 나와 나의 남편이 함께 존 에프 케네디 공항에 모여 즐거운 얼굴들로 문학기행을 떠나게 됐다. 모두 다 새롭게 다가올 미지의 세계에 대한 기대로 부풀어 있는 듯한 표정들이었다.

안데스 산지에 메아리치는 폴클로레의 멜로디라든가, 민속 의상을 입고 세 갈래의 머리를 늘어뜨린 인디오의 여인들, 아침 안개에 싸여 있는 잉카의 유적, 불가사의한 지상 그림, 그리고 아마존의 밀림 지대 등 남미 이미지의 모든 것을 지니고 있으면서, 남미의 모든 매력이 깃들어 있다고 하는 '페루'에 가게 되었다는 것이 기뻤다.

국토는 128만 5,216km²로서 남한의 13배 정도이고, 에콰도르, 브라질, 칠레와 국경을 접하고 있으며, 페루(Peru)라는 이름은 데안다고야(Pascual De And Agoya)에 인솔된 스페인 탐험대가 태평양 연안을 따라 항해하면서 1522년, 최초로 피루(비루/Piru/Biru)라는 소하천에 발을 디뎌 놓았을 때, 원주민의 환영을 받은 고사에서 유래하고, 인디오어로 '강, 수역'을 의미하며, 수도 리마(Lima)는 '이야기하는 사람'이라는 뜻이 포함되어 있다.

주민의 반 정도가 혼혈 메스티조, 인디오족이며 유럽계 12%, 동양계가 1% 정도다. 그들에게 당신은 유럽인의 피가 많이 섞였느냐, 원주민의 피가 많이 섞였느냐 등의 질문을 하면 실례라고 한다. 그런 질문을 하지 않도록 안내인은 주의를 주었다. 오늘날 그들의 삶은 유럽풍도 아니고 토착적이지도 않은 독특한 남미 문화가 형성되고 있음을 여행 도중에 피부로 느낄 수가 있었다.

언어는 스페인어, 산악 인디오의 케추아어, 티티카카호 주변의 아이마라어를 사용하고 있으나 내가 접했던 사람들은 대부분 스페인어를 사용하고 있었다.

화폐 단위는 누에보 솔스(Nuevo Soles)를 쓰고 있으며 우리가 리마에 도착해서 바꾼 환율은 $1에 S3.60였다.

국기의 홍백색은 독립전쟁을 주도한 산 마르틴의 군대가 상륙했을 때, 가슴이 하얗고 날개가 빨간 새가 날아간 고사에서 유래한다고 책에는 쓰여 있지만, 여행 안내자는 빨간색은 독립을 위해 흘린 피의 상징이고, 흰색은 평화를 상징한다고 했으며, 잉카의 기는 무지개 색깔이라고 한다.

잉카에 관한 여러 가지 지식을 섭렵하며 옆에 앉았던 천 선생과 이런 저런 얘기를 재미있게 나누고 있었는데 기내의 불이 꺼졌다. 모두 잠을 자라는 신호였다. 사람들의 언어는 어둠의 파도에 휩쓸려가 버린 듯 조용해졌고, 나도 서서히 잠에 빠져들었다. 얼마나 잤을까. 아침 식사를 가져온 여자 승무원 아가씨의 예쁜 목소리가 우리를 깨웠다.

8시간의 비행을 마치고 아침 6시 45분, 리마 공항에 도착했다. 리마의 고려여행사 소속인 한국인 안내원, 미스터 최가 반갑게 우리 일행을 맞아 주며 페루에서의 관광 일정표를 나누어 주었다.

안개가 끼어서인지 날씨는 약간 흐릿했지만 예상보다는 맑았다. 우리는 사진도 찍고, 눈앞에 보이는 엘지(LG)와 삼성이 세워 놓은 광고 간판을 자랑스레 바라보며 공항 안에서 휴식을 취했다. 미리 대기해 놓은 버스를 타려고 우리가 움직이자 질그릇처럼 투박하고 구릿빛 얼굴을 가진 사람들이 카메라를 들이대며 우리 모습을 찍기 시작했다.

이른 아침이라 그런지 주위에 오가는 사람들은 많지 않았고, 사람들의 표정이나 몸짓에서는 시골 사람들 같은 순박함과 한가로움이 배어나왔다.

나중에야 알게 되었지만 비행장의 그 사진사들은 우리 일행의 스케줄을 다 알고 있었다는 듯이 쿠스코의 잉카스 월(INKA'S WALL) 식당으로 찾아왔다. 중식을 먹고 나오는 우리들 앞에 찍었던 사진을 내밀며 사라고 하는 것이었다. 어이없는 재미를 느끼며, 이 지역의 천연색 풍경 속에 내가 서 있는 그림엽서 같던 그 사진들을 받아들였다.

해발 170m에 위치한 페루의 수도 리마는 정복자 피사로에 의해 1535년 1월 18일에 건설되었다고 하는데 남미의 입구인 이곳에 서서 나는 지나간 역사의 장면들을 떠올려 봤다.

스페인의 야심가들이 황금의 도시(엘도라도)를 찾아서 신대륙의 이곳 저곳을 떠돌아다니다가 붙잡은 땅. 그들은 스페인의 국왕에게서 '그리스도의 포교'라는 십자군적인 사명을 받고 있었지만 그것은 허울 좋은 명분이었을 뿐, 진짜 목적은 '금'이었으니 나라의 운명이 자신들의 황금줄에 묶여 목이 졸리게 될 줄을 페루인들은 몰랐을 것이다.

한 돼지치기 출신인 피사로가 신의 신성한 이름을 팔아 황금을 거두어들인 것이 1532년, 불과 186명의 병사와 화승총 13정을 갖고 계교를 부려 잉카 제국을 정복하였다니 슬픈 일이다.

그곳을 둘러보는 동안 피사로에게 붙잡혔던 아타왈파가 돌로 된 어두운 방에 감금되었다는 역사는 유쾌하지 않았고, 피사로가 원했던 황금을 주고 자신을 풀어 달라고 애원했던 비굴했던 과거의 흔적들이 남아 있을 것 같기만 했다. 정교하고 화려하기 이를 데 없는 황금의 보물들을 나르는 원주민들과 이 모든 것들을 녹여 황금 막대로 만들어서 방 안에 차곡차곡 쌓아 나가는 침략자들의 탐욕이 눈에 보이는 듯 황량하기만 했다.

그럼에도 불구하고 아타왈파에게 우상 숭배와 근친혼, 일부다처의 죄를 물어 화형에 처하도록 명령하며, 만약 기독교로 개종하겠다면 화형을 교수형으로 감해 주겠노라는 피사로의 기고만장한 목소리가 아직도 어디선가 들려올 것만 같았다.

아타왈파는 결국 그리스도교로 개종했고, '프란시스코'라는 세례명을 받았으나, 1533년 7월 26일 교수형에 처해졌다는 전설적 얘기들이 인간 존재의 뺏고 빼앗기는 처절한 행태를 말해 주고 있는 듯하다.

총 몇 자루 앞에 왕인 동시에 신의 아들이던 황제를 잃은 잉카 사람들은 정복자가 쿠스코를 점령하고, 쿠스코의 황금을 제멋대로 탈취하는 것을 가만히 바라볼 수밖에 없었을 것이다. 태양 신전에 있던 금을 닥치는 대로 약탈하여 본국으로 보냈고, 더 이상 탐나는 것이 없어지자 신전을 파괴하고, 태양 신전(코리칸차) 위에 스페인식의 산토 도밍고 교회를 세웠고, 태양 처녀의 집이었던 곳에 산타 카타리나 수도원을 지었으며, 와이나 카팍쿠 궁전 자리에 해수스 교회를 세웠던 정복자들을 보며 그들은 피눈물을 흘리지 않았을까.

마치 일제의 총칼 앞에 무릎을 꿇어야 했던 우리 민족의 아픈 상처를 들여다보는 듯 가슴이 아팠다. 강자가 비열하면 얼마나 많은 것들이 파괴되고, 잘못된 지도자는 국가를 멸망으로 이끌며 많은 국민들을 불행하게 하는 것인가. 강한 자가 정의로우면 세상에 평화가 온다.

그후 정복자들은 리마로 귀환하여 콘키스타(정복)와 콜로니얼(식민)의 중심지를 만들었다고 하는데 그런 피사로의 미라가 '피사로의 유체'라는 이름으로 대성당 안 유리 상자에 안치되어 있다 하니 아이러니컬하다.

1650년, 1950년, 1986년에 쿠스코 지방에 대지진이 있었는데도 다행히 잉카의 돌 구조물은 끄덕도 하지 않았었기에 오늘날의 우리는 잉카 유적지를 바라보며 그 옛날을 돌이켜 보게 되는 것이다.

리마 공항에서 자동차로 1시간 정도 버스로 달린 후 산토 도밍고 성당을 관광할 때는 두꺼운 자켓을 준비하지 못했던 나는 추위를 느꼈다.
프란시스코 피사로는 스페인의 이베리아식으로 아르마스 광장을 중심으로 도시를 세워 나갔다고 하는데, 이 광장은 구 시가지 중심지로서 광장을 둘러싸듯이 옛 건물들이 남아 있었다. 광장 한 구석에 피사로 동상이 내려다보고 있다는데 나는 자세히 보지 못했다. 북쪽으로는 대통령 관저가 있어 주변에 경찰들이 많다고 했다.
문자로 남겨지지 않은 잉카 문화는 후세대 사람들의 상상력을 키워주는 데에 한몫을 단단히 하고 있는 듯하다. 틈 하나 없는 정밀한 구조로 성전의 벽을 쌓아 올린, 크고 네모난 돌들은 어떻게 잘랐을까. 그 기술은 무엇이었을까. 그 많은 돌들을 어떻게 운반해 왔을까. 사람의 힘으로 운반했다면 누가 그렇게 바보 같고 무모한 일을 왜 하라고 시켰을까. 사람들이 그것들을 세웠다면 얼마나 많은 인명들이 희생되었을까. 인간의 내부에 원초적으로 고여 있는 두려움을 조장하여 신을 경외하게 한 다음 그 일을 자발적으로 하도록 했었을까. 그렇다면 신을 등에 업고, 신을 이용하고, 신을 무서워하지 않았던 교활한 자가 있었던 것이 아닌가.
리그베다에 나오는 신들처럼 달신, 별신, 천둥신 등 많은 신들을 섬기며 살았던 것일까 하는 물음들이 계속 내 머릿속에 남아 있었다.
버스에서 내려 거리로 나오기만 하면 손으로 짠 알파카 제품의 스웨터, 장갑, 양말, 깔개, 슬리퍼, 지갑 등을 파는 거리의 남녀 장사꾼들이 우르르 우리 앞으로 몰려들어 물건을 사달라고 졸랐다. 그 속에는 아주 어린 남자, 여자 아이들도 물건을 팔아 보고자 때문은 얼굴로 손을 내밀고 있어 마음을 아프게 했다.

1950년대와 1960년대의 한국의 실상과 비슷한 거리의 풍경들을 지나치며 미군들만 지나가면 먹을 것을 달라고 손을 벌렸다는 전쟁고아들을 떠올렸다. 그 거리에서 우리의 지나간 역사의 한 부분을 보는 듯했다. 가난한 나라에 태어나 생의 처절한 몸부림을 하며, 살아남기 위한 투쟁을 하고 있지만 저들에게도 행복한 부분이 있기를 빌어 보았다.

구두닦이 소년들은 자리에 앉기만 하면 $1, $1 하며 달려들어 관광객들의 구두를 닦으려 든다. 그래도 공짜로 돈을 달라고 손을 내미는 것보다 가상하다. 물건값은 부르는 게 값인지 금세 $20이 되었다가 $10이 되기도 했다. 나는 으슬으슬 추워 왔기 때문에 알파카 회색털로 짠 스웨터를 $10에 사서 따뜻하게 두르고 다녔다.

돈 많은 기업가나 사업가들에게 많은 이익을 빼앗기고 있는 페루의 소시민들은 90%가 관광업에 종사하며 생계를 유지하고 있다니 저급한 사회 현실이다.

쿠스코는 옛날에 잉카 제국의 수도였다. 태양신을 숭배하고 대잉카 제국을 건설한 사람들에게 쿠스코는 세계의, 그리고 그들의 우주관의 중심이기도 했다. '쿠스코'란 케추아어로 '배꼽'을 의미한다. 16세기 스페인의 정복자들에 의해서 잉카는 산 속으로 쫓겨 갔고, 스페인 사람들이 세운 것은 잉카의 초석 위에 지은 교회나 저택이었다. 이 이상한 대조가 현재의 쿠스코를 특별한 도시로 보이게 한다.

나는 쿠스코에 도착한 뒤부터 속이 울렁거리기 시작하고, 머리가 아파 견딜 수가 없었다.『뉴욕 문학』제10집에 실려 있는 박요한 회장의 단편소설「잉카로 가는 길」을 전날 밤 읽어 보고 고산병에 대한 두려움이 컸었다. 표고 3,360m인 쿠스코에 도착하면 평소에 한번도 질병에 걸려 본 적이 없는 사람도 두통, 구토감, 권태감, 졸림, 위통 등으로 고생을 많이 한다고 여행 안내 책자에 쓰여 있었다. 마테 데 코타(Mate de Coca)차를 마시면 도움이 된다고 해서 비행기 안에서 승무원에게 주문하여 마셨는데 리마 공항에서 버스를 타고 쿠스코에 도착했을 때는 속이 메스껍고, 구토감, 심한 두통에 시달렸다. 그 차가 오히려 탈이 되었나 보다. 같이 간 남편이나 일행들에게 그런 내 모습을 보이지 않기 위해 안간힘을 썼는데 산토 도밍고 성당을 돌아보고 12시 30분쯤 잉카스월이라는 식당에 앉아 중식을 먹게 되었을 때는 내 정신이 아니었다.

뉴욕의 슈퍼마켓에서 흔하게 볼 수 있는 아보가도, 오렌지, 사과, 바나나, 매실 등의 과일이 먹음직스럽게 놓여 있었고, 여러 가지 색다른 음식들이 나왔지만 흰색에 가까운, 알이 굵은 옥수수만을 조심스럽게 먹었다.

다른 사람은 고산병을 앓지 않고, 맛있게 음식을 먹는 것 같아 보였는데 나만 그런 것 같아 민망했다. 나중에 알고 보니 다른 사람도 역시 두통 때문에 힘이 들었었다고 한다. 그래도 모두들 태연하고 의연하게 여행을 만끽하는 듯했다.

점심 식사 이후에 삭사이와만, 켄코, 푸카푸카라, 탐보마차이 등의 잉카 유적지 관광이 있었는데 나는 돌, 돌, 돌, 그것도 엄청나게 큰 돌을 날라다 쌓아 놓은 삭사이와만(Sacsayhuaman)이 인상적이었다.

이곳은 쿠스코의 동쪽을 지키는 견고한 요새라 한다. 쿠스코는 도시 전체가 퓨마 모양을 하고 있고, 삭사이와만은 그 머리 부분에 해당하기 때문에 쿠스코의 관리 사무소적인 역할을 한다. 스페인 사람에게 반역을 기도했던 망코 잉카가 삭사이와만에 2만 명의 병사와 함께 진을 친 것이 1536년 5월의 일이었다. 그 결과는 실패였고, 20m였던 성벽과 그 위에 솟아 있던 원탑이 그때 대부분 파괴되어 버린 아쉬움도 있지만, 이곳의 유적은 거석을 3층으로 쌓아 올려서 잉카의 석조처럼 빈틈없어 보이는 게 대단하였다. 시가지 쪽은 높이 5m, 360톤이나 되는 엄청난 돌을 사용하고 있는데, 그 큰 돌들은 멀리 올란타이 탐보에서 운반해 왔다고 하니 놀랍기만 했다. 일설에 의하면, 하루에 3만 명을 동원하여 약 80년이 걸렸다고 한다.

삭사이와만 광장에서는 매년 6월 24일에 '태양 축제 Inti Raimi'가 열리며 잉카 의식을 그대로 재현한다는데 나는 이곳에서 페루 원주민들의 살아 있는 숨소리를 듣는 것 같았다. 자기 나라를 지키려는 투쟁을 이곳에서 벌였다 하니 그들도 살아 있었던 것이다. 내가 연민으로 바라봐야만 했던 그들의 역사 속에서 신무기를 들고, 잔혹한 행위를 한 사람들을 응징하고자 하는 용기를 보였던 독립 투사들이 이곳에 와서 싸웠다는 게 얼마나 다행스러운 일인가. 평화와 행복을 빼앗는 자들을 멍하니 바라보고만 있었던 그들이었다면 정말 가련하고 불쌍한 민족이 되었을 것이다.

우리나라가 일본에 빼앗겼다 하지만 한국의 남아가 몇만 명이던가.

한 사람이 한 사람씩만 목숨을 걸고 너 죽고 나 죽자 하고 덤벼들었다면 그런 쓰라린 역사는 만들지 않았을 것이다. 한국의 많은 여자들이 '논개'만 같았다면 한국의 역사는 바뀌었을 것이다.

오후 5시 30분쯤, 쿠스코의 시내에서 약 80km 떨어져 있는 우루밤바에 도착했다. 6,000m 높이의 산들에 둘러싸인 잉카의 성스러운 계곡의 품에 안겼다.

호텔 잉카 랜드(Incaland Valle Sagrado Hotel & Conference Center)에 도착하여 여장을 풀자 나는 제일 먼저 샤워부터 하고, 타이레놀 두 알을 먹고 잠이 들었다. 그 약이 고산병에 효과가 있을지는 두고 봐야 될 것이었다.

저녁 식사 시간까지 잠시 눈을 부치리라 했는데 잠에 빠져들었다. 일어나라는 전화 연락을 받고, 부랴부랴 준비해 간 고추장을 들고, 옥외 수영장을 지나 식당에 갔을 때는 모두 저녁 식사들을 하고 있었다. 피곤한 기색이 보이기보다는 모두들 명랑하고 밝게 보였다. 벽난로에서는 장작불이 빨갛게 타고 있었고, 화기애애한 대화들이 웃음과 함께 무르익고 있어 낭만적인 한 장면을 연출하고 있었다. 속이 개운하지 않던 차에 장석렬 시인이 준비해서 보내준 볶은 멸치와 오징어채를 고추장에 찍어 먹으니 그 장소에서 맛이 일품이었다. 오랜 만에 한가롭고, 일상을 벗어 버린 시간들을 만끽하며 저녁 만찬을 즐겼다.

나는 다행히 크림 스프가 입맛에 맞아 한 그릇을 더 청해 빈 속을 채웠다. 잠시나마 쉬었다 나온 덕분인지 두통도 조금은 나아지는 듯했다. 우리 일행이 식사하는 동안, 전통 의상을 입고 한쪽에서 음악을 연주하고 있던 사람들과 이삿갓, 이전구 시인은 하모니카 합주를 하여 우리의 식탁을 더욱 즐겁게 해주었다. 식사가 끝난 후에도 밖의 어둠 속에 둘러앉은 일행들은 그 하모니카 소리에 맞춰 동심의 세계로, 지나가 버린 추억의 섬으로, 아니면 그리운 시절로 돌아갔다 돌아오는 노래들을 마음껏 불렀다.

목가적 내음이 물씬 풍기는 방갈로인 호텔 잉카 랜드에서 여행 첫날 밤을 보낸 이른 아침, 목재 냄새가 진하게 배어 나오는 앞문을 열고 밖으로 나와서야 내가 뉴욕을 떠나 왔음을 실감했다. 어제와는 다르게 머리가 아프지 않아 상쾌한 공기를 마음껏 들이마시며 새 아침을 맞이할 수 있었다.

간밤에 비가 내렸는지 넓은 정원의 꽃들은 먼지를 털고 싱싱해져 있었고, 단층으로 지어진 목조 건물과 그 지방 특유의 세라믹 타일 지붕이 차분한 조화를 이루며 낮게 앉아 있었다. 얼마나 떨어져 있을까. 눈 앞에 우르밤바 산이 높이 솟아 있었는데, 앞만 그런 게 아니라 사방을 둘러보니 내가 서 있는 곳을 중심으로 하여 26에이커나 되는 정원과 나무숲을 그 산들은 보호나 하듯 빙 둘러치고 있었다. 이곳이 '지상의 낙원'이라 불리는 이유를 알 것 같았다. 풀장 주변에서 북쪽으로 솟아 있는 높은 산을 바라보니 계곡에는 안개가 구름처럼 얹혀 있었고, 하얀 눈이 봉우리에 쌓여 있었다. 높기는 했지만 사나워 보이지는 않았고, 이곳 안데스 사람들을 포근하고 다정하게 감싸주고 있는 듯했다.

나는 다시 집 안으로 들어가 미리 준비해 간 핑크빛 모자를 쓰고 나왔다. 선명하고 진한 분홍빛이나 빨간색 꽃들이 큰 나무 가지 위에서 싱싱하게 피어나고 있음을 바라보다가, 그 모자를 쓰고 그 옆에 서 보고 싶었다. 나이를 잊고 스물다섯의 꽃다운 신부가 되고 싶었던 것일까.

　미국에 온 지 이십여 년이 넘어서야 해린이와 영우를 집에 남겨 두고 부부가 함께 오게 된 여행이었다. 일상을 훌훌 벗어 버리고 새처럼 가볍게 날아 어느 낯선 곳에 와 잠을 자고, 새소리를 들으며 새벽잠을 깰 수 있었다는 게 쉬운 일은 아니었다.

　나의 남편은 평소의 습관대로 일찍 일어난 것 같았다. 밖에 나가 공원과 숲속을 한바탕 돌아다니다 왔는지 나무들 못지않게 생기가 넘쳐 나고 있었다. 밖에 나와 하늘을 보고 있는 나에게 "아주 멋진 곳을 발견했어"라며 기쁨에 들떠 내 손을 끌고 초가 지붕이 있는 대로 데리고 갔다. 팜 추리를 엮어 만든 형태가 내 눈에는 꼭 한국 시골에 있는 초가 지붕을 보는 것 같았다. 그 아래로 내려가 보니 황토빛 강이 언덕 밑으로 흐르고 있었고, 선인장과 용설란이 내 키보다 훨씬 크게 자라고 있었다. 하늘에 닿을 듯이 크고 곧고 반듯하게 자란 나무들이 둑 위로 죽 늘어서 있었는데 산과 물이 어우러져 있는 풍경이라 그런지 아름다웠다.

　남편은 여기저기 나를 세워 놓고 사진을 찍었는데 그 폼이 마치 사진작가라도 된 기분인가 보았다. 나중에 지도에서 주변으로 흐르고 있던 그 강 이름을 확인해 보니 '빌카노타'였다.

　맑은 물이 고여 있는 수영장을 지나 식당으로 들어서니 진한 커피 내음이 풍겨 왔다. 혀끝에 닿는 향도 한약처럼 진하고 독특했다. 멋모르고 뉴욕에서처럼 커피를 탔다가 반절쯤 다른 컵에 옮겨 부어 뜨거운 물을 많이 타서 스크램블 에그와 빵으로 아침 식사를 했다. 식당의 커다란 유리창 너머로 큰 넝쿨나무에서 선명하게 핀 진분홍 꽃이 우리를 보고 향긋한 미소를 자꾸만 보냈다.

우기가 끝날 무렵에는 가지각색의 꽃이 만발하며 과일과 야채가 풍부하여 쿠스코 시민들에게 있어 우루밤바는 휴양지이고, 휴가 때는 가족 동반의 관광객이 많다는 이유를 그 꽃들을 보면서 알 것 같았다.

마추피츄행 기차를 타기 위해 호텔 앞으로 모인 문우들을 보니 무지개 색깔로 된 이 지방 특유의 가방들을 많이 들고 있었다. 어젯밤 잠자기 전에 뜰에 나와 보니 호텔 안뜰에서 한 여인이 손 빠르게 뜨게질을 하며 노점상을 벌여 놓고 팔고 있었는데 거기에서 산 것 같았다. 나도 간밤에 무지개 색실로 짜여진 가방을 하나 사서 늘어난 선물들을 담았다.

편안하게 여행을 와서 즐기는 입장이 되고 보니, 그들에게 야박하게 군다는 게 마음 아픈 일이 되고 말았다. 아마 다른 문우들도 그런 측은지심이 작용하여 자꾸만 물건들을 사는 게 아니었을까. 타국에 와서 살면서 나름대로 겪어 본 인생 경험이 우리를 겸손하게 만든 것일까.

버스를 타고 시골길을 가면서 밖을 보니 산, 산, 산, 그것도 높은 돌산들이 끊임없이 연결되어 우리와 함께 가고 있었다. 건기가 되면 회색빛으로 변한다는 우루밤바 강이 왼쪽에서 흙탕물로 흐르고 있었고, 계단식 밭(안데스)이 많이 보였으며, 옥수수 밭이 끊임없이 펼쳐져 있었다. 한국의 시골길을 달리다 만나게 되는 시골 아낙네 같은 여인이 담 너머로 우리가 탄 버스를 호기심 어린 시선으로 바라보고 있었고,

그 옆에 알이 작은 재래식 사과가 정답게 열려 있었다. 오른쪽으로 깎아지른 동 안데스 산맥(코디에라 데 카라바야)의 봉우리들이 만년설을 이고 있어 웅장하고 아름다웠다. 그 중 멀지 않은 곳에 하얀 소금산이 있었는데 마치 흰 눈이 쌓여 있는 것처럼 보였다. 산 높은 곳에 강아지 집 같은 무덤들이 가끔 보였는데 이곳 사람들은 사람이 죽으면 웅크린 자세로 묻고, 평소에 쓰던 물건들을 옆에 놓아 두기도 하여 토굴꾼들이 그곳까지 올라가 무덤들을 파헤친다고 했다. 이용객이 적어 방치된 기차 철도가 문명의 도약을 시도하다 실패한 흔적으로 버스길 옆에 나란히 누워 있었다.

가던 도중에 페루의 민속촌 울란타이 탐보에 잠깐 들렀다. 쿠스코에서 88km 거리의 성스러운 계곡의 중심에 있는 곳으로서 잉카 제국 시대의 역참 마을, 또는 요새 터다.

한국 시골집의 헛간 같은 곳을 구경하고 있었는데, 이곳에서 한국에서 온 관광객들을 만나게 되니 고향 사람들을 만난 듯 반가웠다. 싱글 사이즈 정도의 나무 침대가 허술하게 놓여 있는 한국 부엌 같은 곳이 거주하는 방이라고 하는데, 몇 마리의 기니피그가 한쪽에서 가족처럼 살고 있었다. 벽의 움푹한 곳에는 사람의 두개골을 안치해 두고 있었고, 짐승의 살코기 같은 것을 길쭉하게 말려 그 곁에 걸어 두었다. 아마 그들에게 가까웠던 사람들의 죽음은 죽은 게 아닌 것 같았다. 그들의 정신 속에 흐르고 있는 죽음에 대한 인식의 철학적 깊이는 잘 모르겠으나 죽은 자의 영혼은 그들과 함께 너무 친숙하게 살고 있는 것 같았다.

마추피추행 기차를 타러 욜란타이 역에 도착하니 거기에도 장사꾼들이 진을 치고 있었다. 어디를 가나 그들이 비슷한 상품들을 들고 서서 우리 일행을 반겨 맞아 주니 여행객이라는 실감이 많이 났다. 저들은 먹고 사는 일로 물건을 팔기 위해 안간힘을 쓰고 있다.

우리 일행은 마추피츄 아래의 푸엔테 루이나스 역에 도착하여 많은 외국인들과 함께 버스를 탔다. 버스는 구불구불한 산길을 돌아 올라가서 우리를 식당 건물 앞에 내려놓았다. 내려서 보니 많은 관광객들이 이미 올라와 있었다. 호텔, 식당, 화장실이 있는 입구에서 잠시 한숨을 돌린 뒤 절벽을 따라서 유적의 입구이며 최초의 주거 자리인 '오두막 전망대'로 발길을 돌렸다.

내 눈앞에는 성벽을 돌로 둘러친 군사적 요새로만 보이는 이곳이 '공중의 도시', 또는 '잃어버린 도시'라 불리는 마추피츄(늙은 봉우리)라고 하였다.

쿠스코에서 우루밤바 강을 따라서 114km 내려간 지점에서 400m 올라간 곳인 표고 2,280m의 산정인 이곳에 올라서야 마추피츄가 '공중 도시'라 불리는 이유를 알 것 같기도 했다. 높이 솟아 있는 산들과 절벽, 우루밤바 강 유역의 열대 우림에서 이 높은 곳이 어떻게 보였겠는가. 헬리콥터를 타고 위에서 내려다봤어도 풀숲으로 둘러싸여 '잉카의 숨겨진 집, 마추피츄'를 찾아내기는 어려웠을 것이다.

미국의 역사학자 하이람 빙검이 '대단히 높은 산꼭대기에 있고, 정교한 기술로 건축된 장대한 건물들이 솟아 있다'는 역사의 기록 한 줄에서 힌트를 얻어, 1911년 7월에 풀에 덮여 있던 계단식 밭을 올라가

서 찾아냈다니 대단한 발견이었다. 400년이 넘은 긴 잠에서 깨어난 돌의 도시에 서서 1만 명이 넘는 사람들이 계단식 밭(안데네스)에서 층층이 일하는 모습을 떠올려 보니 장관이 아닌가.

총면적은 5km², 높이 5m, 두께 1.8m의 돌로 쌓아 놓은 성벽을 돌아 잉카 시대의 잃어버린 과거가 닳지 않은 귀중한 유적지를 돌아보면 돌아볼수록 풀리지 않는 의문들은 많아지게 되었다.

잉카족 발생의 전설처럼 잉카 왕조를 최초로 열었던 망코 카파크가 티티카카 호수에 나타나 태양신의 아들로서 주변의 백성들을 지도하다가 쿠스코 분지에 와서 계단식 밭을 일구고, 반란 방지를 위해 인구를 이동시키고, 키푸라고 하는 매듭에 의한 통계관리, 발달한 도로망, 집단 노동 등의 혁명적 방식으로 살았다면 뛰어난 문명국이 아니었던가. 거기다 석조 건축이나 두개골 절개의 외과 수술 등이 뛰어났다는 그들에게 문자가 없었다니 납득하기는 어렵다. 면도날 하나 통하지 않을 정도로 빈틈없이 치밀하게 쌓은 석공 기술은 어떻게 터득했던 것일까. '공중 도시'의 비밀을 유지하기 위해서 태양의 처녀들과 걷지 못하는 노인들을 마추피츄의 한쪽에 있는 묘지에 묻고 스페인 사람들의 손이 닿지 않는 제2의 잉카제국으로 떠나 버린 그들은 어디로 증발해 버린 것일까.

미라의 안치소였다는 '능묘'에는 거대한 암석에 비스듬히 반쯤 막힌 삼각형의 석실이 있고, 중앙에 돌기둥이 묘석처럼 나와 있었다. 벽에 있는 움푹한 곳에 미라를 모셨고, 2단의 커다란 계단에는 공물을 놓지 않았겠느냐고 상상을 해보는 것도 재미있었다.

능묘는 태양 신전으로 연결되어 있었는데 왕족의 미라가 안치되었을 것이라고 했다. 능묘 위는 태양 신전인데 돌이 이처럼 아름다운 곡선을 낼 수 있을까 감탄스러웠다. 산토 도밍고 교회에서 보았던 매우 비슷한 기법으로 만들어져 있는 것 같았다. 자연석 위에 만들어 놓은 것으로서 마추피츄의 최고의 것이라 해도 과언이 아닐 정도로 훌륭한 기술로 만들어져 있다는 설명이었다. 신전을 올려다보면 동쪽을 향해서 2개의 창문이 나 있다.

입구 아래쪽에 둥근 구멍이 몇 개 나 있으며 돌 안을 빙글빙글 돌아서 안쪽으로 빠지게 되어 있다. 빙검은 이것을 '독사의 통로'라 했다 한다. 신기하게도 구멍은 돌 속에서 날카롭게 굴절하여 반대쪽으로 떨어지게 되어 있다.

다음은 왕녀의 궁전이라 이르는 곳으로 가보았다. 이곳에 하나뿐인 2층 건물로 태양 신전 옆에 있다. 왕녀나 귀족, 또는 태양 신전을 지키는 사람이 살았을 것이라 한다. 왕녀의 궁전으로 들어가는 곳에는 문이 있는데, 잘 보니 안쪽에 구멍이 뚫려있다. 일행들은 여러 가지 상상을 해보는 것 같았다. 양손을 묶고 악인을 처형했을 것이라고 했고, 그 시대에 잘못했으면 당장 죽여 버리지 고문까지 했겠느냐 하기도 했다. 재미있는 것은 계단이 바깥쪽에 설치되어 있어서 공간을 절약한 오늘날의 아파트를 연상하게 한다는 것이다.

신전 앞쪽으로 더 나아가 마추피츄의 최고점이라는 곳에 서니 1.8m나 되는 해시계(인티와타나)가 장승처럼 서 있다. 큰 돌을 깎아서 만든 것으로 각주는 36cm이며, 각 모서리는 동서남북을 가리키고 있다. 해시계라는 근거는 안티라이미(동지) 때에 태양이 돌 각주의 모서리에 연결한 대각선으로 통과한다는 점에서이지만 정확한 실증은 없다고 한다. 태양력을 이용했던 잉카의 달력에 의하면 5월에 수학, 6월이 태양 축제(인티라이미), 8월이 파종 때였다.

전망 좋은 장소에 태양신의 예배 장소를 정했다고 생각할 정도로 이곳에서의 전망은 절경이었다. 앞쪽의 와이나피츄(젊은 봉우리, 표고 2,400m)가 젊고 희망에 가득 찬 청년의 모습으로 당당하게 서 있는 것이 보였다. 그곳에 서서 멀리 계곡의 산들을 바라보니 안개가 서려 있는 산봉우리들이 마치 동양화에 나오는 그림들 같았다.

콘도르의 모양을 본뜬 콘도르의 신전에 이르자 민속촌에서 만났던 서울서 온 일행들이 먼저 당도하여 안내인에게 설명을 듣고 있었다. 콘도르는 안데스 산맥에서 많이 사는 독수리를 말한다는 것인데 대머리로서 죽은 시체를 파먹고, 목도리가 둘러 있고, 목까지는 털이 없다고 했다.

거주 지역의 오른쪽에 자연석으로 만든 콘도르 신전은 반 지하 부분이 감옥이었다. 잉카 제국에서는 '아마스아(훔치지 말라), 아마케아(게으름 피우지 말라), 아마유아(거짓말 하지 말라)'의 법도를 깨뜨린 사람에 대해서는 무거운 벌을 내렸다 하니 법치 국가의 기본이 있었나 보다. 죄인은 어두운 감옥에 갇혔으며, 어느 때는 독이 있는 거미 등을 집어넣기도 했다. 감옥 옆에 있는 돌 의자는 체벌을 주었던 곳이라 한다. 손을 넣고 틀을 채우면 빠질 수 없는 구조로 되어 있다. 특히 아마케아의 반역 행위에 대해서는 최대의 형이 내려졌다고 한다. 예를 들면 며칠

동안 물을 주지 않고 물소리만 들려준다거나 음식물을 주지 않는 체벌이었다고 전해진다.

여기저기 돌로 된 가옥을 지나 밖으로 나오니 위로 올라가는 계단이 보였다. 109개나 된다고 하는 계단이 아름답고 높게 보였다. 거기까지는 올라가 볼 엄두를 내지 못하고 돌아올 길을 재촉했지만 지금도 아쉬움이 남는다. 내가 그 높은 계단 위에까지 올라가 볼 수 있었을 것인가가 의문스럽다. 또다시 마추피츄에 갈 기회가 있다면 그 계단을 끝까지 올라가 보고 싶다. 그 위에 서면 무엇이 보일까.

버스를 타고 갔던 길을 되돌아 내려오는 길에 마추피츄의 굿바이 보이와 만났던 것은 예견하지 않았던 즐거움을 배로 해주었다. 버스가 구불구불한 길을 내려갈 때마다 인디오 아이가 커브에 나타나 '굿바이' 하고 소리를 지르며 손을 흔드는 것이었는데, 어떻게 그렇게 빨리 달려 내려올 수 있었을까 감탄스러웠고 퍽 인상적이었다. 종착지에서는 버스에 올라와 일행들의 아낌없는 박수와 환호와 두둑한 팁을 받았다.

11월 5일 낮 3시 15분, 여행 3일째 되는 날, 우리 일행은 마추피츄 유적 관광을 마치고 푸에블로 호텔에서 뷔펫을 들게 되었다. 식당 유리창 너머로 강물이 흐르는 소리를 들으며 중식을 먹을 때에 네 명의 악단이 우리의 피곤을 녹여 주는 음악을 연주해 주었다.

잰포나(zanpona), 론다도르(rondador), 유에나(yuena), 챠랑고(charango), 유에나초(yuenacho)의 악기들의 음색이 서로 어우러져 여행객의 마음을 부드럽게 사로잡았다. 그 악기 중 유에나는 모양도 대금 같았고, 소리도 흡사하였다. 아직은 서구 문명이 그들을 휩쓸지 않았는지 음악을 하면서도 노랗게 염색되지 않은, 칠흑같이 검은 머리와 넓적한 얼굴들이 인디안들이나 멕시칸들과 유사한 느낌을 주었고, 인상이 깊었다. 그들의 모습이 박힌 CD를 기념으로 사가지고 와서 보니 그곳에서 듣던 음악 소리가 나를 다시 그곳으로 데려다 주었다.

기차를 타고 쿠스코로 귀환하면서 보니 차창 밖으로 노란 꽃들이 참 많이 피었다. 흙벽돌을 찍어 만든 집들을 지나면서 초라하다는 생각도 그 꽃들을 보게 되면서 금방 사라져 버렸다. 제주도의 유채밭을 보는 듯했지만 그 꽃 이름이 무엇인지 알지 못하고 왔으니 궁금하다. 그저 들에 흔하게 피는 들꽃이려니 싶기는 하다. 같이 간 몇 사람에게 물어 보았지만 잘 모르는 걸 보니 이름 모를 꽃에 나는 마음을 빼앗기고 왔나 보다.

쿠스코의 샨 오거스틴 인터내셔널 호텔(San Augustin International Hotel)에서 하룻밤을 묶은 나는 다시 두통과 싸워야 했다. 새벽 일찍 일어나 남편과 함께 맑은 공기를 마시자며 호텔 주변을 산책하는데 여기 저기 호텔에서 많은 여행객들이 벌써 쏟아져 나왔다. 거리는 현대식 건물이 있어 화려한 건 아니었지만 휴지 한 장 날아다니는 일 없이 말끔하게 청소되어 있었다. 거리에는 외국에서 가져온 중고차들이 많은 이유 때문인지 매연이 심한 듯했다. 한국에서 팔려온 중고차들이 이곳에서는 인기가 좋다고 한다. 모국의 경제를 도와주고 있으니 불평할 일은 못 되었다.

호텔 식당에는 여행온 백인들이 의외로 많았다. 그들과 함께 어우러져 아침을 먹고, 공항으로 출발하여 푸에르토 말도나도(Puerto Maldonado)에 도착하니 안내인, 에드윈과 우르바노가 우리를 기다리고 있었다. 날씨는 초여름 날씨였지만 모두들 썬 블록 크림을 꺼내서 얼굴이며 팔에 바르고 준비를 단단히 했다. 보기에도 나무로 만들어 간단하고 재미있게 생긴 트럭 비슷한 차를 타고 간단한 시내 관광을 한 후 시속 20km의 모터 카누아를 타고 아마존 강의 상류에서 '신의 어머니 강(River Madre De Dios)'을 따라 동쪽으로 떠내려갔다.

그 강은 볼리비아로 해서 브라질로 향한다고 하였다. 벽을 깎아내어 같이 흐르는 강물이라서 흙탕물이었고, 맑거나 깨끗하진 않았지만 란챠를 타고 1시간이 넘도록 달리는 기분은 그만이었다. 물 위에 둥둥 떠 내려가는 썩은 나무 줄기들이 우리의 가는 길에 방해가 되기도 했지만 커다란 지장은 받지 않았다. 폭풍이 불어 배가 뒤집히는 일은 없다니 크게 걱정할 것은 없었다. 가끔 우리 보트 옆으로 통통배가 소리를 내며 지나가기도 했다. 물이 얕아질 때면 이 강바닥에서 금을 채취하는 사람들도 있다고 했다.

이전구 시인이 하모니카로 '푸른 다뉴브 강'을 연주하기 시작하여 '친구, 내 친구', '처녀 뱃사공', '두만강', '아리랑' 등등의 노래를 연주하니 우리의 시름이 모두 강물에 잠겨 들었다.

에코 아마조니아 라쥐(Eco Amazonia Lodge)에 도착하여 보니 초가집 같은 오두막집들이 운치 있게 늘어서서 우리를 환영하여 주었다. 뿐만 아니라 거기에 있던 안토니오가 우리를 졸졸 따라다니며 인사를 했다. 배부른 돼지가 되기보다는 자유로운 산돼지 한 마리가 되고자 하여 안토니오는 거기 있는 것 같았다. 높은 나무 위에서 앵무새는 꽥꽥 큰 소리로 우리를 부르며 환호하였다.

각자 지정된 방에 여장을 푼 뒤, 간단한 옷차림을 하고 출출해진 뱃속을 채운 뒤 배를 타고 원숭이 섬으로 건너갔다. 무성한 나무들이 울창한 숲속에 들어서니 이제야말로 정글에 왔구나 싶었다. 하늘을 찌를 듯이 높게, 높게 자란 오해(OJE)라는 나무들과 마늘 성분과 같은 나무들, 피부에 상처가 났을 때 바르면 효과가 있다는 나무들이 거인의 나라에 온 소인들과 같은 우리를 반갑게 환영해 주었다.

그렇게 깊은 숲속으로 들어가 원숭이들을 만났다. 원숭이들은 의외로 몸뚱이가 앙증맞게 작았는데 안내인이 주는 바나나를 잘도 받아먹었다. 그곳에 살고 있는 원숭이로는 'Maquisapas', 'Black Martin', 'White Martin', 'Leoncito De La Selva' 등이 있었다. 그 중에서도 제일 커 보였던 까만 원숭이는 새끼를 허리에 감고 다니며 음식을 받아 챙겼다.

저녁에는 서울에서 왔던 일행들과 함께 통돼지 파티를 7시쯤 하기로 합의를 했기 때문에 시간의 여유가 있어 숲속을 남편과 함께 거닐어 보다가 해가 지는 서쪽 하늘을 보며 강가로 갔다. 아, 나는 거기에서 반짝이는 은빛 강물을 보았다. 끝없는 강줄기에 서려 있는 그 맑고 깨끗한 빛이 긴 강줄기를 따라 죽 뻗어 있는 광경을 보고 있자니 낮에 보았던 그 흙탕물은 상상도 되지 않았다. 여기까지 와서 그 강물을 보지 못했다면 나의 감탄어린 찬사를 어디에 보냈을까. 강가의 통나무에 올라앉아 넋 놓고 바라보고 있는데, 어디선가 갈색 고양이가 내 곁에 와 얌전히 앉았다. 털을 쓰다듬어 주었더니 애교를 부리며 좋아라 했다. 밖에만 나오면 계속 나를 따라 다니는 안토니오하고는 친구가 됐다. 숲속의 오솔길을 거닐 때는 앞장을 서서 길을 안내하더니 뒤따라가는 나를 가끔씩 뒤돌아보며 챙기는 지혜도 보여주었다. 말 못 하는 짐승이지만 몇 시간 만에 정이 드는 듯했다.

저녁 식사 전에 홀에서는 전통춤을 배우는 남녀 학생들이 초빙되어서 우리에게 춤을 선사하였다. '표범 사냥'과 '전사의 춤' 등을 너무나 열심히 추는 그들을 보면서 나는 자꾸만 눈시울이 뜨거워졌다. 악기라고는 북밖에 없었던 고유한 아마존 강의 전통춤은 아니라 할지라도 어린 학생들이 민족의 혼을 이어 보고자 땀을 뻘뻘 흘리며 춤을 추는 모습이 고전 무용을 하던 해린이와 겹쳐 떠올랐다. 저들 중에는 잃어버린 조국의 아픔을 춤으로나마 보존하고자 하는 이 나라의 백성들도 있을 것이다. 이 우주의 전체적 역사를 보면 아주 작은 아픔일지라도 나라를 빼앗긴 자들에게는 얼마나 큰 것이었던가.

우리가 파티를 하려는 걸 아는지 하늘의 별들이 유달리 많고 반짝이었다. 식탁의 촛불들은 지상의 별이 되어 우리의 얼굴을, 우리의 눈동자를 비춰 주었다.

한 사람씩 먹기 좋게 포를 떠온 고기가 불에 놓여 구워지기 시작하자 윤 고문께서 "오늘 안토니오가 통돼지 감이 되는 것이 아닐까 하여 은근히 걱정이 되었다"는 말을 해서 모두 웃었다. 안토니오는 우리가 앉아 있는 주변에서 계속 어슬렁거리며 우리가 먹는 음식을 같이 나누어 먹었다.

양쪽 대표들이 나와 참석한 사람들을 소개하며 "이것이 보통 인연이냐"며 다시 한 번 반가워했다. 관광지에서 서로 스칠 때마다 찍어 둔 사진들 속에 그들이 웃고 있다. 같은 민족의 형제애는 타국에서 더 진해졌다.

어둠 속에서 별들을 동무삼고, 새 친구들을 벗삼아 촛불 식사를 마치고 나무 각목을 맞대어 삼각형으로 지어진 숙소로 돌아오니 싱글 베드 두 개가 우리를 맞아 주었다.

하늘에서 반짝이는 별들이 나무판자 벽 틈새로 우리를 바라보고 웃었다. 모기장 사이로 벌레 울음소리를 들으며 남폿불을 그윽하게 바라보고 있자니 내가 전혀 딴 세상에 와 있는 것 같았다. 전기가 없던 그 옛날로 되돌아가서 시골집에 앉아 있는 것이 아닐까. 밤이 깊어 가는지 어느 문우의 오두막집에서 코 고는 소리가 들려왔다. 구경하느라 피곤했나 보다. 어둠 속에서 필요한 물건들을 어눌한 몸짓으로 찾아내 보며 침실 너머 수세식 변소가 있다는 게 신기하였다.

다음날 이른 아침, 동트는 새벽 하늘도 해가 지던 만큼이나 아름다웠다. 차가운 은빛이 아니라 연한 황금빛으로 잔잔한 강물이 반사되는 것을 보니 이 강바닥에 황금이 숨어 있다는 게 믿을 만했다. 그러나 그 황금은 얼마나 무서운 것이랴. 나라를 멸망하게 했던 원인을 제공했으니 황금의 저주가 무서운 것이었다. 이 여행이 끝나면 나 또한 세속의 황금을 캐러 떠나야 하니 자고로 황금은 조심할 물건이다. 이 산 속에 숨어 세상과의 인연을 끊고 산다면 황금에 눈이 어두워질 염려는 없을 텐데……

돌아올 때는 시속 15km의 카누를 타고 프에르토 말도나도로 되돌아왔다. 오면서 보니 '가르새(해오라기)'라고 부르는 하얀 새가 강가에 고즈넉하게 앉아 있었다. 울창한 갈대가 강가에 많이 있었지만 거기에도 흰나비, 호랑나비, 노랑나비가 날고 있었다. 거북이가 강변 위의 죽은 나뭇가지에 느긋하게 올라타고 앉아서 등허리에 뜨듯한 햇볕을 쬐고 있었다. 악어도 이만한 아침 시간과 날씨면 거북이처럼 햇볕을 쏘러 슬며시 나올 만하다는 안내자의 말을 듣고 악어가 어느 나무 등걸에 앉아 세상의 평화를 즐기고 있나 찾아보았으나 끝내 보지 못했다.

강변 너머로는 슬레트를 얹은 닭장 같은 집들이 이곳도 우리와 똑같은 인간들이 살고 있는 세상임을 간간이 보여주었다. 코코넛이 열리는 나무, 바나나 나무, 펄프 재료로 쓰인다는 몸뚱이가 하얀 빛을 내는 키 큰 나무 사이로 얼굴이 가무잡잡한 인디오 여인들이 보였다. 머리는 노랗고, 몸뚱이는 까만 새들이 사는 새 둥지가 주렁주렁 매달려 있는 나무도 있었다. 나무 등걸 위에 개미집이 검은 천을 둥그렇게 덮어씌운 듯 보이기도 하는 풍경들이 파노라마처럼 스쳐 지나갔다.

하룻밤을 머물기에는 아쉬움이 많았던 방갈로였다. 언제 기회가 되면 별장을 찾듯 다시 한 번 와 보자는 문우의 말에 벌써 그날을 고대하는 나였다.

리마에 다시 돌아와 현지식을 하러 가는 도중 안내인은 주변에 대해 설명을 했다. 시내는 구 시가지와 신 시가지로 나누어지고, 구 시가지는 대통령 궁이 있지만 중하류 사람들의 터전으로 바뀌어 가고 있다는 것. 신 시가지는 바닷가를 향해서 서양풍의 집들이 들어서고, 한국인들이 들어와 살게 된 것은 10년에서 15년쯤밖에는 되지 않는다는 것. 한국인으로는 체육인인 박만복 씨가 알려진 인물이고, 택시는 일반 차에다 스티커만 사서 붙이면 택시가 된다는 것이었다.

식당 이름은 기억나지 않지만 우리 일행이 먹었던 셰비체(Ceviche) — 생선회무침, 파리후엘라(Parihuela) — 매운탕, 에로즈 콘 마리스코(Arroz Con Marisco) — 해물 볶음밥은 특이한 음식이었다. 고구마 맛을 주는 유카가 우리 식탁의 음식들과 함께 있어서 나는 그것들을 맛있게 먹었다.

내 상식으로는 페루에서 몇 가지 반드시 먹어 봐야 되는 음식이 있다고 들었다. 그 중 하나가 세계 맥주 대회에서 독일에 이어 제2위를 차지했다고 하는 쿠스코의 맥주 '쿠스케냐(Cusquena)'다. 단 쿠스코에서는 찬 맥주를 마시지 않는다는 것이었고, 아무리 맛있다 해도 표고가 높은 쿠스코에서는 빨리 취하므로 주의하도록 해야 한다는 것이다. 그 밖에도 돼지고기 튀김인 치차론(Chicharron), 피망 속에 고기를 넣은 것인 로코토 레쥬노(Rocoto Relleno), 쇠고기 꼬치의 숯불구이 안티쿠초(Anticucho), 옥수수를 곁들여서 쪄낸 초크로(Chocro), 투루차(Trucha) — 송어 요리, 정편이 있는 쿠이(Cuy — 기니아 피그 또는 모르모트) 요리 등이 그것이라 한다.

나는 노란 레몬 빛을 띠고 있는 잉카의 자존심이라 불리는 잉카콜라를 꼭 마셔 보리라 하여 맛을 보았다. 코카콜라처럼 톡 쏘는 맛이 덜한 것 같았다.

다음 코스로 국립 박물관을 찾으니 웅장한 현대식 건물이 우리를 웅장하게 서서 맞아 주었다. 그동안 관광했던 것을 이곳에서 복습이나 하듯 안데스의 개막 시대부터 차빈, 파라카스, 나스카, 모티카의 프레 잉카, 그리고 잉카 시대의 모든 것을 망라하고 있는 것을 지역별, 시대별로 나누어 전시하고 있는 것을 흥미롭게 관람하였다. 그 중에서도 마추피츄, 올란타이탐보, 나스카의 지상 그림 모형에 관심이 많이 갔다.

황금 박물관(Museo Miguel Mujica Gello Oro Del Peru)은 몬테리코 지구의 조용한 주택지에 있었다. 실업가였고, 페루의 역사와 고고학에 조예가 깊었던 미겔 무히카 가요 씨가 그의 생애를 통해서 그 연구·보존에 얼마나 많은 힘을 기울여 왔는가를 한눈에 바라볼 수가 있는 곳이었다. 어떻게 개인이 저 많은 무기며, 장신구, 집기 등을 수집할 수가 있었을까 놀랍기만 하였다.

1층의 무기 박물관은 페루 독립부터 현재에 이르기까지 몇 차례 되풀이 되었던 전쟁 때 사용하던 무기들로 가득하였다. 일본인들이 사용했던 칼들의 종류도 눈에 띄었지만 우리나라 것은 보이지 않았다.

지하에서는 Chimu 문화를 비롯하여 프레 잉카시대의 금·은·동으로 만든 장신구, 집기 등이 전시되고 있었다. 스페인 사람들이 페루에 있던 황금을 모두 녹여서 본국으로 가져갔기에 현재 박물관에 남아 있는 황금은 장신구를 한 소품으로 대부분 잉카제국의 것은 거의 없었다.
　지하는 제1실에서 제3실 '검은 방(Fondo Negro)'에는 진열 상자에 프레 잉카 시대의 장신구들이 가지런히 놓여 있었다. 제4실 '녹색의 방(Fondo Verde)'에는 돌 위에 도금한 것, 금·은을 섞어서 만든 화려한 목걸이 등이 전시되어 있었다. 제5실 '빨간 방(Fondo Rojo)'에는 금은 장식, 은은 장식 및 집기, 동은 컵·나이프 등의 일용품에 사용했던 것들이 5개의 방에 나누어 전시되어 있고, 전시물의 색깔에 따라서 세 가지 색깔로 구분되어 있는 것도 특색이었다.

　리마를 떠나기 전, 여행의 마지막 식사는 한식이었다. 한국 식당이 낯선 곳에서 우리를 반겨 맞아 주니 고맙기 이를 데 없었다. 얼큰한 해물 냄비가 식탁에서 보글보글 끓고 있는 걸 보니 반가웠다. 언제 어느 곳에 있든지간에 내 입맛에 익숙해 있는 한국 음식은 버릴 수가 없다는 것을 절실히 느꼈다. 그 찌개를 맛있게 먹으면서 그 맛이 귀하게 느껴졌다.
　사람이 먹는 음식은 다 똑같은 것이련만 타국의 음식들은 입맛이 당기지 않았고, 그곳의 문화는 사람 사는 세상이 이룩해낸 것이건만 타국의 문화로 그저 바라보게 될 뿐이었다.
　유적은 있는데 유물은 사라져 버린 잉카의 구경꾼으로 그곳을 다녀와서 가벼운 마음으로 일상을 맞이하고 보니 꿈결처럼 다녀온 듯하다. 한 번쯤은 다시 가 보고 싶은 곳―잉카의 신비가 나를 다시 부르게 될 때 나는 그곳에 가게 되리라.

신화의 나라, 그리스

2004년 11월 12일, 나는 몇 사람의 문우들과 함께 그리스를 여행하였다. 그곳은 아주 오래 전부터 가보고 싶었던 나라였기에 많은 기대를 했다.

신이 살고 있는 나라—그리스에 대한 나의 환상은 그랬다. 그리스에 가면 그곳에서 가장 높은 올림포스 산(Olympus, 하늘)에 살았다던 12명의 주요 신들을 만날 수 있을 것인가.

임혜기 회장과 내가 동행하여 9시간 45분의 비행을 마치고 아테네 국제공항에 도착하니 아침 11시가 가까워 왔다. 우리보나 일주일 먼저 터키를 경유해 온 천취자 선생, 김민정 선생, 여영자 선생, 윤석진 고문, 몇 명의 다른 여행객들과 대기실에서 합류를 했다. 비행장을 빠져 나와 미리 대기해 놓은 전용버스를 타니 '재키'라는 한국 여성이 안내인으로 우리를 기다리고 있었다. 섭씨 22도로 생각보다 더운 날씨였지만 재키의 재치 있는 말솜씨가 신화의 나라—그리스에 와 있음을 실감나게 해주었다.

포세이돈 신전이 있는 수니온, '신성한 곳'으로 가는 도중의 풍경은 평화로웠다. 오리지널 에머랄드 색깔로 펼쳐지는 에게 해와 어우러져 있는 조용한 아침의 나라, 그리스의 아담하고 낮게 앉아 있는 집들이 다소곳한 자세로 우리 일행을 맞아 주었다.

국명은 그리스민주공화국, 수도는 아테네(ATHENS), 언어는 헬라어(희랍어), 대통령제 의회주의 공화국, NATO 및 EU 가맹국, 면적은 13만 2천 평방㎞, 인구 1100만 명. 대리석을 세계에서 가장 많이 보유한 나라, 선박이 가장 많이 있는 나라, 오나시스를 부자로 만들어 준 연초산업과 2차 산업보다는 3차 산업이 발달한 나라. 관광객이 연간 1800만~2000만 명쯤으로, 관광객이 자국인의 2배가 되는 나라에 잘 왔다고 인사를 하는 듯했다.

여행의 시간이 흐를수록 그리스의 매력은 무형적인 요소에 기인한다는 말의 의미를 알 것 같았다.

키가 크지 않은 건물 뒤로는 구름이 아주 가깝게 느껴졌고, 2004년 올림픽을 치러낸 뒤의 상징인 오륜기와 월계관이 길 주변에 서서 국가적 위용을 자랑하고 있었다.

주민들의 주요 농사가 올리브 생산임을 단박 알 수 있을 만큼 길 주변으로 올리브 나무가 초록, 초록으로 늘어서 있었다. 씨 없는 포도는 맛이 일품이고, 상추나 과일 등은 방부제를 쓰지 않는 무공해 식품으로 씻지 않아도 건강을 해칠 염려가 없다고 한다.

외국인들은 50만~80만 정도지만 그 중 한국인은 200명 정도라고 하니 많은 편은 아니다.

신이 살고 있는 성전들보다 높이 지어져서는 안 되는 집들은 산중턱이나 절벽에 많이 지어져 있었다. 높이 지어진 집일수록 비싸다고 하는데, 신이나 달에게 가까이 가고 바다를 바라보며 살 수 있기 때문일 것이다.

버스가 지나가는 길가로는 편지통만한 작은 교회들이 서 있었는데 사고 난 지점에 세워 놓은 위령소(이꼬노스타시오)로 죽은 영혼들을 위로하고 있었다.

유럽과 아시아의 교차로에 위치한 그리스의 전략적 위치 때문에 그리스는 오랫동안 파란 많은 역사를 겪었지만 유적지들은 그 시대의 황금기를 잘 말해 주고 있었다.

가는 도중 맑고 파란 바닷가 길을 버스는 달리고 달려 '뽀스포'라는 곳을 경유하였는데 뽀스포라는 말은 '소가 걷는 길'이라는 뜻이 담겨있다.

고대 그리스 신화에 의하면 어느 날 제우스가 구름에 가려진 올림포스 산에서 내려다보니 한 아름다운 아가씨가 해변을 산책하고 있는 것을 발견하고 황소의 모습으로 둔갑해서 해변가로 내려왔는데 그 아가씨가 황소 등에 엉덩이를 살짝 걸치니 그 아가씨를 싣고 크레타 섬에 내려와 사랑을 하여 만든 인간이 '에브로뻬'였고, 영어로 유럽(Europe)이 되어 그 이름을 따서 '유럽'이라 이름하여 화폐 단위도 유로를 쓰게 되었다고 한다.

 일행은 도착지에서 돌이 깔린 길을 오르고 올라 산꼭대기에 이르렀다. 절벽 아래로는 파도가 없는 잔잔하고 청명한 바다가 한눈에 내려다보였다. 가장 위대한 신, 제우스와 형제로 삼지창을 휘두르며 바람과 바다를 관장했던 포세이돈 신에게 바쳤던 신전이 우리를 기다리고 있었다.

 2000년 전, 어부, 상인, 장군, 병사들이 바다로 나갈 때면 앞으로의 재앙을 막아달라고 소나 양이나 올리브 기름 등을 재물로 바치고 사제 외에는 모두 밖에서 제사를 지냈다고 한다. 신전의 입구는 동쪽으로 향하여 신성함을 더하였던 것 같다.

 아직 문명이 발달하기 전, 문명의 앙칼진 손톱이 순결한 대지 위에 상처를 내기 전, 자연의 위대함 앞에서 선입견 없이 순수하게 기도하고 빌었던 인간의 모습이 눈에 선하게 비쳤다.

 삼나무로 만들었던 서까래는 썩어 없어지고 뼈대만 남은, 색깔도 퇴색한 하얀 대리석 신전 위로 무상한 세월의 흔적만 남아 있었다.

 1820년경 영국의 낭만 시인 바이런이 내가 서 있는 이곳에 서서 석양을 바라보며 그 아름다움을 찬양하는 시를 밤새도록 썼다니 그저 감탄스러울 뿐, 나에게는 아무런 시상도 떠오르지 않았다. 그저 애꿎은 바다만 바라보며 '어쩜 저렇게 푸르지'라고 중얼거렸다.

 AD 3세기에 증축된 로마식 아치문을 지나 아크로폴리스(높은 도시라는 뜻) 언덕 위로 오르다 보니 오른쪽으로 아테네의 대부호이며 학자였던 헤로데스 아티쿠스(Herodes Atticus)가 AD 161년에 자기 부인의 생일 선물로 지었다는 '이로디 아티코스' 극장이 보였다. 원래는 실내 극장으로 음악 경연 등이 열렸던 곳이었는데 1687년 베네치아 포격 때 지붕이 다 타버려서 야외 극장이 되고 현재는 고전극이나 발레 등이 밤에 열린다 했다. 이곳은 아주 미세한 소리라도 어느 좌석에서나 들을 수 있는 뛰어난 음향 효과 때문에 유명한 곳이어서 마리아 칼라스나 엘튼 존 등이 와서 노래를 불렀었다 하니 관중들의 열광이 얼마나 뜨거웠을까.

    다섯 개의 손가락을 상징한다고 하는 다섯 개의 프로펠리아(대문)를 지나자, 페리클레스의 지휘 아래 BC 438년에 완공된 파르테논(그리스어로 Parthenon은 영어의 verzin-처녀란 뜻임) 신전이 나타났다. 그리스의 영광을 잘 드러내고, 인류 건축 역사의 한 페이지를 장식하는 도리아식 기둥 양식을 한, 제우스의 머리에서 투구, 갑옷, 창을 다 갖추고 태어난 지혜의 여신, 가장 번성한 아테나이시를 보호하는, 고대 그리스의 결혼하지 않은 1등 처녀신, 아테네의 수호신이었던 아테나(Athena)에게 바쳐졌던 신전이다.

    그 어떤 건축물보다 우아함과 조화미에 있어 으뜸이이서 유네스코 보물로 지정되어 있고, 모든 선들은 통일성을 저해하는 착시 현상을 없애기 위해 정교한 곡선과 곡면으로 처리되어 완벽한 조화와 형태를 이루고 있다고 한다. 46개의 외벽 기둥의 양면은 안쪽으로 7센티미터 정도로 기울어져 받치고 있어 지붕의 중량을 분산시키는 역할을 하고 있고, 미관상의 절정을 이루고 있으니 놀라운 건축물이다.

이 신전에는 BC 438년에 아테네의 피아다스가 건축한 11m 높이의 금과 상아로 된 여신상이 있었는데, 현재는 이 상의 토대만 남아 있어 아쉬움을 주었다.

북쪽으로는 6명의 여자가 받치고 있는 에렉시온(erecthion) 신전이 있었는데 세계 최초로 여자들을 기둥 양식으로 한, 이오니아 양식으로 그리스 건축의 빼어남을 확인케 해주었다. 파괴된 것을 후대에 복원해 놓은 이 신전은 여섯 개의 까리아띠데스(caryatides) 상이라고 불리고 있다. 이 상들은 귀고리와 머리 모양, 복장, 다리의 위치 등이 다 다른데 아마도 알떼미스 여신을 위한 제의의 춤을 추었던 펠로폰니소스 지역의 라꼬니아 지방에 있는 까리애 마을의 아름다운 처녀들로부터 유래하여 명명된 것으로 보고 있다.

아크로폴리 박물관의 입구에는 올빼미가 서서 우리를 환영해 주었다. 그 고귀한 아테나 여신의 상징 새로 지혜를 나타내고 있다. 지혜란 그리스 말로 '소피아'인데 선과 악, 참과 거짓을 구분하여 어둠을 밝히고 미래를 내다볼 수 있는 예견 능력을 말하기도 한다.

안에는 많은 조각상들이 있었다. 첫 번째 방에는 하나의 머리를 자르면 2개로 살아나는 불가사의한 뱀인 이드라를 죽이는 장면, 사자에게 잡아먹히는 소의 고통스런 모습, 신전의 용마루에 장치되었던 고르곤(gorgon, 메두사의 다른 이름)의 조각, 뱀과 올빼미의 조각들이 있었다. 그 외에도 스핑크 상, 두 사자와 황소 상, 처녀 상, 아테나 여신의 생각하는 상, 바다의 괴물과 싸우는 헤라클레스 상 등 그리스 신화를 테마로 한 조각상들이 줄지어 있었다. 조각된 여자 신들은 대부분이 옷을 입고 있었지만 남자 신들은 거의 다 나체로 그 멋진 모습을 드러내고 있었다.

무엇하나 상징성을 지니지 않은 것이 없고 보니 고대로부터 많은 철학자가 그리스에서 배출되었던 이유들을 알 것 같았다.

아레오스 빠고스(아레스의 언덕)는 아고라로서 기원전 그리스의 철학자들의 집회 장소, 투표하는 곳, 재판하는 곳이었다. '아리오스(전쟁의 신, 로마의 마스)'와 '빠고스(바위, 언덕)'란 말로, 신화에 의하면 군신 아리오스가 자신의 딸을 강간한 청년을 살해하자 이에 대해 신들이 그 사건에 대하여 재판을 하였던 신화로 하여 실제적으로 이곳에서 살인과 강간에 관한 재판과 옛 의회가 열렸던 자리가 됐다.

그리스도 이후 50~52년경에 사도 바울이 제2차 전도 여행 중 아고라에서 스토아 학파와 에피쿠로스 학파와 논쟁을 벌이다가 그들에게 붙들려 이곳에 세워져 말씀했던 곳이다. 언덕 쪽 계단 동편에는 사도행전 17장 22절에서 32절까지 기록되어 있다. 현대에 있어 '아리오스 빠고스'는 대법원을 이르는 말이다.

이 아고라에서 소크라테스는 결코 제외될 수 없는 인물이라는 듯 재키는 어두워진 주변에도 아랑곳하지 않고 열변을 토했다. 기원전 399~496년까지 69세의 나이로 살다간 철학자의 사상이 우리 모두를 경청하도록 이끌어 주었다. "청년을 부패시키고 국가가 만든 재산을 믿지 않는 자"라는 이유로 고소를 당하여 사형 선고를 받아 독배를 마신 동굴의 쇠창살 사이로 소크라테스가 우리를 바라보고 있는 듯했다.

토요일 아침, 일행은 터키와 그리스 중간에 위치한 에게 해의 아름다운 세 개의 섬—뽀로스 섬, 에기나 섬, 이드라 섬의 관광을 나섰다. 금요일 오후 3시부터 휴식으로 들어간 아테네 주민들은, 주말에는 가족들과 함께 보내는 것을 당연시해서인지 거리는 복잡하지 않았다.

그리스에서 운행되는 자동차 10대 중에 3대는 한국에서 만들어진 것인데 현대의 아토스, 대우의 마티스 등이 그것이었다. 올림픽 개최 무렵부터 운행되었다는 '트럼'이라는 협객 열차는 운전석이 앞뒤로 되어 있는 특이한 차로 한국과 합작해 만든 차였다. 전기·전자 제품들도 한국 것이 많다고 하니 어깨가 쫙 펴지는 것 같았다. 아, 자랑스런 나의 조국.

그리스에서 가장 큰 뻬레오스 항구에 도착해 보니 많은 배들이 머리를 맞대고 모여 있었다. 조지 부시 대통령이 탔던 퀸 메리가 정박되어 있었던 곳이기도 하고, 대한민국 삼성에서 제조한 빨간 페리도 있어 반가웠다.

뽀로스 섬은 바닷물이 하늘처럼 푸르고 맑고 깨끗하였다. 세계에서 가장 오염되지 않은 바다가 그 광활한 모습으로 우리와 대면하고 있었다. 전통적인 모습을 보존하여 현대식 다리를 놓지 않은 것은 페리를 운영하고, 관광객에게 생존을 의지하는 이곳 사람들을 위한 국가 정책인 듯하였다. 즐비하게 늘어선 상가나 공장에서 폐수가 흘러나와 바다를 오염시킬 경우 2대, 3대가 장사를 못하도록 법률로 규제하고 있다고 했다. 조상의 유산들을 알뜰히 챙겨 삶을 보존케 하는 현명함이 있는 듯했다.

잠시 틈을 내어 동방정교회(greek orthodox church)에 일행과 함께 들렀다. 그리스인들 몇 사람이 기도를 하고 있어서 발소리를 죽이며 헌금함에 $1을 넣고, 하얀 수염이 길고 검은 복장을 길게 입은 문 앞의 남자에게서 연노란색의 가느다란 초 두 자루를 받아 점화하고 기도를 했다. 특이한 것은 그리스 국민의 약 96%가 정교회 교인으로 신분증에는 종교를 기입해야 한다는 것이다.

섬 구경을 잘하고 배 안에서 점심을 먹게 되었다. 그리스 음식은 뉴욕에서 먹어 본 적은 있었지만 푸른 바다를 보며 먹게 되는 전체 음식 이름 몇 가지를 알고 싶어 재키에게 물었다.

'띠로 삐따'라고 부르는 '치즈 파이(cheese pie)', 가지 요리인 '무사까(movsaka)', '동그랑땡'이라고 이름 붙여진 '비프테키(beefteki)', 포도말이인 '돌마다끼(wine leef)', 그리스 '훼타치즈(feta cheese)'가 식탁 위에 먹음직스럽게 차려져 나왔다.

눈앞의 파란 바다를 보며 내가 좋아하는 노래, 해바라기가 부른 '사랑으로'를 들으니 정겨움이 잔잔한 파도로 여울져 왔다. 가수의 발음이 한국인 못지않게 정확한 것을 보니 연습을 많이 했었던 듯하다. 무대에 있는 사람들이 모두 "오빠! 오빠!"를 연발하며 박수를 치거나 환호를 했는데 나는 저들이 여행객을 위해 한국말도 배워 두었구나 싶었다. 나중에 알고 보니 그리스어로 "좋다! 좋다!"라는 뜻이라 했다.

크루즈 도중에는 민속춤을 관람했는데 두 청년과 피부가 희고 금발인 젊은 여성이 나와 열성적으로 춤을 추기 시작하였다. 남쪽 지방 춤인 '코프토스', 우리나라의 강강수월래와 흡사한 '깔라마띠아노', 벨트 댄스라고 하는 '조나라디꼬', 러브댄스로 첫날밤 춤인 '발로스', 백정 춤인 '하싸브 쎄르비꼬', '조르바 디그릭'이라는 영화 배경음악에 대한 춤이었다.

이드라 섬이 쇼핑을 중심으로 하는 섬이라면 애기나 섬은 별장이 많이 있는 섬이다. 공해 방지로 차가 없고, 섬 같지가 않고 육지 같은 곳인데 지하수가 없으며, 바람이 많이 불어 발코니가 없는 것이 특징이다. 그리스의 부유층들이라면 이곳에 별장을 한두 채 정도는 가지고 있다 한다. 7월, 8월이면 만오천여 명의 관광객들이 몰려와 부산해지는 곳이니 지금처럼 조용하진 않을 것 같다.

아띠아 신전은 파르테논 신전보다 50년 앞선 신전인데 아띠나 여신을 위해 지어진 라임 스톤으로 만들어진 신전이다. 보수 공사를 별로 하지 않고도 현 상태로 유지되어 왔는데 자연의 맑은 기운이 높은 곳이어서 그렇다는 것이다. 포세이돈 신전, 파르테논 신전과 선으로 잇기로 한다면 정삼각형이 되는 위치에 각각 지어져 있다고 하고, 정기가 높은 곳으로 명당자리라 하니 아마 그 시대에도 풍수지리에 밝았던 사람이 있었나 보다.

1920년도에 애기나 섬에 와서 사제로 기도 생활을 했던 넥타리온 성인이 거했던 성당을 방문하고 그분이 잠들어 있는 은관을 보았다. 이 곳은 보수 공사를 하고 있는 듯했는데 60여 년이 걸리고 있는 것은 전국적인 후원금을 마다하고 주민들만의 힘으로 조금씩 개축해 가고 있기에 그렇다 했다.

  일요일 아침, 천둥 번개가 일 것이라는 일기예보로 인하여 거리는 한산한 듯하였다. 아테나로부터 78km 지점에 위치하고 길이가 6.34km인 고린도 운하를 지나 BC 146년, 로마가 그리스를 지배하면서 처음으로 도착한 땅, 그후 천 년 동안 로마가 보내는 총독에 의해서 정치가 이루어진 고린도스에 도착하여 사도바울 기념 교회를 찾았다.
  교회문 왼쪽에는 베드로 사도의 상, 오른쪽에는 사도 바울 상이 모자이크되어 있었다. 교회 정문 아래 왼쪽의 대리석 판에는 사도 바울로부터 시작하여 현 88대 벤델레이몬 신부까지의 동방정교 주교들 명단이 기록되어 있으며, 반대편에는 고린도 전서 13장 1절에서 8절 말씀이 그리스어로 적혀 있다.
  이 성당은 누구나 들어와서 앉아도 좋고, 서도 좋은 자세로 초 두 자루 밝히고, 성호를 12번 긋고, 성채 모시는 곳에 가서 떡을 먹고 가면 되는 간단한 의식을 하고 있는 인상적인 곳이었다.
  고고학 박물관에는 고대 8000년 전의 도자기들, 구슬들, 프레스코 파편들, 술병, 향수병 등이 신석기, 청동기 시대 유적들로 각 방에 분류되어 있었다.
  사도 바울이 코린도스에서 18개월간의 사역을 마친 후 에배소로 향하기 전, 머리를 깎았던 곳이라는 껭흐레이스 항구를 통과할 무렵에는 유리창에 빗방울이 맺히기 시작했다.

메테오라는 '유성, 운석'을 말하며 형용사 형태로 쓰면 '공중에 매달려 있는'이라는 뜻이다. 그리스의 한 절경으로 알려져 있는 이곳은 아주 이상한 바위들이 100미터에서 150미터까지 솟아오른 듯 자리하고 있다. 버스 속에 앉아서 자연 경관을 바라보자니 수백만 년 전 파도가 얼마나 심하게 쳤으면 저렇게 커다란 돌기둥들이 생겼을까 놀라웠다. 높은 암벽 정상에 위치한 수도원들과 바위의 움푹움푹 들어간 곳에 기도처를 마련해 놓고 수도하는 사람들이 있다는 곳을 바라보니 경이로웠다.

나는 여기에서 니코스 카잔차키스가 쓰고 김지용 선생이 엮은 『그대가 자유로울 때까지』라는 책을 다시 읽는 기분이 됐다.

그 책에는 아토스 산 순례기가 있는데 수도원을 찾아다니며 수사, 신부들, 기념물들에 대한 느낌들과 그가 닿았던 시선들이 사색의 서늘한 빛으로 쏟아져 나오는 듯했다. 인간의 신에 대한 광기, 성스러움, 영웅심까지도 초연하게 씻어 주는 빗물처럼 기록되어 있다.

어디에나 신을 향한 인간들의 본성은 비슷한 것인지 바위벽에다 얼룩덜룩 걸어 놓은 헝겊조가리가 그들의 기도 형식을 말해 주고 있었다.

눈앞에 보니 니콜라스 수도원이 예쁘게 앉아 있었는데 그곳에는 13명의 사제들이 있다고 했으나 가보진 못했다.

대신 1390년 바위산의 봉우리에 세워졌고, 1973년 유네스코 보물로 지정되었으며, 14명의 사제가 있는 발람 수도원에 올랐다.

이곳에 입장하려면 정장을 해야 돼서 바지 위에 그곳에서 준비해 준 치마를 입었다.

정상의 수도원에 오르니 동방정교의 기가 황금색 바탕에 몸이 둘로, 고개가 양쪽으로 갈라진 검은 독수리가 그려져 펄럭이고 있었다. 아무리 종교가 갈라져도 하나님은 한 분이라는 상징이었다. 그 옆에 그리스 기가 꽂혀 있었는데 청색과 흰색으로 십자가가 코너에 있고 9개의 라인이 있는데 거기에 그리스 알파벳을 하나하나 집어넣으면 '프리덤'이라는 단어가 된다고 한다. '죽음이 아니면 자유를……'이라는 뜻이 된다는 것인데 여기서 말하는 자유란 인간의 본질적 순수를 의미할 것이었다. 인간 안에 깃들어 있는 오욕칠정을 뿌리채 뽑아 버린 텅 빈 자리. 그곳이 하느님의 성지라는 것까지도 여의어야 하는 그 자유를 위해 수도자들은 이 높은 곳까지 올라와 수도를 했던 것이 아닌가 싶다.

아테나로부터 북쪽 513km지점에 위치해 있고, 100만 명의 인구를 가진 그리스 제2의 항구도시 데살로니키에 가게 되었다. 국립 고고학 박물관이 있고, 엑스포에서 해마다 개최되는 국제 박람회가 유명한 곳이다.

크고 웅장한 디미트리오스 성당에 도착해 보니 찬송가 소리가 들렸다. 이곳은 갈레리우스 황제에 의해 순교한 데살로니키 출신의 디미트리오스를 기념하는 교회로서 바실리카 양식으로 5세기에 건축된, 돔이 없는 높고 긴 직사각형 형태로 그리스에서 가장 큰 교회다. 시 전체가 화재가 나 본래 모습이 손실되어 그 지하 위에 재건되었고, 옛 성당의 모습은 사진집으로 만들어 팔고 있었다.

데살로니키의 건물은 1817년 이후에 지어진 것이 대부분이다. 오직 '피의 타워'라고 불리는 '화이트 타워'만은 오래된 감옥 건물로 거리에 우뚝 서서 두 눈을 부릅뜨고 형장의 이슬로 사라져 간 사람들을 아직도 위협하고 있는 듯했다.

빌립보에서는 세차게 내리는 빗속에 우산을 쓰고 서서 초대 교회 기도처, 사도 바울이 리디아에게 세례를 주었던 '지각띠스' 강가, 유명시민들과 황제들의 입상, 도서관, 신전이 있었던 광장, 극장, 화장실, 감옥 등의 흔적들을 순례하였다.

에게 해가 끝없이 펼쳐져 있는 바닷가 식당에서 식사를 하며 같이 간 여행객들은 사진을 찍고 흥겨워했다. 모래사장에 부딪고 사라지는 파도 소리가 그들의 웃음소리에 섞여 밀려갔다 밀려왔다.

마지막 날, 임 회장과 그리스에 단 둘이 남게 되어 거리를 활보하고, 국회의사당, 신디그마 광장, 아카디미아를 구경하였다. 지도를 들고 방향을 물어 여유롭게 걸어 다니면서 자유스런 시간을 만끽하였고, 그리스 땅을 마음껏 밟아 보았다.

한국 식당을 찾아가 식사를 했는데 그리스에 가면 다시 그곳에 가보고 싶을 만큼 깔끔한 식당이었다.

상가를 돌며 이것저것 구경을 하고, 그리스를 상징할 만한 기념품 몇 가지를 사니 재미가 한층 더했다.

또한 서양 문명의 발상지라고 불리는 국립 고고학 박물관을 가보게 된 것은 다행이었다. 그리스의 조각, 항아리, 건축양식, 삶의 모습 등을 알아볼 수 있는 유물들이 많아서 흥분이 될 정도였다. 감탄하게 아름다웠던 청동 입상은 높이 2.09m인 뽀시도나스 상이었다. 팔의 손가락이 벌려 있어서 신들의 제왕인 제프스가 천둥과 번개를 내던지는 모습과는 구별되는 이 조각품은 바다의 신 뽀시도나스가 삼지창을 들고 던지려는 자세로 되어 있다.

아프로디테, 빠노스, 에로스의 군상은 아주 흥미 있는 조각상이었다. 벌거벗은 미의 여신 아프로디테가 오른손에 왼발의 샌들을 쳐들고 빠노스를 가격하려는 모습과, 아들 에로스가 빠노스의 뿔을 한 손에 잡고 있는 장난기가 물씬 배어나는 모습, 하체는 산양의 모습이요, 못생긴 얼굴을 가지고 있으며 머리에 뿔이 돋아 있는 목양의 신 빠노스가 아프로디테의 팔을 잡고 추근대고 있는 모습인데, 조각가가 아프로디테의 얼굴에 야릇한 미소를 담아, 즉 행동은 가격하려 하지만 새로운 성에 대한 충동과 호기심의 내면을 대단히 빼어나게 조각해낸 작품이어서 인상적이었다.

화강암이나 대리석, 석회석이 많은 나라여서 오래 전부터 조각 기술이 뛰어나 그렇게 훌륭한 조각상들이 많이 남게 되었나 싶다.

어느 나라의 신화든 그것은 사실의 역사가 아니라, 수수께끼와 같은 암호라 한다. 그렇다 해도 그리스의 신화는 내게 참으로 신비한 상상력을 부여하고는 했다.

그리스의 신화 속에는 신들이 세계를 창조한 것이 아니라 세계가 신들을 창조하였고, 신들이 있기 이전에 이미 하늘과 땅은 모든 것의 어버이로서 티탄(타이턴)들은 이 하늘과 땅의 아들들, 신들은 그 손자뻘이라고 생각한 내용들이 가득 들어 있었다. 그 신들은 저 멀리 하늘나라에 살고 있는 것이 아니라 옛날 우리 조상들의 신처럼 다락이나 지붕 위에 숲에, 강에, 너와 나 사이에 살고 있는 것 같았다.

장님 음유시인 호메로스가 쓴 서사시『오디세이아』와『일리아스』는 단순히 전설을 이어 붙였다고만 보기에는 그 현실감이 뛰어나기만 했다. 그의 작품 속에서 신들은 지상에 집을 짓고 있었다. 과연 그리스 신화의 백미(白眉)라는 표현이 적합함을 알게 되었고, 그 작품들을 읽어야만 인류 문화와 문학의 뿌리를 알게 된다는 것을 이번 여행을 통해 이해하게 되었다.

어떻게 그런 작품을 쓸 수 있었을까.

한 문학가가 그 민족에게 끼친 지대한 영향력을 두 눈으로 확인하고 돌아온 여행이었다.

|독자를 위하여|

태평양을 가로지른 비상(飛翔)의 날개
―김명순 에세이 『뉴욕, 삶과 사랑의 풍경』에 부쳐

김종회
(문학평론가, 경희대 교수)

1. 에세이로 풀어 쓴 인생론

성년의 나이에 자신의 태를 묻은 모국을 떠나 태평양을 건너간 인생의 행적이란 대체 무엇인가. 그 미국 땅을 '제2의 조국'이라 부르며 살아온 세월을 필설로 풀어낸다는 것은 또한 무엇인가. 항차 그렇게 적층된 글의 분량이 산뜻한 책 한 권의 모습으로 우리 앞에 현신할 때, 우리는 어떤 표정으로 지천명(知天命)을 넘긴 그 함축적인 인생론을 응대해야 할 것인가.

이와 같은 한 묶음의 원론적인 질문들을 유발하는 글쓰기의 사례가 여기에 있다. 김명순 에세이 『뉴욕, 삶과 사랑의 풍경』을 읽는 자리이다. 김명순은 전북 정읍에서 출생했고 20대 중반에 도미했다. 원광 한국학교 교사와 뉴욕 한국일보 기자를 역임했고 미국 대학과 대학원에서 수학했으며 미동부한국문인협회의 임원을 맡아 일했다. 특히 한국의 얼을 살려 가기 위해 『참』지를 발행, 건실하고 견고한 민족의식을 보여주기도 했다. 그런 그가 오래 참고 절제한 끝에 에세이집 한 권을 상재한다.

그의 글에는 자신의 삶과 생각, 꿈과 사랑, 인생의 길벗들과 공동체 정신 등이 소박하고 겸손하게, 그러나 당당하고 확고하게 펼쳐져 있다. 시나 소설과 같은 다른 장르가 아니라 에세이여야 했던 것은, 그 맨얼굴과 육성이 문학적 수식의 효용성보다 더 소중했기 때문일 터이다. 그것은 수필이라는 창작 형식의 성격과도 연관되어 있다.

에세이는 기본적으로 필자가 자기 이야기를 진솔하게 담아내는 문학 양식이다. 소설의 화자는 비록 1인칭 사소설 시점에 근거해 있다 할지라도 그 화자와 작가를 일률적으로 동일시할 수 없지만, 에세이는 궁극적으로 필자 자신이 스스로의 목소리로 그 글의 주인임을 공표하고 나선다. 일찍이 피천득 선생이 수필로 쓴 수필론 「수필」에서, "수필은 청춘의 글은 아니요, 서른여섯 살 중년 고개를 넘어선 사람의 글"이라 했던 것은, 세상을 평가하고 판단할 수 있는 연륜에 이르러 자기 시각을 확보하고 쓰는 글이란 언표(言表)였다.

그러므로 이때의 '서른여섯 살'은 자연수 36년을 말하는 것이 아니라, 그만큼 세상 문리(文理)가 트인, 그리고 인생에 대한 지혜롭고 관조적인 시각의 확보가 가능한 나이의 상징적 표현이었던 터이다. 김명순이 태평양 이쪽 한국에서 성장한 날들과 태평양 저쪽 미국에서 숙성한 날들의 합산이 50년을 넘었다는 물리적인 사실이, 앞서 피천득 선생이 설정한 연한 36년을 제압한다고 볼 수는 없다. 다만 우리가 그의 글에서 두 개의 대륙을 가로지르며 삶과 사랑에 대한 깊이 있는 통찰을 일구어낸 문학적 성취를 발견할 수 있다면, 그의 글과 세월이 한가지로 값있는 수확을 추수했다 말할 수 있을 것이다.

김명순의 이 에세이를 전체적으로 통독해 보면, 거기 참으로 성실하게 열심히 살고, 참으로 많이 사랑하고 베풀며, 가슴 시린 서정과 올곧은 의기를 함께 끌어안고 살아온 한 인물의 생애사를 목도할 수 있다. 처음 태평양을 넘어갈 때의 그는 연약한 날개를 지닌 청춘이었으되, 이제는 미국의 중심이자 세계의 중심인 대도시 뉴욕에서 자기 성찰과 실천의 날개를 가진 장년에 이르렀다. 이처럼 변화한 그의 면모를 '비상(飛翔)의 날개'라 호명하는 것은 그다지 무리해 보이지 않는다.

김명순의 이 글들은, 수필로 풀어 쓴 그의 인생론이다. 이 가운데는 그가 살아가는 삶의 환경에 관한 의미 탐색이 있는가 하면, 그 자신이 일상 가운데서 부딪치는 크고 작은 일들에 대한 의미 부여가 수행되고 있다. 그리고 한민족의 일원으로서 공동체 의식에 관한 정체성 확립이 시도되는가 하면, 그 방식을 다른 민족문화권에 그대로 적용해 보이는 합리적 인식을 드러내기도 한다.

무엇보다도 기꺼운 바는, 이 글늘 속에 면면히 살아 있는 건강한 정신과 그것의 실천에 관한 생각이요, 노력이다. 그것이 없다면 그가 애써 키운 비상의 날개는 태평양을 넘어 옛땅으로 돌아올 기력을 섭생하지 못했을 것이며, 설사 날개짓을 키워서 회귀한다 하더라도 그 가치를 인정받기 어려웠을 것이다. 또한 이는 너도 나도 없이 손쉽게 자기 이름이 인쇄된 책을 내놓는 세태를 거슬러, 오랜 시간과 생각을 묵힌 에세이집 한 권으로 우리에게 다가온 그를 여기서 주목하는 까닭이다.

2. 노마드(namad) 시대의 정착지와 그 풍경

인간의 문명이 진보할수록 그 내면의 의식은 인간성의 근원을 찾는 데 열중하기 마련이다. 물질문명의 극대화에 비추어 오히려 퇴행하는 정신적 자유로움이 원시적 유목민 의식을 촉발하는 시대, 노마드 시대의 삶이 우리의 목전에 있다. 이것은 동시대 삶의 뿌리 뽑힌 모습을 반증하는 동시에 그 뿌리 찾기의 가열한 탐사를 구체적 형상으로 유발하는 환경 조건에 해당한다.

세계를 동서로 가르는 대양을 넘어 새로운 유목지에 정착한 김명순은, 그곳의 여러 유형의 풍광과 여러 부류의 사람들을 만나고 사랑하며 선량한 정착민으로 변화한다. 언젠가 유사한 방식으로 캘리포니아에 정착한 한 기품 있는 작가가 필자에게 말했었다. "이 사막의 산과 풍경을 사랑하는 것은 생존의 문제"라고. "그 사랑하는 마음을 가꾸어내지 못하면 이곳에 정착하고 살 수 있겠느냐"고. 신뢰하는 이의 판단은 그 자체로 설득력을 갖는 것이지만, 현상적 당위성에 따라 마음의 빛깔을 바꾸어야 하는 적응력은, 이 외롭고 삭막한 정신적 유목의 시대에 삶이 우리에게 요구하는 근본적인 인식과 태도 변화의 형태이겠다.

김명순의 에세이는, 이 중량과 부피가 큰 명제에 매우 소박한 답변으로 맞선다. 그에게는 그 명제에 관한 논리성이나 사상성 따위는 별반 의미가 없다. 함께 얼굴을 맞대고 살아가는 사람들의 세상, 그들을 이 땅에 내려놓은 자연적 배경, 그 상호간의 선하고 발전적인 관계 등이 따뜻하고 부드러운 시선을 거쳐 글의 문면에 떠오른다. 그가 살아가는 뉴욕 인근 여러 지역의 자연과 경물이 에세이의 소재로서 힘을 얻는 것은 바로 이러한 대목에서이다.

이 책의 서두를 장식하고 있는 「리틀넥 베이의 해바라기」, 「더글라스 매너의 바다가 보이는 언덕」, 「싸요셋의 이웃들」 등이 모두 그러한 존재 양식에 입각해 있다. 그는 글쓰기의 소재로 한 모든 대상 속에서, 그 속에 깃든 의미를 찾아내는 독창적인 눈을 가졌다. 그리고 그것을 따뜻하게 올곧게 또는 합리적으로 바라본다. 때로는 우등생의 모범답안 같기도 한 이 글쓰기의 문법은, 그러나 그것을 정석적(定石的)으로 밀고 나가면 당할 자가 없는 무기가 된다.

그래도 이 근처 어딘가에 개츠비가 과거로 흘러간 여인을 만나기 위해 멋진 집을 마련하고, 파티를 열며, 우연을 기다리던 순수한 사랑이 배어 있을 것만 같아 그곳을 둘러보게 되었다. 연못 저편에서 남녀 한쌍이 그림처럼 껴안고 호숫가를 배회하고 있었다. 속삭이고 있는 모습이 개츠비의 사랑을 추억하며 기념하고 있는 듯했다. 이 지상에 '영원한 연인의 장소'로 불러도 좋을 이곳을 택한 저들은 데이지가 사는 부두의 밤바다 끝에서, 반짝이는 파란 불빛을 향해 두 팔을 벌리고, 몸을 떨던 개츠비의 사랑과 열정을 기억하고 있을까.

—「위대한 개츠비가 사는 곳」 중에서

롱아일랜드의 우드랜드에서 길을 잃은 작가는, 그곳이 스콧 피츠제럴드의 『위대한 개츠비』의 무대임을 알게 된다. 다시 그곳을 찾은 작가는, 그의 상궤(常軌)를 넘어서는 집요한 사랑을 마냥 아름답게 바라본다. 그리고 그 소설 속의 사랑을 곧바로 현실적 상황에 적용하고 자신의 가슴속에서도 순후한 감동으로 재생산한다. 이 글에 뒤이어 있는「플러싱의 추억」이나「크로췌런 팍의 아침 산책」등이 모두 동일한 글쓰기의 방정식을 유지한다. 그런 점에서 그는 행복한 문필의 제작자이다.

오랜 시간 동안 추억을 쌓으며 살았던 플러싱은, 그에게 잊지 못할 제2의 고향이다. 이민자로서 부동산 에이젼 일을 하면서, 일주일에 몇 시간씩 영어 강의를 들어야 하는 학생으로서 '나'는, '미국인도 아니고, 한국인도 못 되는 듯한 어정쩡한 기분'이 들 때가 많다. 그 신분과 그 기분으로 '한국어로 된 책들을 읽고, 한글 간판이 즐비한 유니언 상가를 걷고는' 하면서, '나'는 늘 희망을 말한다.

플러싱이 언제부턴가 중국인들로 채워지는 광경을 바라보며 그 희망의 후퇴를 말하지만, 그것은 희망의 또 다른 이름일 뿐이다. 세상의 모든 희망은 희망이 없어 보이는 곳에서 생성하는, 이를테면 무겁고 메마른 사막의 땅에서 화려하고 풍성한 꽃을 피워내는 '부겐빌리아'와도 같은 희귀한 존재인 까닭에서이다. 그러므로 김명순 에세이의 행복론은, 자기 절제와 인내 위에서 자란 음화식물과도 같다.

3. 올곧은 정신으로 살며 사랑하며

한 사람의 인격이나 품성이 갖는 가치의 평가는, 그가 역경에 처했을 때 어떤 정신적 반응을 보이는가를 관찰하면 크게 틀리지 않을 것이다. 물량의 값으로 셈할 수 없는 불굴의 정신은 그러한 역경을 통과하는 훈련을 통해 습득되는 것이지, 처음부터 댓가 없는 선물처럼 주어지는 것일 리 없다. 그것의 규모가 크고 작고는 별개의 것이다. 인류 문명의 고비를 이끈 공동체적 정신사도 있을 터이고, 한 개인의 삶 가운데서 별빛처럼 빛나는 개별적 정신사도 있을 터이다.

8만 리 태평양 건너 미국에서, 그리고 물질문명의 마천루가 높이 솟은 뉴욕에서 김명순이 에세이로 쓴 정신적인 삶의 개가(凱歌)들은 대체로 그가 생래적(生來的)으로 체득한 한국적 세계관을 매우 조심스럽게 확장한 그 연장선상에 있다. 그것은 겸양과 순종, 희생과 사랑, 그리움과 기다림 같은 동양적 미덕에서 자기 충일의 기쁨을 발견하는 방식을 취한다. 그는 이처럼 작고 단단한 정신적 창검을 갖추고 거대한 공룡처럼 물화(物化)된 도시 뉴욕에서 그 활동의 공간을 확보한다.

그의 문단 데뷔작인「학벌 시비」, 그리고「학사모」와「스승의 발자취」같은 작품은, 한국이거나 미국이거나를 막론하고 배우는 자의 겸손한 심경을 잘 담아내고 있다. 그의 시각에 의하면, 진정한 학벌의 의미로서 졸업장은, "쌓아 놓은 지식을 활용하고 내일의 발전을 위해 끊임없이 정진하는 사람만이 써야 하는 실력의 월계관"이다. 그에게 있어서 새삼스럽게 시작한 학과 과정은, "스스로 부끄럽지 않으려는 신념이 만든 결과"였다. 이러한 상찬(賞讚)할 만한 모범생으로서의 삶의 태도는, 영화 〈신데렐라 맨〉에서 가족에 대한 희생적 사랑을 감각하는 데서도 여일하다.

> 지금 미국은 가족의 가치에 대해서 심각하게 외치고 있는 듯하다. 영화마다 가족 사랑을 양념처럼 삽입해 넣기도 한다. 브래독 역으로 분한 러셀 크로우가 역시 주인공으로 나왔던 〈글레디에이터〉, 니콜라스 케이지 주연의 〈패밀리 맨〉도 가족을 그리워하는 남자의 사랑이 묻어 나온다. 지금 미국은 사라져 가는 남자의 힘을 살려내기 위해 문화적 도전을 심각하게 감행하고 있는 듯하다.
>
> ―「신데렐라 맨」 중에서

이와 같은 가족애, 그리고 인간애가 이 작가의 글에서 정점을 이루는 것은, '어머니'에 이르러서이다. 어머니는 그의 삶과 글 전반에 걸쳐서 지속적으로 환기되는 화두이면서, 그의 개별적 자아와 자아 밖의 세계를 접하는 사회적 자아 양자에 걸쳐, 지금껏 받은 사랑과 앞으로 베풀 사랑의 근원을 이룬다. 일찍이 헤르만 헤세가 『지성과 사랑』의 말미에서 "어머니가 있어야 사랑할 수 있고 어머니가 있어야 죽을 수 있다"고 적었던 그 레토릭이 김명순 에세이 처처에 용해되어 있다.

"야, 미국에도 저 달이 뜨냐?"
마루 끝에 앉아 달을 구경하시던 어머니는 새삼스레 확인이라도 하듯이 질문을 하셨다. 달빛에 비치던 그때의 어머니의 얼굴은 천진한 동심으로 가득하였다.

"그럼은요. 뜨고 말고요."

나는 엉겁결에 어머니의 손을 꼭 잡아 드렸다. 눈시울이 뜨거워졌다. 그동안 달빛을 보며 그리움을 달랬을 어머니의 마음이 몇백 마디의 말보다 진하게 전하여 왔다. 달빛 밝은 밤이면 저 달을 바라보고 계셨을 어머니. 그러면서 미국 간 막내딸에 대한 보고픔을 달래셨겠지.

―「달빛 그리움」 중에서

세상의 모든 어머니는 위대한 존재이다. 그 어머니를 대신할 수 있는 어떤 존재도 존재하지 않기 때문이다. 그런데 우리에게 막심 고리키의 『어머니』의 대단원에서 만나는 어머니보다 김명순 에세이의 연약한 감성적 지반 위에서 만나는 어머니가 훨씬 더 감동적으로 느껴지는 것은, 이 어머니야말로 동서고금을 관류하는 만국 공통의 사랑인 까닭에서이다. 기실 그의 곤고한 글쓰기도 그와 같은 순정한 사랑의 감성에 기대지 않고서는 읽는 이의 공감을 일깨우는 저력을 얻기 어려웠을 터이다.

삶과 문학의 교감 속에, 그리고 일상적 생활 패턴과 탈일상적 글쓰기 행위의 길항 속에 김명순의 에세이가 존재하며, 그 조화 또는 갈등의 형식을 통해 문학에 대한 열망이 발육될 수 있었기에 그의 글은 건강하다. 동시대 세태의 부정적인 면모를 들추어낼 때에도 오히려 미더운 반탄력을 동반한다. 여기에 "험악한 시대를 깨어 있는 정신으로 살았다"

고 한 존 밀턴을 초치해 올 것까지는 없겠으나, 맑고 밝은 정신이 글쓰기의 건전한 경향을 이룬 하나의 범례로 내놓기에는 충분해 보인다.

4. 민족공동체의 의식과 마음의 뿌리

　일상 생활의 외양과 언어 및 문화의 관습이 모두 다른 미국에서 모국어로 생각하고 글을 쓴다는 것은, 그 자체로서 이미 민족의식의 뿌리를 끌어안고 있는 형국이 된다. 김명순 에세이 또한 참으로 부지런하게 그 이질적 양자 사이를 오가며 공동체적 관심과 견해를 피력한다. 이 공공의 책임감을 띤 글쓰기를 뒷받침하기 위해 미국 대륙의 자연 경관이 동원되기도 하고, 또 자신이 읽은 문학 작품이나 문우들과 길 떠났던 문학 기행이 논거되기도 한다.

　　27년 전에 떠나온 조국은 바람에 일렁이는 깃발이다. 펄럭―. 펄럭―. 어머니가 살아계실 때는 뿌리 깊은 기둥이었는데 지금은 흔들리는 바람이다. 물결에 어른거리는 그림자. 그 바람이 지나고 말면 제 모습을 세우다가 또다시 흔들리는 조국. 내 정신을 말뚝 박은 줄 알았더니 이제 보니 그것도 바람이라.
　　　　　　　　　　　　　　―「바람에 흔들리고」중에서

　자신의 조국이 '뿌리 깊은 기둥'이나 '말뚝'이 아니라 '흔들리는 바람'이라는 깨우침은, 결코 당착한 현실에 대한 낙담이나 허무주의적 독백이 아니다. 민족이나 조국과 같은 개념적 공동체의 얼굴은 아주 여러 가지이다. 그 조국이 바람 같은 존재, 바람에 흔들리는 존재로 인식되지만, 그럼에도 불구하고 여전히 그의 조국이다. 그러할 때 그는 도리어 일방적으로 조국의 이름에 얽매이는 종속적 상황을 넘어, 보다 자유롭고 활달하게 조국을 끌어안을 수 있는 능동적 지위로 격상된다.

그런데 이처럼 유연하고 열린 인식에 도달하려는 노력이 경주된다 할지라도, 아직 그 마음의 문이 제한 없이 개방되기란 쉽지 않은 일이다. 특히 타민족과의 결혼에 대한 '족외 결혼'의 문제에 이르면, 이는 사뭇 심각한 고민거리가 된다. 이 문제에 대해서는 이민 1세대와 1.5세 및 2세들의 의견이 대립될 수밖에 없는 형편인데, 작가로서도 논리적 합리성에 비추어 보면 크게 망설일 일이 아니겠으나 심정적으로는 여전히 이를 가납(嘉納)하기 어렵다. 이를테면 인간사의 모든 일들이 그렇게 복합적이고 복잡한 것이며, 남은 생애의 방향을 바꾸는 혼인에 있어서는 더욱 그러한 것임을 솔직하게 드러내 보였다.

작가는 이러한 작은 일들의 집적이 문화를 이루고 또 그 문화가 상징적인 힘을 발휘하는 사태를 예리하게 꿰뚫어 본다. 이 '문화의 힘'이 작동하면 여러 모양으로 분산되어 있는 개인적 주의주장이 빛을 잃고 그 깃발 아래 투항할 것인데, 다만 그러한 힘이 생육되고 발양되기까지는 오랜 시간의 경과와 반복적인 충돌 및 화해의 과정을 거쳐온 전사(前史)가 있어야 할 것이다. 이와 같은 문화에 대한 관점은, 자기 조국의 경우에만 국한되어 적용되지 않는다. 만약 그러하다면 지나친 국수주의의 다른 행태(行態)에 지나지 않을 것이고, 다민족 이민자들이 세운 나라 미국에서의 합리적 공존에 부합하지 못할 것이다.

왜 우리는 이 정도밖에 우리 문화를 보여줄 수 없었던 걸까. 우리 문화가 타국인들에게 잘못 인식되어서는 안 될 것 같다. ……
본국에서는 문화유산의 해를 정해서 한복 입기를 권장했고, 외국인 학자들의 한국학 연구를 위한 영어 책자들을 많이 펴냈다고 한다. 반가운 일이다. 남의 문화를 이해하는 것도 중요하지만, 나의 문화를 남에게 제대로 이해시켜 주는 것도 중요하다 싶다.

—「문화의 힘」 중에서

'장님과 코끼리' 얘기, 곧 맹인무상(盲人憮象)의 성어(成語)에서 출발한 위의 글에서, 이를 한편으로 치우치거나 편협해지는 일의 경계로 삼아, 필자는 우리 문화의 남의 문화에 대한 공통된 이해의 지평을 역설하고 있다.

그의 이러한 균형 잡힌 교양은, 「꿈꾸는 백마강」, 「마크 트웨인의 집」, 「잉카를 찾아서」 같은 문학 기행문에서 여실히 나타난다. 특히 "총 몇 자루 앞에 왕인 동시에 신의 아들이던 황제를 잃은 잉카 사람들"을 보며, "일제의 총칼 앞에 무릎을 꿇어야 했던 우리 민족"을 상기하는 작가의 아픔이나 슬픔은 국적을 넘는 보편적 공감을 담보할 수 있을 것이다. 물론 그의 이 깨어 있는 교양과 상식은 하루 아침에 얻어진 것이 아니겠다.

1980년 『카프카』는 내 이민 짐보따리에 섞여 비행기를 타고 나와 함께 미국으로 왔다. …… 큰 가방으로 짐 두 개만 만들자는 남편의 의향에 따라 아끼던 책들을 이 사람, 저 사람에게 나누어 주면서도 몇 권의 책들만은 애써 챙겨 왔는데 그 중의 한 권이 『카프카』였다.

—「카프카」 중에서

20대 중반의 젊은 새댁이 끝내 한국에 남겨 두지 못하고 미국 이민 짐보따리에 넣어 온 책 한 권의 의미, 그리고 그것과 악수한 작가의 운명! 그것은 곧 카프카요, 노자요, 헤르만 헤세이자 발자크이며 또 토마스 모어였던, 문학과의 만남이요, 동행이었다. 문학의 가난한 마음, 그 정신주의에 대한 믿음을 저버리지 않고 살아온 세월 20여 성상(星霜). 그것이 오늘의 김명순과 그의 뛰어난 에세이들을 배태한 원동력이었다. 앞으로 그의 삶이 여전히 그렇게 값있는 것이기를, 그리하여 더 좋은 문필로 독자들과 만나기를 기대해 본다.